Couverture: Compugraph par Pierre Bertrand

Jean-Baptiste Mario Samedy

Apprendre la sociologie économique

capital, société et nature

New York Ottawa Toronto

Données de catalogage avant publication (Canada)

Samedy, Jean-Baptiste Mario, 1946-

Apprendre la sociologie économique : capital, société et nature

Comprend des références bibliographiques.

ISBN 1-894508-09-2

1. Économie politique — Aspect sociologique.
2. Développement économique — Aspect social. 3. Écologie sociale.
4. Mondialisation (Économie politique) I. Titre.

HM548.S25 2000 306.3 C00-900884-5

Pour renseignement et commandes écrivez à:

LEGAS

C. P. 040328
Brooklyn N.Y.
11204-0002 USA

68 Kamloops Ave.
Ottawa, Ontario
K1V 7C9 Canada

404 Dalhousie
Ottawa, Ontario
K1N 9J9 Canada

Imprimé et relié au Canada.

À la mémoire
de mes grands-parents
Georges et Orvina Samedy,
et Auxilius et Carmen Damas,
de ma tante Luce Samedy
et de mes oncles, Albert, Néré, Georges,
Marc et Louis Samedy

Introduction

Nous n'allons pas entrer dans la polémique périmée, désuète des économistes et des sociologues qui de part et d'autre minimisent les uns les études de « sociologie économique », les autres celles de « l'économie sociale ». Car dans ce début du millénaire elle est admise par la communauté scientifique, l'interdisciplinarité en sciences sociales. En effet, non seulement elle est acceptée universellement, mais elle est même pratiquée de plus en plus par les spécialistes en histoire, en économie, en sociologie, en littérature, en politique, en psychologie, en philosophie et en religion. Aussi les spécialités se nomment-elles, par exemple, histoire économique, économie politique, psychologie sociale, sociologie des religions, histoire des religions, histoire de la sociologie, histoire de la politique, philosophie de la politique, et, naturellement, sociologie politique, sociologie de la connaissance, sociologie de la littérature(devenue très récemment sociocritique), histoire de la sociologie économique, sociologie économique.

De notre côté, fort de l'idée de la fécondité de l'interdisciplinarité non seulement en sciences sociales mais encore dans tous les autres domaines du savoir théorique, nous utilisons, dans notre présent ouvrage, des courants de pensée assez divergents comme source d'inspiration, tout en différenciant leurs théories et tout en créant nos propres notions. Dans un premier temps, pour des concepts tels que la culture, l'éthique, les classes sociales, le capital, la division du travail, le changement, le droit, nous nous inspirons de la méthodologie des trois penseurs classiques de la sociologie économique respectivement dans : *L'éthique protestante et l'esprit du capitalisme* et *Économie et société* de Max Weber, *De la division du travail social* et *La science sociale et l'action* d'Émile Durkheim et *Salaire, prix et profit* et *Critique de l'État hégélien* de Karl Marx. Il faut se rappeler que l'essence de la méthodologie de ces trois classiques est de considérer la société dans sa totalité, c'est-à-dire dans le processus d'articulation des rapports économiques, idéologiques, politiques et culturels. À ce niveau, l'étude la plus caractéristique des trois est celle de Weber: *Économie et société* qui pourrait facilement passer pour le modèle du genre. Dans un deuxième temps pour les concepts de dépendance, du centre *et* de la périphérie du capitalisme mondial, d'État-nation, nous partons de la grille d'analyse des Écoles argentine et brésilienne de la dépendance. Dans un troisième temps, pour la notion de mondialisation du capital nous employons le livre de François Chesnais intitulé: *La mondialisation du capital.* Dans un quatrième temps, pour les rapports entre l'économie, la société et l'environnement, nous nous servons de l'ouvrage de Sylvie Faucheux et Jean François Noël: *Économie des ressources naturelles et de l'environnement* et de celui de Nicolas Hulot, Robert Barbault et Dominique Bourg: *Pour que la terre reste humaine.* Et dans un cinquième temps, pour l'histoire et une actualisation conceptuelle de la sociologie économique nous utilisons l'ouvrage de Richard Sweberg *Une histoire de la sociologie économique.* En somme, nos sources d'inspiration théorique et méthodologique affirment notre pratique courante de l'interdisciplinarité, chère à Weber, Marx et Durkheim. Car Weber et Durkheim sont sociologues, Marx philosophe (quoiqu'il soit inclassable, eu égard à son érudition d'abord en philosophie, ensuite en histoire, économie et droit), Chesnais, Faucheux et Noël économistes, Hulot écologiste, président de la Fondation N. Hulot pour la nature et l'homme, Barbault, professeur d'écologie, Bourg philosophe et Sweberg sociologue économiste. En d'autres termes, et c'est la principale idée que nous désirons exprimer très clairement dans cette Introduction, toute tentative de vouloir réduire un champ du savoir théorique à un domaine singulier, très spécifique et spécialisé nous semble, d'une part, tronquer la réalité sociale qui est riche et complexe, c'est-à-dire « ondoyante et diverse », selon la belle expression de Montaigne et, d'autre part, renier en quelque sorte la vocation de la sociologie qui est la science des « phénomènes sociaux totaux, des paliers en profondeur » (Gurvitch). La richesse et la complexité du social-historique ne peuvent être saisies, étudiées que dans l'interconnexité des différents champs de la connaissance scientifique, autant que possible, tout en privilégiant naturellement, pour les besoins d'une "spécialité" comme la sociologie économique, son histoire, ses théories et concepts et sa méthodologie.

Dans cette optique de l'interdisciplinarité, nous divisons notre investigation sur la sociologie économique en quatre chapitres. Le premier souligne des remarques générales à propos de cette discipline. Le deuxième présente des concepts fondamentaux de cette spécialité. Le troisième analyse quatre perspectives de la sociologie économique. Le quatrième examine les relations entre l'écologie sociale et l'économie mondiale, une autre perspective de la sociologie économique.

Chapitre 1

Remarques générales sur la sociologie économique

La sociologie économique dont nous allons essayer d'esquisser l'histoire et de donner une brève définition, prend sa source dans la crise théorique par laquelle passe l'économie politique surtout au milieu du XIXe siècle en Europe occidentale, lieu d'enfantement et berceau de ces deux disciplines. La remise en question de la scientificité de l'économie politique est tellement profonde que Francis Galton en 1877 souhaite que la section F de la British Association for Science, où se place l'économie politique, soit enlevée (Gislain et Steiner, 1995). Cette faiblesse théorique suscite la critique par Auguste Comte de l'économie politique dans son Cours de philosophie positive (1839). Car, pour Comte, tout savoir théorique qui prétend examiner la société en dehors d'une « science unifiée du social » baptisée par lui de « sociologie » , est vide et superficiel. De son côté, en 1860 Herbert Spencer dans sa classification évolutionniste des sciences ne mentionne même pas l'économie politique, mais dans ses *Principles of Sociology* (1876) considère les deux phénomènes économiques du libre contrat et du libre-échange comme des traits spécifiques de la société industrielle moderne. Par conséquent, la sociologie économique émerge à la fois comme une condamnation des limites de l'économie politique et une étude sociologique des faits économiques.

1. *De l'histoire de la sociologie économique*

Sept auteurs peuvent être considérés comme les fondateurs de la sociologie économique : Max Weber (1864-1920), Émile Durkheim (1858-1917), Karl Marx (1818-1883), Vilfredo Pareto (1848-1923), Thorstein Veblen (1857-1929), François Simiand (1873-1935) et Joseph Aloïs Schumpeter (1883-1950). Notre choix tient compte de l'apport de ces penseurs à la création de concepts importants et de théories intéressantes de cette discipline. Nous nous contentons de retenir, pour les nécessités de notre présente recherche, certaines contributions de Weber, Durkheim, Marx, Pareto, Veblen, Simiand et Schumpeter. Celles-ci vont nous permettre, d'une part, de discerner la définition et les types d'études de la sociologie économique, d'autre part, de spécifier certains de ses concepts fondamentaux et enfin de procéder à une relecture de quelques-unes de ses perspectives essentielles. Car ces sept classiques nous livrent en raccourci les thèmes d'investigation les plus importants de la sociologie économique.

Max Weber dans *Économie et société* (1911-1920) crée le concept de « sociologie économique », examine et synthétise réellement les catégories fondamentales de ce champ du savoir scientifique. Celles-ci sont les suivantes :

a) concept d'économie ;

b) activité économique ;

c) utilités ;

d) orientations économiques de l'activité ;

e) mesures typiques de l'activité économique rationnelle ;

f) groupements économiques ;

g) moyens d'échange, instruments de paiement, monnaie ;

h) conséquences typiques de l'utilisation de la monnaie ;

i) situation du marché ;

j) rationalité du calcul monétaire ;

k) concept et variétés de l'activité lucrative: le compte capital, ses conditions de rationalité formelle maximale et ses tendances typiques d'orientations du profit ;

l) compte en nature et économie naturelle ;

m) conditions de la rationalité formelle du calcul monétaire ;

n) économie transactionnelle et économie planifiée ;

o) prestations: types de répartition, articulation technique, appropriation, conditions du calcul des prestations optimales et communisme des prestations ;

p) appropriation des moyens de production et d'approvisionnement ;

q) appropriation des fonctions ordonnatrices ;

r) expropriation des travailleurs à l'égard des moyens de production et d'approvisionnement ;

s) professions et modalités professionnelles ;

t) formes principales des rapports d'appropriation et de marché ;

u) biens d'investissement ;

v) concept et formes du commerce ;

w) système monétaire de l'État moderne, diverses sortes de monnaie, moyens et buts de la politique monétaire ;

x) financement des groupements politiques et sa réaction sur les structures des économies privées ;

y) influence de l'économie sur la formation des groupements ;

z) et les ressorts de l'activité économique. En outre, Weber analyse « l'importance et les limites de la contrainte juridique pour l'économie ».

Enfin il considère les relations, d'un côté, entre les ordres, les classes (classe de possession, classe de production, situation de classe, classe sociale) et un régime économique déterminé et, de l'autre, entre l'économie et l'organisation sociale en général depuis l'Antiquité esclavagiste, égyptienne, grecque et romaine en passant par le féodalisme jusqu'au début du XXe siècle en Europe occidentale (1905-1906).

Le fil conducteur de cette catégorisation sociologique de l'économie réside dans le fait essentiel que Weber cherche à montrer qu'une théorie sociologique de l'économie a pour objet d'étude non seulement l'entreprise moderne à but lucratif, mais encore les utilités (biens, travail, hypothèque, clientèle, propriété faisant office d'objets de transaction) qui sont désirées par les agents économiques. Et ces derniers s'efforcent de satisfaire ces désirs par des initiatives même rudimentaires et consacrées par l'usage: de cette perspective subjective des acteurs proviennent certaines considérations de Weber sur l'économie naturelle ou non monétaire. Autrement dit, une théorie sociologique (compréhensive) de l'économie a comme fondement des activités qui reçoivent leur sens, leur signification particulière du résultat des réflexions des agents économiques (Weber, 1971 : 62-67). Cependant toujours d'après Weber (ibidem: 350), l'économie moderne spécifiquement parlant se fonde essentiellement sur des utilités acquises par contrats. Car la diversité et la complexité des échanges modernes imposent un droit qui agit d'une façon rapide et sûre, c'est-à-dire cautionné par la plus grande puissance de contrainte possible : c'est un droit applicable et appliqué d'une manière prévisible, selon des règles rationnelles. « Alors l'élargissement du marché, en quoi nous reconnaissons la tendance caractéristique des sociétés modernes, entraîne irrésistiblement des suites telles qu'il favorise la monopolisation et la réglementation de tout pouvoir de contrainte « légitime » par un organisme de contrainte tendant à l'universalité » (Weber, op. cit. : 350). Il est bel et bien question ici de l'État constitutionnel moderne dont la légitimité repose sur les deux principes démocratiques élaborés par Jean-Jacques Rousseau dans son *Contrat social* (1762, 1969):la souveraineté du peuple et le contrat social.

En dernière instance, le noyau dur des catégories de la sociologie économique de Weber tourne autour de quatre idées, à savoir :

1) Toute activité socio-économique comporte deux aspects : un désir (demande) d'utilités (biens et services) et des fonds avancés pour réaliser l'offre qui permet de combler ce désir ;
2) Tous les processus et objets économiques se définissent comme tels par le *sens* que leur attribue l'activité humaine comme but, moyen, frein ou succès accessoire ;

3) « La garantie juridique est, en général, au service direct d'intérêts économiques » et la formation des groupes sociaux, spécifiquement parlant des classes, est « influencée dans une large mesure par une constellation d'intérêts matériels, c'est-à-dire par le degré auquel et des modalités d'utilisation selon lesquelles les individus peuvent disposer (ou ne pas disposer) de biens ou de services » (Weber, ibidem) pour s'approprier des rentes ou des revenus ;
4) La régularisation/régulation du marché s'effectue selon les règles traditionnelles des échanges, d'après des mesures restrictives juridiques et efficaces dans le domaine d'échanges ou de liberté de prix et de compétition ou par le jeu volontaire de certains échangistes qui sont capables de disposer de certaines utilités, d'influencer la situation marchande en éliminant concrètement la liberté des affaires pour d'autres candidats.

De son côté, Émile Durkheim dans *De la division du travail social* (1893) essaie de montrer que la division du travail ne doit pas être réduite à un phénomène purement matériel, économique. Au contraire, elle doit être étudiée comme la condition de l'existence des sociétés. Car « c'est par elle, ou du moins c'est surtout par elle, que serait assurée leur cohésion ; c'est elle qui déterminerait les traits essentiels de leur constitution » (Durkheim, 1973 : 27). Dans cette optique, la fonction de cohésion de la division du travail lui confère un attribut moral, parce que les nécessités d'ordre, d'harmonie, de solidarité sociale sont considérées comme morales. Mais comment pouvons-nous vérifier si la solidarité sociale provient de la division du travail ?

D'abord, il est nécessaire de discerner à quel niveau celle-ci participe à l'intégration générale de la société. Ce n'est qu'alors nous pourrons voir dans quelle mesure elle (la division du travail) est indispensable. Mais comme la solidarité, en tant que phénomène moral, ne saurait être ni observée ni mesurée, il faut la remplacer par un fait extérieur qui la représente et ainsi observer la première à travers le deuxième. Et c'est le droit (fait extérieur) qui la symbolise. Il manifeste l'organisation sociale dans ce qu'elle comporte de plus stable et de plus précis. Pour Durkheim, dans le droit se reflètent toutes les espèces de solidarité sociale. L'analyse de la solidarité sociale appartient donc à la sociologie. « C'est un fait social que l'on ne peut bien connaître que par l'intermédiaire de ses effets sociaux » (Durkheim, 1973 : 31).

Pour sa part, Karl Marx dans *Le capital* (1867) et dans *Salaire, prix et profit* (1969) introduit dans la sociologie économique quatre concepts importants : production, mode de production, plus-value et exploitation de l'individu par l'individu (dans le processus de production, d'échange et de consommation de biens et de services sociaux rares). Le premier concept est celui de « production » non dans son sens restreint matériel, économique d'acte social de travail, d'organisation des relations des individus entre eux et avec la nature dans le travail, mais dans son sens large de création collective à la fois des biens matériels et des services rares, des rapports sociaux et des oeuvres institutionnelles ou culturelles qui contribuent aussi bien à la cohésion des groupes et de leurs organisations qu'à leurs conflits. Le deuxième est celui de mode de production qui éclaire et traduit la conception matérialiste de l'histoire. Il indique une « matrice organisationnelle » qui structure les différentes composantes d'une société globale (société civile et société politique) historiquement donnée. Il signale les caractéristiques fondamentales des rapports complexes de production et de reproduction de la vie matérielle et spirituelle entre les groupes, les classes et les institutions économiques, idéologiques et politiques.

Le troisième est celui de plus-value qui signifie du surtravail non-payé. Celui-ci est produit par le travailleur salarié et est approprié par le capitaliste. Le quatrième concept est celui de l'exploitation de l'ouvrier salarié par le capitaliste et établit le rapport entre le surtravail et le travail nécessaire sous la forme du *taux d'exploitation*:

$$\text{Taux d'exploitation} = \frac{\text{surtravail}}{\text{travail nécessaire}} = \frac{\text{4hs}}{\text{4hs}} = 100\%$$

En ce qui concerne Vilfredo Pareto, dans son *Traité de sociologie générale* (1916) il apporte à la sociologie économique des notions intéressantes. La première est celle des résidus: leur répartition inégale et leur changement dans les deux couches ou classes, supérieure et inférieure, de la société. Les résidus sont la manifestation des sentiments et des instincts. Avec les appétits et les intérêts, les résidus remplissent un rôle principal dans la détermination de l'équilibre social. La seconde est l'équilibre social : s'il est altéré, des forces (principalement des sentiments) naissent et ont tendance à le rétablir. La troisième est celle des dérivations, qui comprennent des raisonnements logiques, des sophismes, des manifestations de sentiments employés pour dériver. Elles montrent la nécessité de raisonner que ressent l'individu : la limite extrême, note Pareto, des dérivations verbales, qui finissent par apparaître comme un simple cliquetis de mots, ce sont les termes douteux, indéterminés qui ne correspondent à rien de concret. La quatrième est constituée par les classes ou couches supérieure et inférieure de la société. La cinquième comporte les rapports entre les résidus et les dérivations, les conditions de travail et le genre de vie. La sixième est l'élite (gouvernementale et non-gouvernementale) et sa circulation dans l'ensemble de la société. La septième est la différence entre les capitalistes qui tirent un revenu de leurs terres et de leurs épargnes et les entrepreneurs (employeurs d'ouvriers salariés). La huitième est la différence entre, d'une part, les spéculateurs immobiliers, les propriétaires fonciers (spéculateurs de terres), les spéculateurs à la bourse, les banquiers, les notaires, les avocats, les ingénieurs, les politiciens, les ouvriers, les employés qui tirent un avantage à trouver des sources variables de gain et, d'autre part, les possesseurs d'épargne avec un revenu fixe ou presque fixe. Cette différenciation indique clairement l'hétérogénéité et la dynamique d'une société capitaliste concrète. La neuvième est le régime politique lié à la nature de la classe gouvernante, et tous deux (régime et classe) étant en rapport de dépendance mutuelle avec les autres phénomènes socio-économiques. La dixième est intégrée par les périodes économiques de prospérité et de stagnation, celle-là facilitant l'Administration des Affaires. La onzième touche la dénonciation de la confusion entre l'état réel et l'état légal d'un pays. « Là où la loi n'accorde pas explicitement la liberté, on suppose que celle-ci n'existe pas et ne peut pas exister, tandis qu'au contraire elle peut fort bien être la conséquence, soit de l'absence des lois, soit —et c'est le cas le plus fréquent— du fait qu'elles ne sont pas exécutées, ou qu'elles sont mal exécutées », écrit judicieusement Pareto.

En dernière analyse, il est important de remarquer qu'avec toutes ces notions Pareto tente, à l'aide de courbes et d'équations mathématiques, de cerner les différents aspects de ce qu'il qualifie d' ensemble social, du point de vue de la sociologie économique. Cet effort théorique de synthèse, il l'entreprend aux niveaux économique, idéologique et politique dans le chapitre XII de son Traité de sociologie générale (op. cit.). Il conclut alors : « Nous sommes maintenant arrivés à une conception générale de l'ensemble social, non seulement en un état statique, mais aussi en un état dynamique ; non seulement par rapport aux forces qui agissent effectivement sur cet ensemble social, mais aussi par rapport à l'apparence que présentent ces forces, à la manière plus ou moins déformée dont elles sont vues » (Pareto, ibidem : 1589).

Pour ce qui est de Joseph Aloïs Schumpeter dans *The Crisis of the Tax State* (1918), *La sociologie de l'impérialisme* (1919) et *Capitalisme, socialisme et démocratie* (1942), il arrive à analyser les sociétés modernes dans leur processus de production des divers types de rapports économiques, idéologiques et politiques avec, entre autres, le concept de « civilisation du capitalisme » (Schumpeter, 1942). En effet, la civilisation du capitalisme se définit, d'après l'auteur, comme l'aspect culturel qui est le trait distinctif de la société moderne en général, et, en particulier, de la classe bourgeoise. L'essence de cette civilisation est intégrée par quatre principaux attributs : la rationalité (qui naît de l'économie à but lucratif, donc orientée exclusivement vers le profit maximum), l'individualisme, la compétitivité d'affaires qui élève l'unité monétaire à la dignité de calcul des coûts et profits et l'efficacité. Une fois forgés sur le terrain des rapports économiques, ces quatre attributs imposent leur empreinte, « sous l'influence pédagogique des expériences favorables », aux deux autres types de rapports, idéologiques et politiques. « Toute logique, argumente Schumpeter (1942 : 217), dérive du schéma de décision économique ou le schéma économique est la matrice de la logique ». Par exemple, au niveau idéologique, la science moderne, rationaliste et mathématico-expérimentale, se développe dans le creuset de la croissance capitaliste depuis le XVe siècle jusqu'à nos jours en dehors de la pensée scolastique et « face à son hostilité méprisante » (Schumpeter : ibidem). Au niveau politique, dans la gestion du Trésor public *la comptabilité rationnelle* commence à s'appliquer d'une façon rudimentaire à partir du XVIIIe siècle et s'effectue systématiquement à partir de la deuxième moitié du XIXe siècle (premier moment du capitalisme moderne, dit de libre-échange) en Europe occidentale.

Pour ce qui a trait à Thorstein Veblen dans *Théorie de la classe de loisir(1899)* et *Les ingénieurs et le capitalisme* (1948) il s'ingénie à doter l'économie d'une base sociologique. Dans cette optique, il crée des notions comme la rivalité pécuniaire, le loisir ostentatoire, la consommation ostentatoire, les aspects pécuniaires du niveau de vie, les règles pécuniaires du bon goût, l'habillement (expression de la culture pécuniaire), les capitaines financiers et les ingénieurs de production. Ses ouvrages, qui représentent une critique à la fois de l'économie politique de 1880 à 1900 et du capitalisme sauvage de l'Amérique de la fin du XIXe siècle, saisissent la symbolique sociale de la fortune matérielle, par exemple, dans les rivalités d'argent « pour se comparer avantageusement aux autres hommes » ou mieux pour acquérir « une plus grande honorabilité sociale » et aussi dans le loisir ostentatoire pour « rehausser aux yeux du monde le bien-être et la plénitude de la vie de la classe dominante » ou pour faire voir une grande consommation de services domestiques. Car il ne faut pas oublier, selon Veblen (1899), que le désir de disposer d'un plus grand confort et de se mettre à l'abri du besoin constituent des mobiles qui se retrouvent à toutes les étapes du processus d'accumulation du capital dans la société industrielle moderne.

Enfin François Simiand, qui est l'auteur le plus important de « l'École française de sociologie économique » (1920-1950) (dont font partie aussi Célestin Bouglé, Maurice Halbwachs et Marcel Mauss) dans *Le salaire des ouvriers des mines de charbon en France* (1907), *Les fluctuations économiques à longue période et la crise mondiale* (1932a) et *Le salaire, l'évolution sociale et la monnaie* (1932b) rend compte de l'évolution sociale des salaires et des fluctuations économiques de longue durée. En se basant sur des faits empiriques, Simiand (1932b) évalue les salaires des ouvriers français du début du XVIIIe siècle à

1930. Son analyse scrute leur évolution au moyen d'une périodisation minutieuse. Par l'intermédiaire de données statistiques précises, il discerne cinq périodes : une première de hausse salariale de 1789 au commencement du XIXe siècle; une seconde de bas salaires du début du XIXe siècle à 1850 ; une troisième de hausse de 1850 à 1880; une quatrième de baisse de 1880 à 1900; et une cinquième et dernière de hausse de 1900 à 1930. Dans le but de percevoir les causes de ces différenciations périodiques, Simiand passe en revue divers phénomènes, technologiques, démographiques et juridiques, mais sans en trouver aucun qui puisse prouver d'une manière convaincante les fluctuations salariales cycliques. Dans ce cas, il argumente que la vraie cause de celles-ci se trouve dans les changements des prix qui, pour leur part, s'expliquent par le volume de monnaie en circulation. C'est une explication qu'on pourrait qualifier de socio-monétariste, parce que Simiand considère la monnaie comme « une réalité sociale ». En tout cas, cette explication nous semble se rapprocher un peu de la vision monétariste de l'économie, professée et défendue par une des tendances du néo-libéralisme.

Naturellement il existe en dehors de ces pionniers d'autres auteurs comme Harrisson C. White, Mark Granovetter, Michael Schwartz, Amitai Etzioni, Paula England, Georges Farkas aux États-Unis, Arnaud Sales au Canada et K. P.. Moseley, Nzimiro, Anikpo, Ekpenyong, Ayenoye, Dike, Ayo Fowler, Akeredolu-Ale (Ibadan), Ukaegbu (Nsukka), Otite (Ibadan), C. Oppong (*Male and Females in Africa*, sur le rôle économique des femmes) en Afrique (Swedberg, 1994).

Cette brève histoire de certains penseurs de cette discipline nous conduit tout naturellement à nous interroger sur sa nature et son champ.

2. *Définition et types d'études de la sociologie économique*

Si la sociologie économique s'institue comme une critique de l'économie politique et un examen des fondements sociaux de l'économie, il nous faut maintenant avancer d'un double pas, d'abord en la définissant brièvement à la lumière de ses deux sciences matricielles, la sociologie et l'économie, ensuite en spécifiant certains de ses modèles de recherche. Pour Weber (1923, 1991 : 369-375), c'est l'interaction entre l'entreprise permanente rationnelle (« unité économique de profit, orientée en fonction des chances d'opération marchande, et ce dans le but de tirer bénéfice de l'échange »), la comptabilité rationnelle, la technique rationnelle, le droit rationnel et un mode de pensée rationnel, une rationalisation de la manière de vivre et un ethos rationnel, c'est cette interaction, dit-il, qui donne naissance au capitalisme. En nous inspirant de Weber, nous pouvons alors définir l'économie comme la science de la gestion des conditions de subsistance et de profit dans le triple processus de production, d'échange et de consommation de biens et de services rares.

En outre, selon nous, la sociologie est la science des « phénomènes sociaux totaux » (Gurvitch, 1958 : 21). Le vocable « phénomène » (du grec *phaïnomenon* équivaut à ce qui se manifeste, le visible) indique tout fait qui peut être objet de science. En d'autres termes, en qualité d'objet de science, il désigne une donnée complexe et concrète, possédant à la fois une apparence et une essence. Il est un fait précis, analysé méthodiquement, c'est-à-dire considéré dans ses éléments abstraits, libre de toute particularité de temps et de lieu, et avec la possibilité d'une résurgence (du latin *resurgere* signifiant renaître). Son attribut « social » réfère aux agents humains (dans leurs rapports) aux niveaux économique, idéologique, politique et culturel, dont il est le produit. Et sa caractéristique « total » renvoie à sa pluridimensionalité, d'un côté, économique, idéologique, politique et culturelle, et de l'autre, macro et micro-sociologique. Dans le deuxième chapitre nous définissons à travers le concept de « société » (qui en est une articulation) les rapports économiques, idéologiques et politiques. Il est nécessaire de signaler ici que la culture n'est autre que la condensation matérielle (économique) et idéelle (idéologique et politique) des rapports sociaux dans la longue durée, dans leur évolution historique. Elle est l'imaginaire social pratiqué. Dans le deuxième chapitre nous allons parler aussi plus longuement du concept de « culture ».

Pour le moment, nous nous référons à la « dimension macro et micro-sociologique » de la caractéristique « total » du phénomène social qui traduit l'envergure (la taille) de l'investigation à laquelle on se consacre. Le niveau macro-sociologique s'occupe, par exemple, de l'étude des classes sociales, des groupes ethniques et des sociétés globales. La dimension micro-sociologique examine des liaisons à l'intérieur des petites unités (groupements particuliers, communautés restreintes, masses, etc.).

Pour sa part, la notion de « totalité » implique également des liens dialectiques d'interdépendance, de complémentarité, de fonctionnalité et de conflictualité. Examinons chacun des liens pour en préciser la signification exacte. L'interdépendance veut dire que tout changement qui s'opère dans un phénomène provoque nécessairement une modification dans un ou dans d'autres phénomènes. La complémentarité suppose la réciprocité d'apports d'éléments fonctionnels d'un phénomène à l'autre. La fonctionnalité signifie que chaque phénomène joue un rôle particulier dans la société, sans qu'on signale pour autant sa positivité ou sa négativité, son caractère conservateur ou révolutionnaire, son conformisme ou son innovation. Ce rôle est tout simplement observé dans l'analyse, quitte à s'ingénier plus tard à le transformer ou à éliminer même le phénomène en question s'il s'avère un obstacle à l'amélioration des conditions de vie, notamment avec des propositions ou des recommandations avancées au sujet d'un éventuel processus de changement social.

De son côté, la conflictualité manifeste les tensions, les contradictions ou les heurts qui sont à la base de la dynamique permanente et évolutive des sociétés globales et leurs structures.

À la suite de la combinaison de ces deux définitions nous considérons la sociologie économique comme l'étude des individus, des groupes et des institutions (qui sont des acteurs sociaux) dans le déploiement de leurs interactions rationnelles d'abord au niveau économique, ensuite à l'un ou l'autre des niveaux idéologique, politique ou culturel. En d'autres termes, toute investigation en sociologie économique doit examiner les phénomènes économiques en rapport avec les activités d'ordre idéologique, politique et/ou culturel. Toutefois tout en ramassant la définition de la sociologie économique dans une courte formule : « l'étude sociologique de l'économie », Richard Swedberg (1994 : 221 et 235) émet trois principales règles pour la construction de la sociologie économique :

a) l'analyse des phénomènes économiques doit être menée fondamentalement sur un plan sociologique (c'est-à-dire aux niveaux idéologique, politique et culturel) ;

b) elle ne doit pas s'éloigner du monde de la vie réelle ;

c) elle doit être centrée sur la dynamique sociale visant à l'excellence, à la force et à l'étonnement.

Ces trois règles sont déjà observées par Weber, Pareto, Veblen, Schumpeter et Arnaud Sales, pour ne citer que ces cinq auteurs.

En effet, Weber dans *L'éthique protestante et l'esprit du capitalisme* (1985) aborde la question de la détermination d'un esprit économique par une croyance religieuse. Il souligne alors une affinité élective entre le protestantisme ascétique (frugalité, assiduité au travail professionnel, pratique de l'amour du prochain à travers le service professionnel, épargne, libre-arbitre, etc.) et l'esprit du capitalisme (recherche effrénée du profit, efficacité du travail, haut rendement du travail, etc.) au sein de la culture occidentale chrétienne.

Pareto dans *Mythes et idéologies*(1966)indique les relations entre le phénomène du *fascisme*, le remplacement de l'ancienne élite gouvernementale incapable par une nouvelle, les conditions économiques et financières et le problème constitutionnel avec la monarchie héréditaire (de nature anti-constitutionnelle). En outre, il établit les rapports entre les traités de commerce, les « caprices de majorités parlementaires changeantes », les intérêts des producteurs, le préjudice des consommateurs et les droits de douane. Enfin dans ce même ouvrage il étudie, entre autres, le rapport des impôts indirects avec l'avènement au XIXe siècle dans l'Europe occidentale du régime démocratique.

Veblen dans *La théorie de la classe de loisir* (op. cit.) montre les liens entre la rivalité pécuniaire, le loisir ostentatoire, la consommation ostentatoire, le volume de richesse matérielle et « le désir de tout un chacun de l'emporter sur tous les autres par l'accumulation de biens ». Dans *Les ingénieurs et le capitalisme* (op. cit.) Veblen souligne, par exemple, deux phénomènes également troublants :

i) l'ignorance des hommes d'affaires de la gestion de l'industrie. L'effet pervers est un volume toujours plus grand de gaspillage et une incohérence croissante dans l'utilisation des équipements, des ressources et de la main-d'oeuvre, dans l'ensemble du système industriel(Veblen : ibidem : 26) ;

ii) une politique à courte vue, poursuivant le profit personnel, au détriment des besoins de la communauté (Veblen : ibidem : 27).

Schumpeter dans *Capitalisme, socialisme et démocratie* (op. cit.) étudie, par exemple, le chômage exceptionnel, dépassant la normale comme l'une des caractéristiques des périodes d'adaptation qui succèdent à la phase de prospérité de chacune des « révolutions industrielles ». La tragédie réelle du chômage, pense Schumpeter (ibidem : 148), réside dans le chômage aggravé par l'impossibilité de subvenir adéquatement aux besoins des chômeurs sans compromettre les conditions du progrès économique ultérieur. Car la souffrance et la dégradation, ajoute-t-il, la destruction des valeurs humaines associées au chômage (mais non pas le gaspillage des ressources productives inutilisées) seraient largement éliminées et le chômage cesserait concrètement d'être un objet d'effroi si la vie des chômeurs n'était plus sérieusement affectée par la perte de leurs emplois.

Enfin Sales et Bélanger (1985) examinent la direction et l'encadrement des secteurs privé et public au Québec, à partir de la programmation des décideurs et des gestionnaires. De plus, Sales (1983) analyse l'intervention de l'État en relation avec les positions idéologiques des dirigeants des bureaucraties publiques et privées.

Tels sont, en synthèse, certains des thèmes de recherche de la sociologie économique qui correspondent à son programme d'apporter un fondement sociologique aux phénomènes économiques. Dans les troisième et quatrième chapitres nous complétons les types d'investigation de cette spécialité en y distinguant cinq perspectives théoriques majeures. Mais avant, et en vue d'un débroussaillement pédagogique, dans le deuxième chapitre nous exposons succinctement des concepts essentiels qui, à notre avis, permettent une meilleure compréhension des analyses de la discipline.

Chapitre 2

De quelques concepts fondamentaux

1. *Sens de « société » : articulation de rapports*

En premier lieu, il nous revient de chercher la signification du concept de « société». La société se définit comme un processus (mot latin exprimant le progrès) d'articulation de rapports économiques, idéologiques et politiques en interaction continue. Cette interaction peut être pacifique ou conflictuelle. Lorsque nous parlons de « processus d'articulation », celui-ci désigne un enchevêtrement, une imbrication de ces rapports dans la réalité sociale concrète. C'est leur analyse (du grec *analusis* exprimant la décomposition) théorique qui s'efforce de les séparer pour mieux les exposer, les expliquer. Car concrètement ils se produisent simultanément, tout en étant différents de par leurs caractéristiques intrinsèques. Alors il est nécessaire d'abord d'indiquer la nature spécifique de chaque type de relation, et ensuite, par et dans un exemple, montrer l'imbrication des trois modalités de rapports et leur double temporalité de paix et de conflit en vue d'esquisser la dynamique complexe de la vie en société.

En ce qui concerne la nature particulière de chaque type de relation sociale, c'est sa définition qui nous la dévoile. Dans cette optique, nous commençons par spécifier le champ du réel de chaque rapport pour ensuite le définir. Comme l'économie (du grec *oikos* et *nomos* signifiant respectivement maison et loi) étudie les lois et les règles qui dirigent les processus de production, d'échange et de consommation de biens matériels et de services sociaux rares, un rapport économique est un lien s'établissant entre au moins deux agents sociaux dans ce triple processus. Donc le rapport économique renvoie fondamentalement au champ de la production et de la reproduction matérielle de la vie : il s'agit de l'essence même de l'organisation sociale du travail.

Pour sa part, le terme « idéologie » fut inventé en 1796 par Destutt de Tracy pour nommer une science qu'il avait l'intention de créer, celle des idées. Pour les besoins de l'analyse sociologique, nous retenons le sens large d'idéologie en tant qu'un bloc de représentations et/ou de croyances propres à un groupe, une classe ou une institution. Sous cet angle, le rapport idéologique signale un lien qui se noue entre les producteurs ou émetteurs d'idées-représentations et/ou de croyances et les récepteurs ou consommateurs de celles-ci. En d'autres mots, le rapport idéologique désigne une vision du monde social et/ou naturel, une cosmovision.

Quant à la politique, elle est définie de deux manières, suivant deux Écoles de pensée politologiques. La première École, à laquelle participe Jean Meynaud avec son ouvrage *Introduction à la politique,* considère la politique (du grec *polis* et *tekhnè* signifiant respectivement cité et art) comme la science du gouvernement des États. Le deuxième courant de pensée dont fait partie Maurice Duverger avec ses deux livres *Sociologie de la politique* et *Sociologie politique,* qualifie la politique de science du pouvoir. Ce dernier peut être économique, idéologique et étatique. Nous faisons également nôtre le sens de politique employé par Duverger, dans la mesure où il se révèle plus opératoire pour appréhender les trois principales formes de relation de subordination. Dans ce cas, le rapport politique manifeste une relation de domination entre les gouvernants et les gouvernés (pouvoir étatique), entre les employeurs et les employés (pouvoir économique) et entre les théoriciens, les doctrinaires, les religieux et leurs respectifs disciples, partisans et fidèles (pouvoir idéologique). Si nous prenons comme exemple la société canadienne et que nous envisageons l'ensemble des liens qui se tissent pour former « le projet de l'indépendance du Québec », nous y décryptons une imbrication de rapports politiques, idéologiques et économiques qui expriment une double temporalité de paix et de conflit, selon le moment historique. En effet, ce « projet » qui est un fait social renvoie à des relations politiques entre le gouvernement provincial du parti québécois indépendantiste et le gouvernement national du parti libéral fédéraliste. Ces relations sont pacifiques quand les intérêts des deux interlocuteurs (du latin *inter et loqui* signifiant respectivement entre et parler) ne se sentent pas menacés. Mais en général celles-ci sont tendues, puisqu'au départ l'idéologie de chaque parti est diamétralement opposée à l'autre. Les libéraux sont partisans de l'unité canadienne, les péquistes, au contraire défendent la séparation du Québec, en tant que société souveraine, des autres provinces du Canada. Les rapports idéologiques entre les deux partis sont calmes dans la période de leur gestion des affaires de leurs deux États respectifs (fédéral et provincial). Ils deviennent de plus en plus antagoniques à l'approche des Referenda de 1980 et 1995 sur la souveraineté du Québec. Enfin le « projet de l'indépendance du Québec » réfère à des rapports économiques fédéraux et provinciaux qui sont tranquilles toujours quand les avantages des deux partenaires ne sont pas en danger. Mais ils deviennent de plus en plus en tension, au fur et à mesure que la propagande politique des deux gouvernements (à la proximité des deux Referanda) s'agite. Ils pourraient être carrément violents (si le Québec se séparait), dans les négociations terriennes. En somme, ce simple exemple illustre le haut degré de complexité de la réalité sociale. Il fait ressortir à la fois l'enchevêtrement des trois formes de relations et leur double période de concorde et de discorde (ou d'accord et désaccord). Tout fait social important peut être analysé à ces trois niveaux pour en saisir le mouvement concret.

2. *Structure sociale*

Le concept de structure est l'un des plus utilisés en sociologie. Pourtant chaque École de pensée, fonctionnaliste, structuro-fonctionnaliste, matérialiste historique, interactioniste symbolique, structuraliste, etc. en fournit une définition spécifique. Pour notre part, loin de ces divergences conceptuelles nous considérons la structure sociale comme une totalité organique de groupes et d'institutions qui passent par des moments de paix ou de conflit. Nous allons prendre un exemple de structure spécifique : la structure agraire en Amérique Latine et dans les Caraïbes, pour illustrer notre propos.

Naturellement les idées importantes à retenir sont celles de « totalité organique », « groupe », « institution » et « double temporalité pacifique et conflictuelle ». La notion de totalité organique implique des phénomènes d'interdépendance, de complémentarité et de fonctionnalité. Par conséquent, il faut noter que la production de la société (l'ensemble des rapports sociaux) ne saurait se saisir dans son mouvement historique global, dans ses traits essentiels et dans sa cohérence sans cette organisation de groupes et d'institutions, à travers un espace et un temps.

Commençons par définir ce que sont un groupe et une institution pour pouvoir mieux observer concrètement les interactions qui les traversent. Un groupe s'entend d'un bloc de personnes formant un tout, en ce sens qu'ils participent aux mêmes sentiments, représentations et jugements de valeurs et manifestent les mêmes types de comportements (Myers et Lamarche, 1992 ; Fischer, 1990). Des ouvriers salariés, des capitalistes, des membres de communautés ethniques, des étudiants, des professeurs universitaires, des membres de partis politiques, des fidèles d'une religion, des religieux(ieuses), des paysans métayers, des propriétaires fonciers, etc. constituent des groupes, *lato sensu*.

Quant à l'institution, elle est intégrée par des groupes qui professent les mêmes normes, règles ou lois, en vue d'atteindre des objectifs précis. Un syndicat et une association patronale sont deux institutions distinctes qui réunissent respectivement des ouvriers salariés et des capitalistes ou patrons. Le syndicat défend les intérêts économiques des ouvriers, en fonction du Code du travail et de la convention collective. L'association patronale en fait autant pour les capitalistes, à partir du même Code et de la même convention. Une université est aussi une institution composée de deux principaux groupes, les étudiants(tes) et les professeurs(res). Les deux obéissent, selon leurs rôles, aux règles et normes universitaires, les étudiants(tes) pour mieux assimiler et renouveler les connaissances requises et les professeurs(res) pour mieux transmettre et créer un savoir scientifico-technique respectivement à travers leurs cours et leurs recherches (Meyers et Lamarche, ibidem).

Maintenant nous allons visualiser les phénomènes d'interdépendance, de complémentarité et de fonctionnalité qui pénètrent la structure. L'interdépendance veut dire que tout changement dans l'une ou plusieurs des composantes de la structure (groupes et institutions) se répercute sur l'autre ou les autres. Par exemple, un mouvement de grève (des ouvriers) ralentit la production et fait baisser directement les bénéfices patronaux. Mais il ne faut pas oublier que l'objectif poursuivi par les grévistes est l'amélioration de leurs conditions de travail dont plusieurs patrons ne se soucient guère. La complémentarité signifie l'apport réciproque d'éléments entre les groupes et institutions dans leur interaction. En ce qui concerne l'université, les étudiants(tes) lui versent leurs frais de scolarité et, en retour, elle leur donne la connaissance spécialisée qu'ils(elles) nécessitent pour s'intégrer au marché du travail et ainsi pourvoir à leurs besoins biologiques, socio-culturels et artificiels (selon les cas). Enfin la fonctionnalité exprime la capacité des groupes et des institutions à remplir des rôles spécifiques. Par exemple, les propriétaires fonciers concèdent leur terre en possession et en usufruit aux métayers qui, en retour, leur remettent la moitié, le tiers ou le quart de leur production végétale et/ou animale. Ce système de métayage est inhérent aux structures sociales non capitalistes où l'exploitation de la force de travail paysanne est soumise à une très forte coercition dite extra-économique.

Enfin l'idée de la double temporalité de paix et de conflit manifeste les moments par lesquels passent les rapports sociaux structurés. En effet, quand les intérêts opposés des groupes et des institutions sont dans une époque de faible tension ou d'harmonie relative, règne la paix. En général, la paix sociale (relative) désigne le trait essentiel d'une époque de prospérité. Mais lorsque les intérêts de ces composantes structurelles sont exposés à de forte tension voire à des contestations de plus en plus radicales, s'initie une période d'agitation qui peut s'intensifier progressivement jusqu'à déboucher sur une crise partielle ou globale des rapports sociaux structurés. C'est le temps de l'effervescence, de la conflictualité, inhérent aux périodes de récession, de réforme (crise partielle) ou de transformation, de révolution (crise globale). Nous y reviendrons lors de l'étude du conflit et du changement.

2. 1 *Structure agraire*

Nous entendons par *structure agraire* un ensemble intégré par des groupes sociaux (propriétaires terriens capitalistes, propriétaires fonciers non capitalistes, moyens et petits paysans, fermiers non capitalistes et capitalistes, métayers, paysans sans terre), les formes d'appropriation et la taille variable de la propriété et différents modes de faire-valoir. Elle implique donc des relations d'interdépendance, de complémentarité, de fonctionnalité et/ou de conflictualité. Sa dynamique évolutive (provenant de son changement légal) et sa stagnation sont régies par le Code rural et des lois agraires.

Pour ce qui est de la *propriété*, elle peut être privée ou publique. En France, au Brésil, en Haïti, au Canada, en Argentine, aux États-Unis, etc. les terres appartiennent à des particuliers, à des compagnies, à des banques, à l'État national, provincial, départemental ou municipal, selon *l*es formes juridiques d'appropriation. La taille des propriétés varie du minifundium au latifundium en passant par la moyenne dimension (Diry, 1999).

Pour sa part, le latifundium (toujours opposé au minifundium) a tendance à provoquer *les effets pervers* suivants:

1) la création d'une aristocratie agraire douée d'un grand pouvoir politique ou exerçant une grande influence sur les gouvernants comme en Argentine, au Brésil, en Haïti, au Venezuela, en Colombie, au Guatemala, etc. ;
2) l'absentéisme de ces latifondiaires, qui laissent l'administration de leurs domaines à des gérants qui s'occupent du fermage ou du métayage. Ces grands propriétaires restent en ville ou à l'étranger et mènent une *vie de luxe ostentatoire,* selon la terminologie de Veblen ;
3) le caractère rétrograde de l'agriculture et de l'élevage par manque d'intérêt des gérants ;
4) la croissance de la quantité de *paysans parcellaires(minifondiaires), sans travail ou sans terre,* à cause justement de la concentration de la terre en peu de mains et donc de l'inaccessibilité de la majorité des familles rurales à la propriété et de l'impossibilité du latifondiaire à fournir du travail à beaucoup de journaliers ;
5) la baisse des salaires à la campagne, en raison de cette trop grande offre de main-d'oeuvre paysanne pauvre ;
6) l'augmentation de l'exode rural. Des masses énormes de démunis ruraux émigrent vers la ville ou fuient à l'étranger parfois dans des embarcations de fortunes(*boat people*)ou par des moyens illégaux(sans document d'identité) ;
7) les salaires de misère à la ville, à cause d'une très forte offre de main-d'oeuvre ;
8) l'augmentation de la pauvreté, de la misère voire de l'indigence à la campagne et à la ville, par la pénurie de travail et d'argent pour les démunis ;

9) et enfin la croissance de l'analphabétisme, en raison de l'impossibilité pécuniaire des parents pauvres, misérables ou indigents d'envoyer leurs enfants à l'école.

La question du latifundium se pose d'une façon cruciale, par exemple, au Brésil et en Argentine où 2% de la population s'accapare de 50% des terres et en Haïti où 1% est propriétaire de 31% des terres.

Il existe trois modes de faire-valoir: direct, indirect et mixte. Le faire-valoir direct veut dire la fusion de la propriété et de l'exploitation. Autrement dit, le propriétaire est aussi le maître de l'exploitation. Il arrive qu'il soit parfois absent. Dans cette situation il délègue la gestion à un régisseur qui contrôle les salariés et s'occupe de l'administration régulière. Le faire-valoir indirect suppose que le propriétaire ne gère pas la mise en exploitation de sa terre, mais qu'il la concède en possession et en usufruit à un tiers soit comme métayer, soit comme fermier. Le *métayage* signifie que le propriétaire fournit la terre, les édifices, le cheptel, le matériel, donc le capital et que le métayer apporte son travail. Les récoltes ou les portées sont partagées entre les deux individus, d'après une proportion variable d'une société ou d'une région à l'autre. Le fermage veut dire que le propriétaire fournit le capital susmentionné (cheptel et matériel) à un tiers, lui loue la terre ainsi pourvue et reçoit un loyer annuel. Le faire-valoir mixte implique que le propriétaire exploite une partie de sa terre tout en en concédant l'autre partie à un métayer ou à un fermier.

En Amérique latine et dans les Caraïbes des situations juridiques de travail ou de tenure sont quelquefois assez complexes. En effet, une partie seulement du latifundium (la réserve) est parfois mise en exploitation en faire-valoir direct avec des ouvriers agricoles. Des lopins sont laissés en usufruit temporaire à des colons qui en retour oeuvrent des jours par semaine sur la dite réserve. Alors ces occupants n'appartiennent ni à la catégorie des métayers ni à celle des fermiers, bien qu'ils soient en faire-valoir indirect. Dans une autre situation des parcelles du latifundium sont remis par le propriétaire à de vrais métayers, mais vu l'exiguïté de ces concessions, ceux-ci arrondissent leur revenu en travaillant aussi sur la réserve. En dernier lieu, des paysans indépendants sont également employés d'une manière temporaire sur la réserve comme travailleurs agricoles. Dans ces conditions historiques concrètes le pouvoir local ou régional des latifondiaires, en tant que fraction de la classe dominante, est énorme puisqu'ils contrôlent économiquement un grand nombre de familles rurales.

3. *Division technique et sociale du travail et division de la production sociale*

Le travail est l'activité humaine dépensée dans le triple processus de production, d'échange et de consommation de biens matériels et de services sociaux pour créer des valeurs d'usage et/ou d'échange. Il est le fondement même de l'organisation sociale à la fois dans les sociétés à différenciation sociale stratifiée et non stratifiée. Il est au coeur de cette triple division que nous considérons.

En premier lieu, la division technique du travail est la répartition des tâches dans une unité de production, d'échange et de consommation de biens et services. Elle est synonyme d'organigramme. Elle différencie les catégories de rôles professionnels entre les groupes d'individus qui œuvrent dans une entreprise particulière. Par exemple, l'organigramme d'une université se distribue brièvement ainsi :

a) personnel administratif (rectorat, vice-rectorat et leur secrétariat, décanat et vice-décanat des facultés et leur secrétariat, directorat des départements et leur secrétariat et le sénat) ;

b) personnel enseignant (professeurs(res) ;

c) personnel étudiant;

d) personnel de soutien (bibliothéconomie, sécurité et soins ménagers).

En deuxième lieu, la division sociale du travail englobe les différentes fonctions économiques, idéologiques, culturelles et politiques que les individus accomplissent dans la société globale. Elle se rapporte à la distribution des pratiques de groupes et d' institutions. La meilleure façon de se représenter cette division sociale est de se référer aux rapports économiques, idéologiques et politiques entre les classes sociales et aux relations culturelles entre les groupes ethniques. Il faut remarquer que ces groupes et institutions accomplissent deux types de travail, l'un manuel et l'autre intellectuel, dans le procès de production

En troisième lieu, la division de la production sociale est la manière dont les individus fabriquent des biens et fournissent des services en vue de satisfaire les trois catégories de nécessités. Elle comporte trois sphères :

i) le secteur primaire où se réalisent les activités agricoles, minières et pastorales ;

ii) le secteur secondaire où sont menées les activités industrielles ;

iii) et le secteur tertiaire où les individus procurent les services.

En dernier lieu, il est nécessaire d'ajouter que, selon sa caractéristique historique, communautaire tribale ou clanique, esclavagiste, féodale, tributaire ou capitaliste, le travail détermine les modes d'organisation sociale, la différenciation entre les classes.

4. *Classes sociales :* *a) définition ; b) critères essentiels ; c) typologie*

a) *définition*

La distinction entre le travail manuel et le travail intellectuel institue trois ordres activités :

i) un travail mécanique d'exécution (les travailleurs manuels) ;

ii) un travail de construction de la vision sociale dominante (les agents de l'hégémonie) ;

iii) un travail de direction qui associe l'emploi de la compétence technique et de la vision de « légitimation de l'ordre établi » (les ingénieurs, les techniciens, les cadres).

Cependant, dans l'optique de la réalité des classes et d'une façon plus concise, la distinction entre les deux types de travail entretient l'opposition entre la fonction de direction et la fonction d'exécution qui recoupe la contradiction entre les propriétaires des moyens de production et d'échange et les producteurs directs.

Nous entendons par classe sociale un groupe d'individus propriétaire des moyens de production, d'échange et de consommation de biens et de services ou propriétaire de leur force de travail manuel et intellectuel, qui partage les mêmes représentations de la nature et de la société et qui exerce une certaine influence ou action sur l'évolution de la structure. Chaque groupe d'individus ou classe ainsi définie défend ses intérêts économiques, idéologiques, politiques qui entrent en contradiction avec ceux d'une autre qui lui est antagonique. De là résultent les conflits historiques de classes. Le concept de classe est l'un des plus importants des sciences sociales. Car il traduit, en raccourci, le noyau dur de la structure. En outre, de leurs relations dépendent non seulement l'existence, la reproduction, mais encore la création de toute nouvelle société et de toute nouvelle structure. Aussi est-il indispensable de bien discerner, en fonction de leur définition précitée, les critères qui permettent de les identifier.

b) *critères essentiels de définition des classes*

Nous analysons sept critères, dans le cadre des sociétés capitalistes modernes, puisque ce sont ces dernières seulement qui ont la faculté historique de donner naissance aux classes ainsi conçues. Le premier critère est le plus fondamental parce qu'il situe la classe dans la base matérielle de production et de reproduction de la vie, dans les rapports économiques. Il s'agit de la propriété et de la non-propriété des moyens de production et d'échange. D'ailleurs ce critère distingue les deux principales classes du capitalisme, à savoir : les capitalistes (bourgeois ou patrons) et les travailleurs salariés (ou producteurs directs). Les premiers sont propriétaires des moyens et les seconds non-propriétaires de ces moyens, mais possesseurs de leur force de travail manuel et intellectuel qu'ils doivent vendre pour vivre.

Le deuxième signe de discernement est la communauté d'une vision (idéologie, lato sensu) de la société et de la nature. Cet ensemble de représentations établit une certaine cohésion entre les membres de la classe en question. Par exemple, la vision marchande du monde social et naturel est le trait le plus important de la pensée libérale bourgeoise. La société et la nature sont considérées par elle comme un double réservoir de marchandises dont il faut tirer un profit maximum. De la nature la bourgeoisie extrait des produits miniers, agricoles, pastoraux, etc. De la société elle exploite la force de travail manuel et intellectuel sous forme de plus-value et recueille des bénéfices dans la vente des marchandises. Les affaires relient les patrons d'un bout à l'autre de la planète dans ce vaste mouvement de « mondialisation du capital » commencé dans les années quatre vingt, à travers la télécommunication, la télématique, les politiques de libéralisation, de privatisation, de déréglementation, de démantèlement des conquêtes sociales et démocratiques issues des revendications ouvrières et des partis progressistes, etc. (Chesnais, 1994 : 16-113).

Le troisième critère porte sur l'exercice d'une certaine influence, action ou domination sur la structure sociale. En général, et c'est valable pour toutes les sociétés à différenciation stratifiée, la classe propriétaire et ses « intellectuels organiques ou agents de l'hégémonie » sont ceux qui respectivement élaborent les rapports économiques et modèlent la vision de légitimation de l'ordre établi à travers les codes, la science et la technique. Dans les sociétés modernes les représentations et pratiques individualistes, marchandes, utilitaristes, scientifiques et technocratiques dominent les rapports économiques, idéologiques et politiques.

Le quatrième signe de discernement s'applique à la contradiction entre les intérêts des patrons et ceux des travailleurs salariés. Cette opposition se traduit par l'affrontement de deux logiques irréconciliables, l'une du profit maximum et l'autre du salaire maximum. Car quand le salaire augmente, le profit baisse. Pourtant sous la poussée des protestations des travailleurs syndiqués, les bourgeois sont obligés de temps en temps d'indexer un peu le salaire sur le coût de la vie. Mais cette indexation devient de plus en plus problématique depuis deux ou trois ans, période pendant laquelle souffle un « vent chaud de conservatisme » dans les nations hautement industrialisées comme le Canada et les États-Unis d'Amérique.

Le cinquième critère se rapporte à la lutte des classes. Du fait de l'antagonisme des deux groupes fondamentaux du capitalisme leurs relations sont entachées de conflictualité, au triple niveau économique, idéologique et politique. Nous allons y revenir lors de l'examen du conflit.

Le sixième signe de discernement touche l'organisation laïque (politique, syndicale, patronale) et religieuse des classes. C'est à ce niveau que les classes sont pleinement conscientes de leur situation historique et qu'elles arrivent à se transformer en agents de changement ou de conservation de la structure dominante. C'est à ce moment que les classes « travaillent concrètement » au développement, au progrès ou, au contraire, au blocage, à la stagnation de la structure (Ansart, 1990 : 29-61).

Le septième et dernier critère est l'existence et l'évolution de citoyen(ne)s dans une ville qui constitue le centre privilégié de développement du capitalisme moderne. Leur statut de citoyenneté leur confère des droits et libertés qui les instituent sujets de droit.

c) *typologie : classes dominante et dominée et strates*

Selon le troisième critère de l'exercice d'une hégémonie sur la structure par la bourgeoisie et ses intellectuels organiques, il existe deux grandes classes, la dominante et la dominée. Car, dans la mesure où les capitalistes remplissent, de par leur pouvoir économique, la fonction de création et d'auto-création de classes, respectivement des salariés et d'elle-même, elle se constitue comme classe dominante et les producteurs directs comme classe dominée. Toutefois, en dehors d'elle et des salariés et en interaction avec elle et avec ceux-ci, vivent et évoluent ce que nous appelons des strates. Ce sont des catégories d'individus qui ne font pas partie intégrante de l'une des deux classes, mais qui pourtant se définissent positivement ou négativement par rapport à elles, comme leurs alliés ou leurs adversaires (intellectuels organiques). Les strates peuvent être des fonctionnaires publics, des religieux(ieuses) voire des élèves et des étudiants(tes).

5. *Culture et groupes ethniques : imaginaire social vécu*

Le phénomène auquel s'intéressent généralement peu de sociologues (puisqu'au départ il relève des champs de l'ethnologie et de l'anthropologie) devient progressivement l'un des plus importants depuis une dizaine d'années avec la montée des nationalismes ethniques en Occident, de l'arabisme et de l'intégrisme au Moyen-Orient et en Afrique. Il est question de la culture. Comment la considérons-nous ? Nous en trouvons deux principaux sens (Fougeyrollas, 1994 : 61-186). Le premier nous vient du XVIIIe siècle français, de la Philosophie des Lumières. Il indique la formation supérieure de l'esprit. Le deuxième nous est fourni par les travaux de l'anthropologie culturelle américaine du XXème siècle (Ferréol et Noreck, 1989 : 97-147). Il signale l'ensemble des façons de penser, de sentir, et d'agir, en un mot, de vivre particulier à une population donnée en un temps donné. Le premier est discriminatoire et élitiste et s'applique à une simple minorité, en excluant la majorité qui serait alors jugée inculte. Aussi l'écartons-nous d'emblée. Par contre, le second sens nous semble plus opératoire et globalisant.

En nous en inspirant, nous définissons la culture comme l'imaginaire social vécu. Elle englobe aussi bien la formation supérieure de l'esprit que toutes les expressions de la vie quotidienne. Elle comprend les arts plastiques, les lettres, la philosophies le théâtre, le cinéma, la télévision, la musique, les sciences, les techniques, la religion, la politique, l'habitat, l'alimentation, l'art culinaire, le vêtement, les activités laborieuses, les loisirs et les relations sexuelles. Toutefois la différence entre la culture et la structure sociale réside dans le fait essentiel que celle-ci représente le côté objectif de la vie collective et celle-là son côté subjectif. La structure sociale est intégrée surtout par des institutions, alors que la culture symbolise surtout le vécu quotidien de ceux et de celles qui participent aux activités collectives. En d'autres mots, la structure sociale manifeste une partie de la vie collective dite avant tout institutionnelle, alors que la culture est l'épiphanie de la totalité de la vie collective (Fougeyrollas, 1994 : ibidem).

En ce qui a trait aux groupes ethniques (du grec, *ethnos*, peuple), cette notion désigne une communauté d'individus qui partage le même territoire, les mêmes croyances, la même langue, le même système de pouvoir, les mêmes valeurs et symboles, les mêmes coutumes, en un mot, la même culture. Par conséquent, la distinction entre les Canadiens et les Américains, entre les Haïtiens et les Dominicains, entre les Argentins et les Brésiliens, entre les Péruviens et les Mexicains, résulte de leur différence respective non seulement d'œuvres littéraires et artistiques, mais encore de philosophies de vie, d'alimentation, de vêtements, d'activités laborieuses et ludiques, de territoire, de coutumes et de langues dans certains cas ici. En somme, le critère fondamental de l'ethnicité est la culture, telle que nous la définissons plus haut.

Cependant s'il est légitime de comparer des sociétés d'après leur production matérielle quantifiable, il est insensé de vouloir hiérarchiser les cultures sur une échelle allant du supérieur à l'inférieur. Car les cultures ne sont pas quantifiables. Tout parallèle qui s'établit entre elles n'est que d'ordre qualitatif. D'ailleurs l'un des éloges adressé au XXème siècle est de reconnaître la pluralité et la richesse intrinsèque des cultures : en témoigne l'existence de divers Ministères de la Culture ou du Multiculturalisme dans plusieurs États-nations du monde.

6. *Conscience sociale :* *1) définition générale et spécifique ; 2) typologie*

Si, à la suite d'Aristote, nous jugeons les individus comme des êtres logiques, c'est-à-dire dotés de rationalité et de créativité, de « connaissance (*ginôskô*) développée », c'est à travers leur conscience(du latin, *cum*, avec, et *scire*, savoir, science) qu'ils perçoivent leur situation dans la nature et la société au sein desquels ils s'épanouissent. C'est leur conscience qui les motive à se rendre compte de leurs différents problèmes, à les analyser et à en chercher des solutions adéquates et toujours renouvelées. Par exemple, la manière originale, selon le degré de développement des structures sociales, de résoudre la question du logement, est une preuve indubitable du haut niveau de capacité technique auquel les êtres humains sont parvenus dans les trois derniers siècles. En effet, de maisons ou de châteaux réchauffés(ées) au feu de bois (XVIIe siècle) nous passons au chauffage électrique, invisible, réglé dans le détail et combien plus efficace (XXe siècle) ! Naturellement cette efficacité technique est causée par notre « connaissance développée » en plusieurs domaines : c'est la manifestation de notre conscience des problèmes à résoudre d'une manière de plus en plus adéquate.

6.1 *Définition générale et spécifique de conscience*

Nous considérons généralement la conscience, au niveau philosophique, comme le sentiment de l'existence et des actes dans un habitat naturel et en société. C' est en ce sens que le philosophe français Merleau-Ponty note que « la conscience » (du latin, cum et scire, savoir avec) est « toujours la conscience de quelque chose », c'est-à-dire la perception d'un objet, d'un sujet ou d'un acte. Pour être conscient, on doit sentir « quelque chose » au moins à travers l'un ou l'autre des cinq sens. La conscience se dévoile, existe, par conséquent, dans la mesure où il y a un sujet ou un objet « autour de nous » qui nous communique une idée de notre vie ou de sa propre réalité. Nous sommes conscients de notre environnement physico-chimique, de nos semblables et de leurs actions. Nous sommes des êtres historiques et culturels, situés et datés dans un espace-temps, en un mot, socialisés. Qu'en est-il de la conscience sociale ? C'est sa considération qui nous livre la définition spécifique de conscience.

Sa définition spécifique n'est autre que son sens sociologique. C'est l'ensemble contradiction des sentiments, des idées, des représentations, des théories et/ou des doctrines des différents groupes en interaction permanente, pacifique ou conflictuelle. Cette conscience sociale ainsi définie est la vision qu'il faut mettre en œuvre pour donner naissance aux rapports entre les individus, les groupes et les institutions qui forment la structure sociale, pour en faire un mode concret d'organisation de la vie (Godelier, 1984 : 215-228). Dans l'exemple historique du changement que nous donnerons plus loin nous observerons la mise en action de la conscience sociale capitaliste pour opérer le passage du féodalisme au capitalisme en Europe, du XIIIème au XIXème siècle, au quadruple niveau économique (la part matérielle des rapports), idéologique, scientifico-technique et politique (la part idéelle des rapports). En d'autres termes, tout rapport social est composé de ces deux parties, matérielle et idéelle. C'est de leur interaction continue que résulte, se produit ce rapport. Nous pouvons nous demander combien il existe de catégories de conscience sociale, puisque les groupes possèdent des représentations différentes de la réalité. Ici nous nous intéressons particulièrement à la vision sociale des classes.

6.2 *Typologie : fausse conscience et conscience réelle*

Comme la conscience constitue la part idéelle d'un rapport social, il est primordial d'investiguer les modalités de représentation du marché du travail des patrons et des travailleurs salariés qui sont justement les deux classes fondamentales du capitalisme moderne. Mais il ne faut pas oublier que le monde du travail exprime les liens économiques, donc la part matérielle des rapports sociaux, tandis que la conscience des deux classes de ces rapports en est la part idéelle qui lui est consubstantielle. Nous distinguons, à la suite de Goldmann (1981 : 88-130), dans *Sciences humaines et philosophie*, deux grands types de conscience, à savoir : la fausse conscience et la conscience réelle.

6.2.1 *Fausse conscience*

Elle est une représentation erronée de la situation et des intérêts matériels ou spirituels des classes. Nous faisons allusion à la manière dont les capitalistes et les travailleurs salariés conçoivent leurs avantages de classes opposées dans l'organisation sociale du travail. Plus précisément certains capitalistes pensent qu'en achetant la force de travail des producteurs directs pour un salaire, ils sont en train non seulement d'accomplir un devoir patriotique ou une obligation humaine, mais encore de rendre service aux salariés. Émile Zola, dans son célèbre roman : *Germinal*, reproduit une conversation entre la femme d'un patron et la femme d'un ouvrier de mine, qui traduit bien cette fausse conscience de la patronne au XIXème français. De leur côté, certains travailleurs salariés croient que les capitalistes les aident en leur fournissant du travail, surtout dans les moments de récession économique (où les salaires d'ailleurs ont tendance à stagner, augmentant ainsi la marge du profit capitaliste).

6.2.2 *Conscience réelle : conscience de classe possible et maximum de conscience de classe possible*

Elle est l'unité (pour chaque classe séparément) des sentiments ou des représentations qui se développe chez les capitalistes ou chez les travailleurs salariés au contact de la réalité quotidienne conflictuelle du travail. Dans cette perspective de la conflictualité, la conscience réelle se subdivise en deux catégories : la conscience de classe possible et le maximum de conscience de classe possible.

La conscience de classe possible se forge au fur et à mesure que se présentent et explosent les conflits de travail (ou conflits industriels) entre les patrons et les ouvriers, c'est-à-dire dans la pratique effervescente des luttes. C'est cette perception respective et embryonnaire de leurs intérêts opposés qui confère aux membres des deux classes un sentiment de solidarité élémentaire et antagonique. Concrètement, ce genre de solidarité motive les salariés à s'organiser en syndicat en vue de défendre leurs intérêts de classe et ainsi diminuer l'intensité de l'exploitation de leur force de travail par les bourgeois. D'autre part, face à la poussée des revendications des ouvriers syndiqués, cette solidarité élémentaire et antagonique incite les capitalistes à fonder leur organisation patronale pour pouvoir mieux résister aux protestations syndicales et ainsi sauvegarder leurs privilèges de classe dominante.

Le maximum de conscience de classe possible s'entend du plus haut degré de représentation de la situation et des conflits de classes auquel respectivement peuvent parvenir les patrons et les ouvriers, dans un moment historique déterminé. Les capitalistes manifestent ce niveau supérieur de perception à travers les lock-out, les brisures des grèves ouvrières et leur participation à des partis politiques ou à des gouvernements conservateurs. Pour leur part, les producteurs directs extériorisent leur maximum de conscience possible par l'intermédiaire de griefs et de grèves périodiques et leur participation à des partis politiques ou rarement à des gouvernements progressistes. Nous disons « rarement », parce qu'en général les gouvernants choisissent leurs collègues parmi la classe politique ou les intellectuels organiques. Cependant trois cas exceptionnels d'ouvriers qui sont devenus chefs d'État confirment la règle générale énoncée. Il s'agit de la Pologne, de la Roumanie et de la Province argentine de Córdoba où respectivement sont élus présidents Walesa, Ceausescu et gouverneur López.

En dernière instance, dans la réalité concrète la fausse conscience et la conscience réelle (à ses différents stades) ne se rencontrent pas à l'état pur. Car elles s'enchevêtrent soit dans une même période, soit dans des périodes distinctes parmi les membres des deux grandes classes qui ne sauraient constituer des blocs monolithiques. La réalité sociale, écrit Montaigne dans ses *Essais*, « est toujours ondoyante et diverse ».

La violence conflictuelle, qui est au cœur de la dynamique sociale depuis des temps immémoriaux, selon Ziegler (ibidem), et qui traverse les relations industrielles examinées plus haut, va retenir notre attention avant d'analyser le changement. C'est que ce dernier ne peut se comprendre en dehors de la logique du conflit.

7. *Conflit social : importance, définition et typologie*

7.1 *Importance historique*

Freund (1985), dans son ouvrage intitulé *Sociologie du conflit* affirme les propositions suivantes :

> La nouveauté des temps modernes, c'est qu'on rejette l'idée même de société et l'on se livre à un harcèlement permanent contre toutes les institutions, contre le système judiciaire ou pénitencier, contre la surveillance des enfants et contre la protection des mineurs ou encore contre le fait d'inculquer les formules élémentaires de la grammaire ou de l'arithmétique. Cette situation conflictuelle a envahi toutes les activités sans aucune exception !

Par conséquent, le trait ou le caractère fondamental de l'époque contemporaine consiste dans le fait que toutes les activités humaines sont soumises en même temps à la contestation interne et à une remise en question radicale, c'est-à-dire une critique totale. Cette critique est due à la prise de conscience des contemporains, d'une part, de leur liberté individuelle et, d'autre part, de la possibilité de découvrir expérimentalement les liens de cause à effet entre les phénomènes de la nature et de la société. Cette démarche rationalisante et globalisante est le propre de l'esprit scientifico-technique qui est l'une des principales parties intégrantes de la conscience sociale capitaliste.

7.2 *Définition générale et spécifique*

Il faut comprendre le conflit à deux niveaux, général et spécifique, pour mieux le désigner. Dans son sens général, le conflit est l'opposition d'intérêts, la lutte des contraires. Spécifiquement le conflit se définit comme la lutte entre deux ou plusieurs groupes sociaux (groupes ethniques, groupes d'âge, groupes sexuels, classes sociales) dont les intérêts matériels et/ou spirituels sont contradictoires ou antagoniques. Cette lutte peut aboutir à un affrontement verbal, physique ou armé jusqu'à parfois l'anéantissement physique de l'adversaire dans le cas de la lutte armée.

7.3 *Typologie : conflits économique, idéologique et politique*

On entend par conflit économique toute opposition d'intérêts qui remet en question un ou des aspect(s) non seulement de la division technique du travail, mais encore des conditions matérielles du travail. En ce qui concerne la division technique, on critique la répartition des taches au niveau d'une surcharge de travail non payée : les heures de labeur augmentent, tandis que le salaire reste inchangé. Pour ce qui est des conditions matérielles de l'ouvrage, les protestations visent carrément le bas salaire, la sécurité d'emploi, le licenciement arbitraire, etc. Dans toutes ces situations les griefs et les grèves sont les moyens privilégiés des affrontements de la part des producteurs et les brisures de grèves et le licenciement des meneurs le sont de la part des patrons.

Un conflit idéologique indique une forte critique des représentations, des valeurs, des images et des symboles de certains groupes sociaux par d'autres. La plus grande forme de conflit idéologique connue au Canada se situe dans les années soixante au Québec, lors de la désapprobation radicale des représentations et des valeurs religieuses catholiques par des groupes d'intellectuels et d'hommes politiques. Le résultat de cette « révolution tranquille » est la laïcisation des syndicats, de l'école et de l'État. En Europe, au XVIIIe siècle, l'affrontement idéologique que majeur se produit en France entre les philosophes des Lumières et la foi catholique. L'issue est le rejet de la théologie catholique comme instrument de connaissance universelle et l'affirmation de la supériorité de la philosophie matérialiste athée et de la science.

Un conflit politique désigne le combat qui se livre entre divers groupes sociaux (partis politiques, rebelles ou guérilleros, fidèles traditionalistes) pour la prise et le maintien du pouvoir d'État. Ces hostilités peuvent être armées, électorales ou parlementaires. La première forme de lutte politique se rencontre dans les sociétés comme le Pérou, le Guatemala, le Salvador, Haïti, pour ne citer que celles-ci, où les injustices sont criardes: les conflits politiques sont violents et armés. La deuxième formule, d'ailleurs la plus courante dans les sociétés capitalistes avancées comme le Canada, la France, les États-Unis, etc., consiste dans les compétitions électorales entre les partis politiques pour la prise du pouvoir d'État. La troisième forme de conflit politique dans les pays où fonctionne une démocratie parlementaire ou républicaine, ce sont les joutes parlementaires entre le gouvernement officiel et le ou les partis d'opposition.

Il nous revient maintenant d'aborder le changement qui va être analysé, en fonction surtout des conditions objectives et subjectives qui permettent son éclosion et son implantation.

8. *Changement social : définitions, typologie et conditions*

Le concept de changement est important en sciences sociales parce qu'il manifeste la transition de l'état global ou d'un aspect d'une société à un autre. Il renvoie à l'essence de la dynamique évolutive d'une société ou d'une structure. Il représente le mouvement historique fondamental.

8.1 *Définitions générale et spécifique*

Généralement le changement social se définit comme le remplacement d'une personne ou d'un groupe par un autre ou une autre sans spécifier la différence de qualité, de nature ou de forme entre l'un ou l'autre ou entre l'une ou l'autre. En somme, la définition générale de changement social, à travers ces simples exemples, se révèle vague, imprécise, « superficielle ». Dans son sens spécifique, le changement social est le processus historique de remplacement d'un groupe par un autre ou de transformation d'un groupe en un autre, d'une société en une autre en spécifiant leur différence de nature ou de forme. Par exemple, les seigneurs féodaux qui possèdent de grands domaines (ou fiefs) et de qui dépendent des paysans-serfs sont remplacés par des capitalistes agraires qui disposent de grandes ou moyennes exploitations et qui louent la force de travail d'ouvriers agricoles pour un salaire.

8.2 *Typologie : réforme et révolution*

Dans toute société il se produit deux temps, l'un de paix, d'ordre et l'autre de conflit, de désordre. Cette dichotomie historico-sociale amène l'alternance de deux principales forces : a) des forces de cohésion ou de consentement ; b) et des forces de rupture ou d'éclatement. Si, dans une période historique de durée plus ou moins longue, dominent les forces de cohésion ou de consentement, il règne alors la paix sociale ou l'ordre. Si, au contraire, les forces de rupture ou d'éclatement sont plus importantes, plus intenses, la société passe alors par des moments de crise plus ou moins violentes pouvant déboucher soit sur des réformes, soit sur une révolution.

Comment conçoit-on la « crise » ? La notion de crise vient du grec *krisis* qui veut dire phase décisive, moment périlleux dans le développement d'une réalité. La crise est un moment difficile, décisif qui caractérise une époque de transition entre l'ancien état de stabilité relative (parce qu'y coexistent les forces de cohésion et de rupture) et la recherche d'un nouvel équilibre. Alors sont remis en question les rapports d'ordre économique, idéologique et/ou politique. Car ils présentent des problèmes à certains groupes ou à certaines institutions. Trois moments marquent l'évolution de la crise, à savoir :

1) la prise de conscience groupale ou institutionnelle des problèmes ;
2) la recherche de solutions adéquates des problèmes ;
3) et la résorption (du latin *resorbere*, absorber) de la crise, c'est-à-dire sa disparition.

Tant que la nouvelle stabilité n'est pas intervenue, la crise va durer sur des périodes variables d'intensité plus ou moins grande. Dans cette situation la résorption peut être partielle ou totale. Autrement dit, la crise signifie la rupture d'un état de stabilité relative et la recherche d'un nouvel ordre.

Comme les forces dominantes de rupture ou d'éclatement aboutissent à une crise et que sa résorption varie selon la ou les solution(s) apportée(s) aux problèmes, nous distinguons deux types d'issue à la crise que nous dénommons réforme et révolution. La réforme est une modification économique ou juridico-politique des rapports respectifs entre la classe dominante des capitalistes et la classe dominée des ouvriers ou entre la strate des gouvernants canadiens et celle des gouvernants britanniques. En ce qui a trait à la réforme économique, la refonte ou l'amélioration des conventions collectives changent certaines conditions de travail comme la diminution des heures de labeur de douze à huit, une augmentation salariale de 5% à 10%, les droits à l'assurance-chômage, à l'assurance-maladie, à la pause-café, au congé de maladie avec solde, aux vacances annuelles payées, au régime de pension-retraite, etc.

Pour ce qui est de la réforme juridico-politique, il faut citer le rapatriement de la Constitution canadienne de 1982 qui diminue la dépendance juridico-politique du Canada par rapport à l'Angleterre, en ce sens que la strate des gouvernants canadiens obtiennent, par négociation, pour leur pays la faculté de légiférer d'une façon totalement autonome.

Quant à la révolution sociale, deuxième issue à la crise sociale globale (sa résorption totale), elle indique la transformation radicale des relations entre respectivement la classe dominante et la classe dominée et aussi entre la strate des gouvernants et celle des gouvernés, aux trois niveaux économique, politique et idéologique.

8.3 *Conditions objectives et subjectives du changement social*

Il est indispensable de distinguer deux conditions essentielles du changement social : i) objectives (économiques ou matérielles) ; ii) et subjectives (politiques et idéologiques ou idéelles).

i) Les objectives (économiques) renvoient au mode d'existence et d'organisation sociale du travail. Il faut se rappeler que les rapports économiques constituent le fondement principal de l'existence et de la reproduction des classes. Dans tout processus de réforme et surtout de révolution ce sont d'abord ces rapports économiques qui changent. Naturellement ces rapports économiques s'accompagnent progressivement d'une modification ou d'une transformation plus ou moins concomitante des rapports politiques et idéologiques.

ii) Les subjectives (politiques et idéologiques) réfèrent aux systèmes d'idées ou de doctrines, de représentations ou de théories qui permettent la cohésion ou l'unité entre les membres des classes ou des strates. Ces conditions subjectives se rattachent aussi à l'ensemble articulé des rapports sociaux partiels ou globaux (société) et à des systèmes d'organisation de groupes et d'institutions (structure).

Cependant il est indispensable de noter que tout processus de réforme ou de révolution devient décisif, arrive à un moment critique quand il se situe au niveau des rapports politiques, c'est-à-dire dans la sphère centrale de la prise de décision du changement partiel (réforme) ou global (révolution). Il est nécessaire de se rappeler que les rapports politiques désignent les liens du triple pouvoir, étatique, économique et idéologique dans une société déterminée. En dernière analyse, pour saisir le processus de changement social (et structurel), nous prenons l'exemple (révolutionnaire) de la transformation du féodalisme au capitalisme, entre le XIIIème et le XIXème siècle en Europe et particulièrement en France.

8.3.1 *Transformation du féodalisme au capitalisme : Naissance du capitalisme moderne (XIIe-XIXe siècle) : angles économique, idéologique, scientifico-technique et politique*

8.3.1a *Angle économique*

Dès sa genèse, la bourgeoisie est essentiellement une classe commerçante, marchande. Nous pouvons alléguer la preuve de la synonymie, jusqu'au commencement du XIIème siècle, du mot « mercanter » et du mot « bourgeois ». En ce sens, Henri Pirenne (1991 : 25) écrit :

> Les villes européennes sont filles du commerce et de l' industrie ... C'est l'émigration des habitants de la campagne vers les endroits où le chargement des marchandises, le halage des bateaux, le service des marchands fournissaient de nouveaux moyens d'existence et suscitaient l'espoir du gain, qui a donné naissance aux centres de la vie municipale. Le portus marchand s'est accolé au château féodal, puis bientôt l'a englobé. Ce qui était l'essentiel au début n'est plus maintenant que l'accessoire. Le bourg primitif disparaît au milieu du faubourg qui l'enserre et finalement l'absorbe. La ville ne s' est donc pas formée par élargissement spontanément. Elle s'est constituée par l'attraction qu'elle a exercée sur ses alentours chaque fois qu'elle y a été aidée par sa situation. Elle est l'œuvre de ceux qui ont émigré vers elle. La ville a été faite du dehors et non du dedans.

En effet, le premier facteur, d'ordre économique, de l'origine historique du capitalisme européen est constitué par l'enrichissement de la bourgeoisie marchande urbaine, à la faveur des huit Croisades entre le XIe et le XIIIe siècle (1093-1270). Durant cette période le commerce de la soie et des épices avec l'Orient représentait la base de sustentation de cette classe sociale à vocation d'hégémonie. Sous l'influence de ces activités commerciales nouvelles, la circulation monétaire s'améliorait, le crédit empruntait diverses modalités et son extension soutenait celle du capital manufacturier. L'ouvrier recevait un salaire de l'entrepreneur et c'était par l'entremise de celui-ci que les produits de son travail entraient dans le processus d'échange et se vendaient aux consommateurs, selon les formules suivantes :

1) A1-P-M-A2 ; 2) A1-M-A2, où :
A2 = A1+A' ; A' = profit ; A = argent ; P = production et M = marchandise.

Le déploiement des capitaux manufacturier et marchand rendait insignifiants les petits métiers des artisans de la campagne et de la ville. En outre, au fur et à mesure que se développaient les manufactures (entre le XVe et le XVIIIe siècle), le nombre des ouvriers augmentait par milliers et devenait de plus en plus pressante la nécessité de nouveaux marchés régionaux, nationaux et coloniaux. En ce sens, l'élargissement des capitaux manufacturier et marchand exigeait l'éclatement des frontières féodales, préparait la voie à la centralisation administrative nationale (unification du pouvoir étatique, unité territoriale, unité du marché national, unité monétaire) de la monarchie absolue des XVe, XVIIe et XVIIIe siècles et participait activement au processus de colonisation des Amériques, des Caraïbes, de l'Afrique et de l'Asie par le Portugal, l'Espagne, l'Angleterre, la France, l'Allemagne, la Belgique, la Hollande, l'Italie, du XVe au début du XXe siècle. D'urbain, municipal du XIIIe au XVe siècle, le capital devenait à la fois nationaliste et colonialiste à partir du XVIème siècle. En même temps que s'enrichissaient les capitalistes marchands, manufacturiers et maritimes, s'appauvrissaient les seigneurs féodaux, à travers les guerres civiles et religieuses (XIIIe au XVIIIe siècle), leurs dépenses somptuaires et mondaines, la dépossession (séparation) graduelle de leur main-d'œuvre séculaire, les paysans-serfs, de leurs moyens de production (XIVe au XIXe siècle) et donc la sous-production des fiefs.

En dernière instance, ce processus progressif d'accumulation originelle du capital aboutit, d'une part, à l'émergence d'une bourgeoisie commerciale, manufacturière, bancaire, usuraire, maritime, industrielle et terrienne, et, d'autre part, à la prolétarisation des paysans-serfs, de certains artisans ruraux et urbains et des apprentis et compagnons des Corporations médiévales.

Par conséquent, deux classes sociales fondamentales, antagoniques forment l'ossature du capitalisme moderne dès 1860 en Europe Occidentale : la bourgeoisie et le prolétariat. Toutes les luttes économiques, politiques et idéologiques d'envergure dès la deuxième moitié du XIXème siècle en Europe Occidentale étaient menées par, pour ou contre l'un de ces principaux agents.

8.3.1b *Angle idéologique* (strictu sensu)

Comme l'idéologie (vision ou représentation du monde) dominante du féodalisme était catholique, apostolique et romaine, toute vérité doctrinale, religieuse et morale devait nécessairement être émise par le Vatican (le Pape, le Concile, le Sacré Collège ou le Saint-Office). Cependant la nouvelle vision du monde, qui commençait à voir le jour sous l'égide du capitalisme dès le XVème siècle, était empreinte d'un double esprit d'entreprise économique et d'efficacité individualiste totalement éloigné (ce double esprit), par son pragmatisme et son sens poussé de la comptabilité, de la fainéantise et de la mollesse mondaine, héréditaires féodales. Les Réformes Protestantes, allemande avec Martin Luther (1483-1546) et française avec Jean Calvin (1509-1564), rencontraient dans ce champ idéologique bourgeois un terrain favorable. Dans cette optique du rapport entre la morale protestante et la vision capitaliste du monde social, Max Weber a affirmé qu'il s'était établi une « affinité élective entre l'éthique calviniste et l'esprit du capitalisme ».

8.3.1c *Angle scientifico-technique : Renaissances (méthode scientifico-technique) ; Philosophie (laïcisation de la pensée, foi dans le rationalisme)*

Les Renaissances italienne, française, anglaise, hollandaise, allemande, danoise, etc. valorisèrent les connaissances expérimentales, scientifico-techniques qui remirent radicalement en question le principe d'autorité ecclésiastique du Sacré Collège *(Magister dixit)* à propos des recherches sur l'être humain, la société et la nature. Il ne faut pas oublier que la Renaissance fut un mouvement de rénovation littéraire, artistique, philosophique et scientifique qui se produisit en Europe aux XVème et XVIème siècles et qui promut un retour au rationalisme individualiste gréco-romain. Par exemple, Léonard de Vinci (1452-1519) effectua d'étonnantes découvertes en anatomie humaine, en mathématique, en mécanique, en génie, en peinture et en sculpture. L'astronome polonais Nicolas Copernic (1473-1543), dans son ouvrage intitulé *De revolutionibus orbium et coelestium, libri VI* (1543), inventa la théorie du système solaire, à l'encontre de celle du système terrestre défendue par le Vatican. Les observations de l'astrophysicien danois Tycho Brahe (1546-1601) permirent à Kepler d'énoncer ses lois sur le mouvement des planètes. Le physicien et astronome italien Galilée (1564-1642) fut l'inventeur du microscope (1605) et du télescope (1609) et découvrit aussi les librations de la lune, c'est-à-dire son balancement apparent autour de son axe. Le penseur hollandais Erasme (1469-1536) dans son *Essai sur le libre-arbitre* (1524) et dans *Éloge de la folie* (1511) s'efforça de définir un humanisme chrétien libre de toute polémique religieuse. Il manifesta une profonde sagesse dans *Éloge de la folie* en voulant réconcilier Socrate, Salomon et le Christ. Le dernier exemple important est celui du physicien anglais Francis Bacon (1561-1626) qui élabora la théorie de la méthode expérimentale dans *Instauratio magna* et qui bâtit en brèche le principe d'autorité en énonçant la théorie de l'induction dans *Novum organum.*

En ce qui concerne la philosophie, René Descartes (1596-1650) dans *Les principes de la philosophie* (1644) et le *Discours de la méthode* (1637), sépara la religion de la science, rejeta la philosophie spéculative et instaura une philosophie pratique : celle-ci s'ingénia à connaître le feu, l'eau, les étoiles, les cieux et les autres corps matériels pour pouvoir être maître et possesseur de la nature. D'ailleurs sa physique mécaniste et sa théorie des animaux-machines posèrent les bases de la science moderne. Au XVIIIe siècle avec Diderot, d'Alembert et Voltaire et au XIXe siècle avec Comte la philosophie continua la défense du rationalisme libertaire, humaniste et se mit au service de la vulgarisation scientifique respectivement dans l'*Encyclopédie* et dans les « temples positivistes » comtiens en vue de faire progresser l'esprit humain en attaquant toute forme de fanatisme ou d'ignorance dans le domaine du savoir.

8.3.1d *Angle politique* (strictu sensu, *étatique) : Philosophie politique et Révolutions Anglaise avec Olivier Cromwell (1642-1649) et Française (1789-1799)*

La philosophie politique avec Thomas Hobbes (1588-1679) et surtout avec John Locke (1632-1704) et Jean-Jacques Rousseau (1712-1778) critiqua la légitimité de la monarchie héréditaire de droit divin et proposa les fondements démocratiques de l'État capitaliste moderne. Quant aux Révolutions Anglaise et Française, elles symbolisent les deux modèles du parlementarisme et du républicanisme bourgeois.

En premier lieu, Hobbes dans *Éléments de la loi naturelle et politique* (1640) et *Léviathan* (1651) exposa la théorie du contrat de tous en vue d'une délégation de leurs droits en faveur d'un monarque ou d'un conseil. Par conséquent, il fut l'adversaire de la monarchie héréditaire de droit divin. En deuxième lieu, Locke alla plus loin que Hobbes et formula la théorie de la société libérale où tous les citoyens, étant nés libres et égaux, devraient jouir de leurs droits et libertés fondamentaux garantis et défendus par la loi (le pouvoir législatif). En ce sens, Locke fut le premier théoricien de l'État protecteur des individus, de leurs droits, de leur liberté et de leur propriété privée dans *Traité du gouvernement civil* (1690). En troisième lieu, Rousseau dans *Discours sur l'origine de l'inégalité parmi les hommes* (1755) attaqua violemment les rapports injustes, inégalitaires établis par les individus vivant en société dans cette célèbre proposition : « Il n'est pas naturel qu'une minorité regorge de superflu, tandis qu'une majorité manque du nécessaire ». De cette observation pertinente résulta, pour lui, l'obligation morale d'un contrat qui visera à concilier les libertés individuelles et les exigences de la vie sociale, à instaurer un ordre social « naturel », juste (*Contrat social,* 1762). Ce dernier ouvrage, bréviaire des révolutionnaires français, inspira la « Déclaration universelle des droits de l'homme et du citoyen » de 1789 de la Révolution Française et toute la philosophie politique de cette transformation structurelle bourgeoise.

Enfin, dans le champ de la pratique politique *(strictu sensu)*, des deux premiers exemples de la Révolution Bourgeoise datèrent, d'une part, l'essence de la philosophie politique moderne, et d'autre part, la forme du système de gouvernement parlementaire ou républicain (constitutionnel). Avec la Révolution Anglaise triompha la première formule d'État parlementaire, une république sous le protectorat du lord Cromwell (1645-1658).

Avec la Révolution Française l'emporta aussi la forme républicaine de gouvernement sous la Convention nationale (septembre 1792-octobre 1795) et sous le Directoire (octobre 1795-novembre 1799). De ces deux poussées révolutionnaires surgirent la primauté du droit formel comme base et garantie des droits et des libertés individuels et le mode de légitimité démocratique de l'État bourgeois protecteur (non héréditaire, donc élu par des votes, non sacré, donc profane).

En dernière analyse, si nous examinons brièvement le cas français de la transition du féodalisme au capitalisme, il nous semble discerner trois crises majeures que la Révolution de 1789 s'efforce de résorber : une première sous-production agricole par suite de l'appauvrissement de l'ancien ordre de la noblesse féodale, une deuxième de l' érosion de la vision religieuse et féodale des rapports sociaux et une troisième de légitimité de la monarchie de droit divin. Trois mesures concrètes furent prises et appliquées par les révolutionnaires en vue de juguler les trois crises et de commencer à bâtir une nouvelle société. La première mesure touche les rapports économiques agraires et institue le métayage, le fermage capitaliste et non capitaliste et le salariat agricole pour améliorer la production agropastorale (la nuit du 4 août 1789). La deuxième vise la promotion de la liberté, de l'égalité et de la fraternité des hommes et des citoyens (Déclaration universelle des droits de l'homme et du citoyen, Préambule de la Constitution de 1791). La troisième abolit la monarchie absolue comme système d' organisation de l'État et la remplace par la République Française dont les gouvernants sont élus démocratiquement. Comme résultat global du passage du féodalisme au capitalisme, le nouveau groupe dominant, la classe bourgeoise, après quatre siècles de luttes contre les seigneurs féodaux, s'ingénie à créer une société capitaliste, laïque et démocratique, à la dimension de ses intérêts classistes. C'est que la Révolution Française de 1789 possède trois principales sources, à savoir :

1) économique, l'immense richesse matérielle accumulée par la bourgeoisie manufacturière, industrielle et maritime du XVIème au XVIIIème siècle, à la faveur du double processus de colonisation et d'exploitation du marché national ;

2) idéologique *(lato sensu)*, le développement de théories et de doctrines scientifico-techniques et juridiques (bourgeoises) ;

3) et politique, une nouvelle philosophie du pouvoir étatique, civil et démocratique, basé sur le double concept de Rousseau de la « souveraineté du peuple » et du « contrat social ».

Chapitre 3

Quatre perspectives théoriques de la sociologie économique

1. *École compréhensive de Max Weber (1864-1920)*

Contenu :

A) Théorie de la science selon Weber
B) Perspective d'analyse wébérienne
C) Relations entre le protestantisme et le capitalisme moderne
D) Statut de la sociologie économique chez Weber
E) Problématique de la science et de la politique dans la pensée wébérienne
F) Définition de Weber du capitalisme

A) *Théorie de la science selon Weber*

A1) *Définition générale de la théorie scientifique*

Pour les besoins de notre étude de l'œuvre de Weber, nous rappelons certaines notions déjà élaborées brièvement au premier chapitre. La science se considère comme un ensemble de connaissances théoriques, conceptuelles et de recherches méthodiques qui ont pour objectif l'exploration des relations constantes entre les phénomènes ou entre les parties intégrantes d'un phénomène. Ce type de relations s'appelle « lois ». Donc le savoir scientifique peut être qualifié d'objectif et d'universel. Nous différencions généralement les sciences naturelles, les sciences humaines, les sciences sociales et les sciences pures, à la suite de la classification du philosophe allemand Wilhelm Dilthey (1833-1911). Dans son ouvrage intitulé *La construction du monde de l'histoire dans les sciences de l'esprit* (1910), Dilthey a avancé l'hypothèse d'une intuition du monde humain, culturel et social, dont l'organe, dans les « sciences de l'esprit » (sciences sociales), est la « compréhension spirituelle ». Son influence sur la sociologie de Weber consistait dans l'emprunt par ce dernier de cette notion de « compréhension » sociologique (Verstehen) qui employait toujours des concepts pour déterminer la signification d'un comportement et mettre en relief ses uniformités, ses régularités.

Une théorie, du grec *theoria* signifiant contemplation, examen, est perçue comme une unité de règles (principes ou formules prescriptives indiquant la méthode) et/ou de lois (rapports constants) systématisées en vue d'expliquer le plus grand nombre de phénomènes sociaux ou naturels. Expliquer du latin *explicare* voulant dire déplier, signifie rendre intelligible en dévoilant (dépliant) les causes ou les lois de faits réels. Pour sa part, systématiser du grec *sustêma* désignant un ensemble, c'est organiser les concepts (théoriques) de telle sorte que les phénomènes étudiés, à partir des règles et des lois, se montrent interdépendants, reliés entre eux d'une façon rigoureuse, objective et universelle. Il faut se souvenir que la systématisation est le but de toute recherche scientifique sérieuse. La sociologie de Max Weber constitue un système, parce qu'elle est une unité de concepts. En outre, une des règles essentielles de l'examen scientifique réside dans la nette distinction entre les jugements de fait (objectifs) et les jugements de valeur (subjectifs). Cependant il est nécessaire de noter que la connaissance scientifique n'est pas empirique, mais qu'elle part de l'empirie, c'est-à-dire d'une série de faits observés concrètement pour en extraire des lois ou des propositions plus générales (procédé de l'induction). En même temps, la connaissance scientifique utilise le procédé de la déduction qui est l'application d'un ou des principe(s) général(raux) à un ou des cas particulier(s). De ce va-et-vient permanent entre la déduction et l'induction se construit le corpus des théories scientifiques. Enfin il est indispensable de remarquer que la connaissance empirique découle de l'expérience par tâtonnements et se transmet par tradition orale.

En résumé, une théorie scientifique est un ensemble de concepts systématiquement organisés pour expliquer *(Erklaren)*, comprendre *(Verstehen)* et/ ou transformer *(Umgelstalten)* la réalité sociale ou naturelle. C'est la théorie qui élabore, construit la connaissance scientifique dans un domaine déterminé. Celle-ci s'entend d'un mode de savoir essentiellement conceptuel fondé sur une méthode rigoureuse, objective en vue de saisir abstraitement et concrètement la réalité. Cette méthode est dite expérimentale et est axée sur les procédés de la déduction et de l'induction (Burt, 1982 ; Freund, 1980).

A2) *Débat scientifique à l'époque de Weber*

Ce débat tournait essentiellement autour de la différence entre la méthode des sciences naturelles et celle des sciences sociales. Autrement dit, s'il existe une distinction entre ces deux types de savoir, les théoriciens de l'époque se demandaient quelle était la spécificité de chacune de ces deux méthodes. Pour la majorité d'entre eux, la méthode généralisante (nomothétique) des sciences de la nature n'admettait aucune querelle, puisque ses procédés étaient à peu prés fixés définitivement et précisés presque complètement. Alors il s'agissait d'appliquer la même rigueur méthodologique aux sciences sociales qui pourtant employaient la méthode individualisante (idiographique). Certains trouvaient même dans la psychologie une discipline fondamentale en sciences sociales comme la mécanique en sciences naturelles (il faut se rappeler ici la théorie des animaux-machines de Descartes qui continuait son influence durant cette période). D'autres pensaient qu'il était impossible d'annuler l'idéologie, les prenota, selon Émile Durkheim, ou les jugements de valeur. Une dernière catégorie de théoriciens cherchait une méthode spécifique, originale pour les sciences sociales à partir de la différence entre « expliquer » *(Erklaren)* et « comprendre » *(Verstehen)* introduite pour la première fois par l'historien Droysen en 1851. De plus, la notion même de compréhension suscitait des débats. La compréhension est-elle immédiate, c'est-à-dire intuitive, ou médiate, c'est-à-dire contrôlable dans les relations de cause à effet ?

De son côté, Max Weber, étant donné l'ampleur, la diversification de ses investigations sur le droit, l'histoire, l'économie, l'épistémologie et la sociologie, se situait dans une perspective moins bornée que celle d'une méthode particulière à un type de science. Car il n'est pas un spécialiste, eu égard à ses connaissances encyclopédiques qui l'ont amené, par exemple, à critiquer l'ouvrage du chimiste Ostwald (*Energetische Grundlagen der Kulturwissenschaft,* Leipzig, 1909) dans son article intitulé : « Energetische Kulturtheorien » (1909). En ce sens, il affirmait que toutes les sciences se servaient, d'après les circonstances, de l'une ou de l'autre des deux méthodes. En effet, selon les nécessités et l'orientation de l'investigation, la biologie ou l'astronomie, comme la psychologie ou la sociologie utilisaient tantôt la méthode généralisante qui tend à établir des lois ou du moins des régularités, tantôt la méthode individualisante qui étudie un phénomène dans sa singularité (une plante ou les caractéristiques d'un tissu végétal ou animal). Et les sciences sociales cherchaient également à établir des lois générales ou tout au moins des « régularités tendancielles » (Durkheim). En d'autres termes, aucune de ces démarches n'est plus efficace que l'autre. Car une méthode est une marche à suivre pour arriver à la connaissance : elle est un outil, un moyen de connaissance. Son efficacité dépend de la nature des difficultés posées par la recherche elle-même. Toujours, selon Weber, la validité ou l'invalidité d'une méthode dans une science particulière ou dans une autre est un faux débat, dans la mesure où la sociologie ne doit pas s'embarrasser d'une prétendue méthodologie idéale et que la fonction de la méthode est de toute façon assujettie au progrès des connaissances scientifiques.

En dernier lieu et dans l'optique d'un rejet de tout unilatéralisme méthodologique, Weber s'insurge aussi bien contre la tendance à réduire toute connaissance scientifique à la quantification que contre celle, en opposition, d'admettre l'expérience vécue comme base des sciences sociales. En effet, une double aberration consiste, d'une part, à affirmer qu'en dehors de la quantification mathématique (à l'aide de formules ou d'équations) il ne saurait exister de connaissance scientifique valable et, d'autre part, à croire, à l'opposé, que l'intuition définie comme intropathie *(Einfühlung)* ou comme reviviscence *(Nacherleben)*, c'est-à-dire la connaissance directe de l'autre dans une forme d'introjection à l'intérieur de son expérience vécue, est le fondement des sciences sociales. C'est que d'abord la quantification et la mensuration sont simplement des artifices méthodologiques et ne représentent pas l'objectif de la science, lequel est la découverte de la vérité. Ensuite l'intuition, bien que féconde dans l'investigation, ne constitue pas en soi une connaissance scientifique qui requiert elle-même une construction conceptuelle et l'emploi de concepts précis, opératoires. Quant à l'expérience vécue, elle est reconnue comme connaissance scientifique (universelle), dans la mesure où elle est subordonnée aux exigences de la conceptualisation et de la vérification empirique (Weber, 1992).

A3) *Objectivité scientifique :*
1) Analyse scientifique et politique sociale ;
2) Rapport entre l'idéologie et la science

1) *Analyse scientifique et politique sociale*

Weber soutient que les sciences historico-sociales auxquelles appartient la sociologie doivent utiliser un procédé de compréhension *(Verstehen)*. La compréhension n'est pas psychologique, mais elle est un mode de connaissance qui se traduit dans la formulation d'hypothèses interprétatives qu'on doit faire passer au crible de la vérification empirique et que, par conséquent, l'on peut assumer seulement sur la base d'une explication causale. Alors la compréhension intègre une forme spécifique d'explication causale, c'est-à-dire la caractérisation des relations individuantes de cause à effet. Dans cette perspective méthodologique, les sciences sociales, tout en se servant du processus d'interprétation, discernent les rapports de causalité entre les phénomènes individuels. En d'autres mots, elles expliquent chaque phénomène en fonction des relations, diverses dans chaque cas, qui les lient à d'autres : la compréhension du sens coïncide avec la détermination d'un certain groupe de conditions historiques concrètes du fait analysé. Weber laisse de côté le modèle classique de la relation causale nécessaire pour la remplacer par le schéma d'explication qui n'est pas tout à fait causal, mais avant tout conditionnel. Car

> quand on met l'emphase sur une série de phénomènes — diverse selon le point de vue de la recherche —, dont dépend un certain phénomène considéré dans son individualité, les sciences sociales n'établissent pas les facteurs déterminants de ce phénomène, mais déterminent un quelconque groupe de conditions qui, jointes à d'autres, rendent ce fait possible (Rossi , 1983).

Il s'agit de la « conditionalité causale », d'après Weber. À partir de ces considérations Weber élabore quelques règles d'investigation dont nous pouvons citer la distinction rickertienne entre le jugement de valeur et la « relation de valeur ». La recherche dans les sciences sociales doit être libre de toute prise de position valorative personnelle : elle dévoile ce qui est et n'indique pas ce qui doit être. En ce qui concerne la « relation de valeur », elle n'est pas un principe valoratif, mais bien un principe de sélection. Elle est utile pour caractériser le champ d'investigation dans lequel on procède, d'une manière objective, au choix de phénomènes significatifs rendant possible le phénomène étudié, afin d'arriver au conditionnement causal de celui-ci. Car le trait fondamental, caractéristique de la connaissance scientifique, selon Weber, c'est la validité « objective » (dans le sens de ce qui peut être prouvé correctement) de ses conclusions provisoires considérées comme des vérités relatives. C'est que la connaissance scientifique est à la fois accumulative et progressive. Accumulative, parce qu'elle doit tenir compte du savoir théorique construit dans le passé dans chaque domaine spécifique et en inventer un autre mieux adapté aux nouvelles nécessités humaines. Progressive, parce que justement et dialectiquement (de par son auto-dépassement) elle doit, sous les impératifs de nouveaux besoins et intérêts, sécréter un nouveau savoir théorique plus perfectionné, plus moderne (Berger et Luckmann, 1989 ; Habermas, 1981).

Par exemple, dans l'analyse scientifique(objective)de la politique sociale, ce qui est appréhendé immédiatement, c'est l'adéquation (la rationalité) ou l'inadéquation (l'irrationalité) des moyens au but ou à la fin poursuivi(e). C'est cette seule qualité qui permet de considérer l'intention de l'acteur politique comme raisonnable ou déraisonnable, par rapport aux conditions historiques concrètes retenues. Par conséquent, la première opération de l'analyse scientifique de l'action politique se réduit à faire comprendre et à faire ressusciter le but désiré et les valeurs qui en sont les supports. Car si le but peut être atteint, l'analyse va s'efforcer, dans une certaine mesure, de déceler les conséquences voulues ou non voulues de l'action réussie. « Nous pouvons lui apprendre (à l'acteur politique) quels sont l'enchaînement et la portée des fins qu'il se propose d'atteindre et entre lesquelles il choisit, en commençant par lui indiquer et par développer de façon logiquement correcte quelles sont les » idées « qui sont ou peuvent être à la base de son but concret », écrit Weber (1992 : 124).

La deuxième opération de l'analyse scientifique de l'action politique, toujours d'après Weber, consiste à enseigner à l'acteur l'utilisation de son esprit critique à propos du but visé et des valeurs et idéaux qui en sont les bases. Autrement dit, l'analyse aide l'acteur politique à prendre conscience des évidences qui sous-tendent le contenu de son action et à se rendre compte aussi des valeurs qu'il professe inconsciemment ou qu'il devrait professer pour être cohérent avec lui-même. En ce sens, Weber (1992 : 125) affirme :

> Une science empirique ne saurait enseigner à qui que ce soit ce qu'il doit faire, mais ce qu'il peut et — le cas échéant — ce qu'il veut faire.... Quant à savoir si le sujet doit accepter ces étalons ultimes, cela est son affaire propre, c'est une question qui est du ressort de son vouloir et de sa conscience, non de celui du savoir empirique.

Cependant Weber reconnaît l'influence de sa propre vision du monde sur l'analyse scientifique. « Dans le domaine de notre discipline les conceptions personnelles du monde interviennent habituellement sans arrêt dans l'argumentation scientifique, y compris dans la sphère de la découverte des relations causales simples, selon que le résultat augmente ou diminue les chances des idéaux personnels... » (Weber, 1992 : 125). Pourtant Weber ne conclut pas à l'existence d'une science « éthique » de l'économie politique qui s'alimenterait d'idéaux ou de normes concrètes et universelles. Au contraire, il affirme le caractère historique du savoir théorique et même de la conscience en les considérant comme des produits de la culture. Dans ce cas, même s'il s'établit, « dans une large mesure un degré d'affinité élective liant la conception du monde du chercheur à son intérêt de classe », l'objectif de la science est de « devenir capable de distinguer entre connaître et porter un jugement et accomplir le devoir du savant qui consiste à voir la réalité des faits aussi bien qu'à défendre ses propres idéaux ». La vérité scientifique est de tendre à « la validité d'une mise en ordre raisonnée de la réalité empirique même aux yeux d'un chinois » (Weber, ibidem : 131-133).

2) *Rapport entre l'idéologie et la science*

Nous employons ici l'idéologie dans son sens large *(lato sensu)* d'ensemble de représentations personnelles de la réalité sociale ou naturelle, de vision du monde. Pour ce qui a trait à la science, nous la définissons plus haut comme un mode de savoir essentiellement conceptuel fondé sur une méthode rigoureuse et objective (dite expérimentale) dont l'objectif primordial est d'expliquer, de comprendre et/ou de transformer la réalité sociale ou naturelle. Dans la pensée wébérienne le rapport entre l'idéologie et la science fait appel à deux principales exigences, à savoir :

i) la modalité de la connaissance axiologique ;
ii) la différence entre la « recherche réfléchie » et le « raisonnement axiologique ».

Quant à la modalité de la connaissance axiologique (du grec *axios*, valeur et *logos*, science), inspirée de l'École de philosophie des valeurs de Rickert et de Windelband, elle institue une hiérarchie entre les valeurs, élevant, par exemple, au premier rang, le respect de ce qui est bon, de ce qui est noble, ensuite de ce qui est beau, etc. Le point de départ de ce mode de savoir est l'appréhension de la relation entre la réalité et un idéal qui est un bien absolu, mais considéré comme une valeur. C'est justement la relation à cette valeur ou à des valeurs qui permet de juger, de connaître une réalité matérielle (une action) ou spirituelle (une idée). Le mode de connaissance axiologique n'arrive pas, malgré la finesse de son analyse sur le plan éthique, à bien distinguer le jugement de valeur du jugement de fait. Il ne sort pas du subjectivisme dans l'élection des valeurs et professe un volontarisme, dans une certaine mesure, étroit. Dans ce cas, chercher et trouver la vérité scientifique, c'est l'évaluer et la dire par l'acte de la volonté individuelle. Par conséquent, la première obligation fondamentale du chercheur consiste à « porter scrupuleusement, à chaque instant, à sa propre conscience et à celle des lecteurs quels sont les étalons de valeur qui servent à mesurer la réalité et ceux d'où il fait dériver le jugement de valeur ». Si l'on respecte scrupuleusement ce commandement, une prise de position de nature pratique non seulement ne saurait nuire au pur esprit scientifique, mais elle pourra lui être directement utile et même s'imposer. Toute appréciation sensée d'un vouloir étranger ne se critique qu'à partir d'une « conception du monde » personnelle et toute polémique contre un idéal diffèrent du sien ne peut se faire qu'au nom d'un idéal personnel« (Weber, ibidem : 131). À propos de la deuxième exigence importante de l'impartialité scientifique qui est consubstantielle à la première, elle se borne à éviter systématiquement l'ambiguïté entre la discussion scientifique et le raisonnement axiologique. En effet, la discussion scientifique touche l'ordre rationnel des phénomènes et des données empiriques, tandis que le raisonnement axiologique renvoie aux étalons de valeur personnels qui, en dernière instance, alimentent les jugements de valeur. « Il importe, note

Weber (ibidem : 133), à tout moment d'indiquer clairement dans ces cas aux lecteurs (et, répétons-le, avant tout à soi-même) où et quand cesse la recherche réfléchie du savant et où et quand l'homme de volonté se met à parler, bref, d'indiquer à quel moment les arguments s'adressent à l'entendement et quand au sentiment ». C'est par ce procédé qu'on arrive à différencier la recherche réfléchie du raisonnement axiologique, les jugements de fait des jugements de valeur.

A 4) *Typologie des phénomènes sociaux*

D'après Weber, les phénomènes sociaux possèdent trois caractéristiques primordiales : a) biologique (matérielle) ; b) spirituelle (idéelle) ; c) culturelle (normative). Il appelle dans un sens large, ces faits des « phénomènes de nature économico-sociale » parce qu'ils réfèrent « à l'état de choses fondamental dont dépendent notre existence physique et aussi la satisfaction de nos besoins les plus idéaux » (Weber, ibidem : 136-137). La première caractéristique (biologique) indique la sphère de l'organisation sociale du travail qui aide à combler les nécessités biologiques, primaires de notre vie matérielle. Le deuxième attribut (spirituel) renvoie à la satisfaction d'une première catégorie de besoins idéaux (par exemple, religieux). Le troisième attribut (culturel, au sens étroit de connaissance) se rapporte à une deuxième catégorie de besoins idéaux (par exemple, artistiques).

Cependant le trait particulier d'un fait n'est pas, selon Weber, une qualité qui lui est intrinsèque et qui oblige la sociologie à le concevoir comme un phénomène de nature économico-sociale. Pour qu'il soit considéré comme tel, le fait doit être « lié directement ou même de la manière la plus indirecte possible à l'état de choses fondamental défini plus haut » (Weber, ibidem : 137). À partir de cette relation à « l'état de choses fondamental » et des trois caractéristiques susmentionnées Weber construit une typologie des phénomènes économico-sociaux. Le premier type comprend les conditions, les situations, les ensembles de normes, les organisations, etc. qui sont produits consciemment ou qui sont employés avec une finalité économique. Nous pouvons ranger dans cette catégorie les événements inhérents aux activités des usines, des manufactures, des banques, des compagnies financiers de la bourse, des chemins de fer, etc. Ce sont des phénomènes économiques, au sens restreint du concept *(imengeren Sinn wirtschaftliche).*

Le deuxième type englobe des faits qui, dans des conditions déterminées, revêtent une signification économique particulière, parce qu'ils engendrent des « effets qui nous intéressent du point de vue économique » (Weber, ibidem : 138). Ce sont des phénomènes « économiquement importants » (okonornisch relevante Erscheinungen) comme ceux des activités religieuses. Dans cette catégorie de faits Weber classe le protestantisme puritain dans ses rapports historiques avec le capitalisme en Allemagne à partir des Réformes luthérienne et calviniste. Il s'agit du thème de son célèbre ouvrage intitulé *L'éthique protestante et l'esprit du capitalisme.* L'auteur soutient que la morale protestante produit un effet de vocation professionnelle et d'épargne sur la vision du monde des capitalistes qui alors mènent une vie de sobriété et de professionnalisme des affaires. Ce sens poussé des affaires et cette frugalité favorisent —naturellement— l'accumulation originelle du capital.

Pour ce qui est du troisième type de faits, quelques angles de « leur particularité sont en l'occurrence plus ou moins fortement influencés par des motifs économiques » (Weber, ibidem : 138). Dans ce cas, Weber les dénomme « des phénomènes conditionnés par l'économie » *(okonomisch bedingte Erscheinungen).* Il est question, par exemple, de la tendance du goût artistique d'une époque donnée qui est marquée par « la nature du milieu social du public » amant de l'art : celle-ci détermine, en dernière analyse, le volume d'œuvres d'art produites et vendues.

La synthèse wébérienne de cette catégorisation est fournie par l'État qui relève des trois types. En effet, quand l'État administre le Trésor public, il est un « phénomène économique ». Lorsqu'il élabore des lois économiques et les applique dans la vie sociale, il devient un fait « économiquement important ». Enfin, quand son action et sa situation sont, dans une certaine mesure, déterminées par des facteurs économiques, il est « conditionné par l'économie » (Weber, ibidem : 138).

En dernière instance, il est nécessaire de se rappeler que Weber considère la sociologie comme la science qui aide à élucider la conditionalité causale des phénomènes complexes d'une civilisation, par exemple, l'affinité élective entre la morale protestante et la mentalité capitaliste en Europe occidentale. Elle permet aussi l'interprétation historique de phénomènes culturels partiels comme le facteur économique dans un réseau inextricable de relations en vue d'en appréhender l'importance spécifiquement culturelle. La culture se définit, d'après Weber, comme une totalité de valeurs héritées du passé. Elle se manifeste par et dans des pratiques sociales concrètes constituant un mode de vie (Weber, ibidem : 154). Autrement dit, le chercheur saisit la réalité sociale dans le double mouvement, d'une part, de déceler les rapports entre les composantes de ce réel avec la culture existante, et, d'autre part, de désigner les interactions entre les facteurs hypothétiques qui revêtent pour lui une signification historique. C'est l'élaboration théorique de concepts qui facilite au chercheur le dévoilement de la réalité culturelle. Cependant « le point décisif est que l'idée d'une connaissance des phénomènes singuliers n'a en général de sens logique qu'en supposant que seule une partie finie de la multitude infinie des phénomènes possède une signification générale pour la culture et vaut donc la peine d'être connue » *(wissenswert)* (Weber, ibidem : 157). Cette supposition constitue le fondement méthodologique de la construction de « l'idéaltype wébérien ».

En somme, il faut choisir minutieusement, selon Weber, les relations capables d'entrer dans l'idéaltype d'une culture donnée. *L'idéaltype* se définit comme l'accentuation unilatérale d'un ou de plusieurs points de vue et l'enchaînement d'une multitude de phénomènes produits isolément, diffus et discrets qu'on ordonnance selon des points de vue choisis unilatéralement pour former un « tableau de pensée homogène ». En ce sens, l'idéaltype est un outil de connaissance « pour saisir les individualités historiques ou leurs différents éléments dans des concepts génétiques ».

B) *Perspective d'analyse wébérienne*

B1) *Concepts fondamentaux*

Weber entend par sociologie une science qui se propose de comprendre par interprétation l'activité sociale et, par là, d'expliquer causalement son déroulement et ses effets. Dans la perspective wébérienne, une activité désigne un comportement humain, un acte, dans la mesure où l'agent ou les agents sociaux lui communiquent un sens subjectif. Il faut cependant ajouter que l'activité sociale, selon la signification visée par le ou les agent(s) se rapporte toujours au comportement d'autrui. En d'autres mots, toute activité sociale se déroule en fonction d'au moins deux agents.

D'après Weber, le sens réfère à la signification visée subjectivement dans la réalité : i) par un agent dans un cas historiquement donné ; ii) en moyenne ou approximativement par des agents dans un ensemble déterminé de cas. Cette même signification visée subjectivement peut se donner dans un cas pur, conçu abstraitement par le chercheur comme un idéaltype. Dans ce cas conceptuel, le sens n'est pas objectivement « vrai », mais est valable pour rendre compte d'une réalité historique donnée.

En somme, toute interprétation d'une activité sociale tend à l'évidence. Et l'évidence inhérente à la compréhension peut revêtir soit un caractère rationnel, soit la caractéristique d'un acte qu'on peut revivre par empathie. De là résultent deux types d'évidences : a) est évident par empathie dans une activité tout comportement qui est revécu totalement concernant les relations affectives ; b) est rationnellement évident dans une activité tout ce qui est compris, interprété, d'une manière intellectuelle en ce qui concerne les rapports significatifs étudiés.

Si Weber définit la sociologie comme une science qui a pour but de comprendre par interprétation l'activité sociale, il est indispensable d'expliquer le concept de compréhension. Dans cette perspective, Weber distingue deux catégories de compréhension : a) la compréhension actuelle rationnelle d'acte. Elle veut dire tout d'abord la perception actuelle du sens visé dans un acte comme un individu qui met un animal en joue ; b) la compréhension rationnelle par motivation. On comprend parce qu'on saisit la motivation, le sens qu'un individu accorde à la formule : 2+2= 4, dans une comptabilité ou dans une démonstration scientifique. En somme, ce qui est compréhensible, c'est l'activité humaine considérée comme un moyen ou comme une fin que l'agent ou les agents se sont représenté(e) et d'après laquelle ils ont orienté leurs comportements. Dans la majorité des cas, l'activité réelle se déroule dans une obscure semi-conscience ou dans la non-conscience du sens visé. L'agent la sent « imprécisément » plus qu'il ne la connaît ou y pense « clairement ». Dans la plupart des cas, les individus agissent en obéissant à une impulsion ou à la coutume.

B2) *Sociologie compréhensive : sa signification, son rapport à la psychologie et certaines notions*

La première catégorie de la sociologie compréhensive est le comportement humain constitué par des liaisons, des agencements, en mot, de régularités, susceptibles d'être « comprises », c'est-à-dire interprétées subjectivement en fonction des valeurs de l'acteur ou de l'agent. Par conséquent, la condition sine qua non de la validité empirique de l'interprétation subjective ou la compréhension consiste dans son contrôle par d'autres opérations de l'explication causale, spécifiquement parlant, par l'interprétation rationnelle par finalité. Autrement dit, le compromettent rationnel par finalité ou la rationalité par rapport à un but est définie en fonction des connaissances de l'agent social et non du chercheur. Le comportement rationnel est orienté, dirigé exclusivement selon les moyens que l'agent social se représente subjectivement adéquats à des buts, à des fins poursuivis(es) de manière unilatérale. De là il résulte que les sciences sociales que Weber appelle sciences de la compréhension ou de la culture ont pour objet d'étude les régularités observables qui s'offrent comme des constantes de la nature physique. Par exemple, dans la naissance et le développement du capitalisme du XVème au XXème siècle la recherche effrénée du profit qui lui est consubstantielle peut être considérée comme une régularité observable. En somme, l'objet d'étude de la sociologie compréhensive c'est l'activité (la recherche du profit) qui, selon le sens subjectif visé par l'acteur social (le capitaliste), est relative au comportement d'autrui (le travailleur salarié ou le consommateur) de qui l'on tire le profit. Cette activité est coconditionnée, au cours de son évolution, par ce rapport significatif de l'acteur avec l'autre et est interprétée de façon compréhensible à partir de cette signification (choisie subjectivement). Nous pouvons considérer cette sorte d'activité capitaliste ainsi définie comme un idéaltype de la sociologie compréhensive.

Pour ce qui a trait au rapport de la sociologie compréhensive avec la psychologie, il est impératif de soutenir qu'interpréter significativement une activité, la « comprendre », d'après Weber, « ce n'est pas la faire découler de conditions psychiques, mais la faire dériver des expectations » qu'on construit subjectivement au sujet du comportement des agents sociaux (rationalité subjective par finalité) et qu'on élabore judicieusement sur la base d'expériences valables (rationalité objective de justesse). Dans le premier cas (rationalité subjective par finalité), il est question de la validité d'hypothèses utilisables indiquant des chaînes de motifs subjectivement significatives par rapport aux valeurs de l'acteur social. Dans le deuxième cas (rationalité objective de justesse), il s'agit d'une question empirique caractérisée par le fait que le rapport du comportement au type de justesse devient un élément causal réel du développement d'événements empiriques. C'est ce qui oblige alors l'investigation à être déterminée par des relations aux valeurs des acteurs sociaux et à contrôler la nature et la fonction des idéaltypes employés. Enfin, comprendre signifie saisir par interprétation le sens ou l'ensemble significatif visé de l'action des agents ou des groupes sociaux.

En ce qui concerne certaines notions de la sociologie compréhensive, nous en examinons cinq. Premièrement, d'après Weber, l'activité communautaire se transforme en activité sociétaire quand elle possède une orientation significative fondée sur des règlements établis rationnellement selon des buts à atteindre : ces règlements sont relatifs et transitoires. Car les individus socialisés peuvent changer consciemment les règlements d'après une nouvelle activité sociétaire. Ou bien sous l'emprise de nouvelles conditions historiques, les règlements acquièrent une importance pratique différente sans qu'il y ait une nouvelle activité sociétaire, une nouvelle forme de socialisation.

Weber définit l'entente comme une activité qui est dirigée selon les attentes du comportement d'autrui. L'activité en attente est considérée comme l'action communautaire qui se dirige dans son évolution selon cette manière de probabilité d'entente.

Pour sa part, la domination signifie qu'une relation significative de l'activité de certains individus « dominants » (commandement) se déploie par rapport à celle d'autres individus « dominés » (obéissance) et réciproquement. Alors on s'attend à ce que d'un côté et de l'autre l'activité s'oriente dans le sens de ce rapport d'opposition. Dans cette logique de la domination Weber affirme les deux propositions suivantes :

> Au cours du développement historique, l'usage de la force physique a été monopolisé de façon croissante par l'appareil de contrainte d'une espèce déterminée de socialisation et de communauté par entente, à savoir, l'organisation politique. Elle a été ainsi convertie en une menace organisée par les puissants et finalement par un pouvoir qui se donne formellement l'apparence de la neutralité.

Ce pouvoir n'est autre que l'État.

D'après Weber, les institutions sont des communautés auxquelles les individus participent « par naissance » et « par éducation », donc indépendamment des déclarations des participants. Elles sont caractérisées par un statut ou des règlements rationnels, fixés par certains individus et par un appareil de contrainte programmé pour contribuer à déterminer certains types d'activités.

Weber considère un groupement comme une activité orientée dans le cadre d'une entente et dans laquelle des dirigeants fixent chaque fois, en accord avec l'entente, des règlements efficaces destinés à diriger l'activité des membres. Dans le groupement ces mêmes dirigeants sont capables d'exercer une contrainte physique ou psychique contre les membres qui adopteraient une attitude contraire à l'entente.

C) *Relations entre le protestantisme et le capitalisme moderne*

Émile Durkheim dans son livre intitulé *Les formes élémentaires de la vie religieuse,* étudie la religion comme une forme de représentation du monde naturel ou social, selon laquelle on distingue deux domaines, à savoir : le sacré et le profane. Le sacré, c'est l'extraordinaire, le merveilleux. Il est habité par tout ce qui est immatériel, tout ce qui ne tombe pas sous l'observation des sens. De son côté, le profane renvoie à tout ce qui est ordinaire, visible, matériel et sensible. Toute religion possède un ensemble de rites, de normes et de préceptes que les adeptes doivent observer sous forme d'une éthique qui régule la vie quotidienne. En fait l'éthique est la partie profane qui met les fidèles de toutes les religions en contact avec le sacré.

Des trois caractéristiques fondamentales du phénomène économico-social, selon Weber, à savoir : matériel ou biologique, spirituel ou idéel, culturel ou normatif, ce qui nous intéresse particulièrement, c'est la troisième caractéristique, parce qu'elle revêt une importance historique spécifique pour comprendre les rapports entre la religion protestante et le capitalisme moderne. Ce troisième attribut du phénomène économico-social nous amène à retenir le phénomène religieux du calvinisme comme économiquement important. En effet, dans l'étude de Weber intitulée *L'éthique protestante et l'esprit du capitalisme,* le calvinisme acquiert un sens économique du fait qu'il exerce une influence sur le processus d'accumulation originelle du capital marchand, à travers sa morale (protestante) de la frugalité, de l'épargne, etc.

Quelles sont, d'après Weber, les conditions qui déterminent dans la civilisation occidentale l'émergence des phénomènes culturels à caractère universel ou mieux de signification universelle ? Elles sont d'ordre scientifique et technique, religieux et moral, économique et politique. Au niveau scientifique et technique, la laïcisation de la pensée occidentale chrétienne aboutit à un processus de désacralisation connu sous le nom de : « révolution scientifique et technologique ». Le noyau dur de cette révolution est l'importance fondamentale de la méthode expérimentale développée dans les diverses Renaissances (italienne, hollandaise, etc. entre le XVème et le XVIème siècle). Au niveau religieux et moral, c'est la rupture théologique avec l'autorité suprême du Vatican dans les domaines de la foi et de la science. C'est la fin de l'autorité ecclésiastique. Règne alors la liberté individuelle en matière de foi et de science, en fonction du libre-arbitre (individualisme) prôné par les Réformes protestantes. En d'autres termes, c'est la promotion de l'universalité de l'individu : la réalité individuelle domine au niveau religieux et scientifique. Au niveau économique, en premier lieu, Weber entreprend une description empirique comme idéaltype. Il observe:

1) l'existence d'entreprises rationnelles continues et disposant d'un capital monétaire permanent et d'une comptabilité régulière ;
2) la recherche renouvelée de la rentabilité, du « profit », grâce à l'exploitation des possibilités offertes par l'échange des marchandises ;
3) l'organisation rationnelle du travail libre, grâce à l'expropriation des producteurs directs (paysans-serfs) ;
4) et la séparation de l'économie domestique (travail à domicile) de l'entreprise, dans le stade décisif et avancé du capitalisme (XVIIème, XVIIIème siècles).

En somme, Weber constate que ces différentes caractéristiques fondamentales et spécifiques du capitalisme moderne vont se généraliser du XVIIIe jusqu'au début du XXème siècle en Europe occidentale.

En deuxième lieu, toujours au niveau économique, Weber observe un certain rapport entre la prospérité de certaines régions de l'Allemagne et la défense de la Réforme protestante dans celles-ci. Alors il se pose cette question primordiale : « De quelle manière certaines croyances religieuses déterminent-elles l'éclosion d'un esprit économique, de l'éthos d'une forme de production ? » Weber répond par l'observation concrète de ces régions prospères où il découvre :

1) une rupture avec le traditionalisme économique médiéval (servage féodal) et l'émergence des quatre caractéristiques susmentionnées ;
2) l'éducation hautement technique, industrielle et commerciale des protestants par rapport à celle plus humaniste des catholiques ;
3) l'ascétisme calviniste qui favorise le déploiement de l'esprit capitaliste et le sens profond des affaires. En d'autres mots, l'efficacité profane de l'élu de Dieu doit se tester, se prouver dans l'organisation rationnelle du travail professionnel, susceptible de parfaire l'œuvre de la création divine ;
4) et l'esprit du capitalisme en étroite relation avec la morale protestante. En effet, la première caractéristique de l'esprit capitaliste réside dans une éthique particulière dont l'essence se résume à augmenter sans cesse son capital qui est un bien en soi, une fin en soi. Les qualités telles que la ponctualité, l'application au travail, la frugalité, l'épargne, qui permettent d'appliquer mieux cette maxime, augmenter sans cesse son capital, sont les vertus de l'honnête homme capitaliste *(homo œconomicus)*.

La deuxième caractéristique de l'esprit du capitalisme se réalise dans l'exercice fonctionnel et assidu d'une profession, d'un métier qui est considéré comme un devoir moral. Le métier revêt une signification religieuse : c'est la notion de Beruf (du latin *vocare,* appeler) dans la pensée théologique de Martin Luther. En effet, ce dernier affirme qu'accomplir sa besogne professionnelle dans sa vie quotidienne est l'expression même de l'amour du prochain. Car la division du travail oblige chacun à travailler pour les autres. En un mot, l'individu est contraint d'exercer sa profession parce qu'il lui est imposé par Dieu : le métier est considéré comme une vocation, c'est-à-dire un appel de Dieu dans le sens étymologique latin *(vocare)*. En dernière analyse, Weber s'ingénie à faire ressortir une affinité élective entre le protestantisme ascétique (frugalité, assiduité au travail professionnel, pratique de l'amour du prochain par la profession, goût de l'épargne, etc.) et l'esprit du capitalisme (efficacité du travail, haut rendement du travail, recherche effrénée du profit, etc.).

D) *Statut de la sociologie économique chez Weber*

Pour essayer de synthétiser le cheminement central de la pensée socio-économique de Weber nous nous proposons de répondre à deux questions capitales :

a) qu'entend Weber par « économie » ?

b) et quelle est la nature économique du capitalisme moderne, d'après lui ?

Le champ des études économiques wébériennes comprend des questions agraires de l'Antiquité, du féodalisme et même de l'Est de l'Allemagne capitaliste. Ces investigations concernent spécifiquement les conditions des ouvriers agricoles de l'Allemagne de l'Est, les relations commerciales au Moyen Âge, en particulier, les économies des villes italiennes, la situation des salariés des usines modernes (XIXème-début du XXème siècle), les phénomènes de la Bourse, le rôle économico-financier de l'État moderne, le financement des groupements politiques *(strictu sensu)*, les conditions du compte capital et enfin les tendances typiques de l'orientation capitaliste du profit. Cependant, au cœur de ses inquiétudes économiques de chercheur, Weber place le phénomène du capitalisme moderne occidental.

D1) *Définition wébérienne de l'économie*

Weber définit l'économie comme une « action développée de façon cohérente (rationnelle) et destinée à fournir des utilités (biens et services) désirables et disponibles ». Par conséquent, l'activité économique poursuit les buts suivants :

i) la distribution planifiée des utilités disponibles (limitées quantitativement et qualitativement en fonction de la possession des ressources financières pour les acquérir) ;

ii) la production et l'échange organisés des biens et services disponibles ;

iii) et la faculté de pouvoir s'approprier ou de se co-approprier des utilités.

Il faut remarquer que cette action économique est conditionnée causalement et orientée par la rareté des moyens : a) pour combler la nécessité de certaines utilités. Aussi les moyens sont-ils soumis à la gestion économique ; b) et/ou pour disposer de façon satisfaisante de ces utilités limitées. Cet accès aux utilités dépend naturellement de la situation financière des consommateurs(trices).

En ce sens, Weber distingue deux types d'économie, à savoir : 1) une économie de consommation ou de subsistance ; 2) et une économie lucrative. Dans la première forme, la dynamique et les produits servent à satisfaire les besoins d'un État, d'une coopérative de consommation ou d'un individu. La deuxième forme s'oriente vers les possibilités de gains ou, plus concrètement, vers le profit dans l'échange des marchandises. Et justement, selon Weber, l'organisation supérieure de l'économie de profit (donc de grande rentabilité) est le capitalisme moderne : cette notion de profit dévoile l'une des caractéristiques historiques du capitalisme occidental. Nous sommes en mesure de nous demander quelle est, d'après lui, la nature économique spécifique du capitalisme moderne occidental.

D 2) *Nature économique du capitalisme moderne*

« Est rationnellement capitaliste, note Weber, une exploitation économique, dans la mesure où elle emploie une comptabilité de capital. Il s'agit d'une entreprise qui contrôle sa rentabilité administrativement au moyen de la comptabilité moderne en établissant une balance ». En effet, une entreprise capitaliste signifie une unité de production ou d'échange qui s'oriente vers les probabilités de marché pour obtenir du profit dans la circulation des marchandises. Au départ, nous retenons, à part le profit, d'autres traits importants du capitalisme moderne comme la rationalité du contrôle administratif de la rentabilité (donc d'un bénéfice satisfaisant), l'étude plus ou moins exhaustive des probabilités d'un marché lucratif et la comptabilité moderne. Cette dernière comporte, par exemple :

i) une comptabilité à partie double qui est l'enregistrement des opérations commerciales. Chaque opération est examinée et la valeur déplacée est portée au débit d'un compte qui reçoit et au crédit d'un compte qui fournit ;

ii) une comptabilité matières qui porte sur les matières premières, les produits semi-finis et les produits fabriqués ;

iii) une comptabilité industrielle qui est l'évaluation des prix de revient, etc. (Weber, 1991 et 1971).

En ce qui concerne le profit lui-même, Weber différencie plusieurs tendances typiques de l'orientation capitaliste du profit. Premièrement, l'orientation se déroule soit en fonction des possibilités de rentabilité d'une action régulière sur les marchés et dans une liberté relative, soit en fonction des possibilités de rentabilité d'une production permanente de biens économiques avec compte de capital

Deuxièmement, l'orientation se déploie en fonction des possibilités de gains : a) par le commerce et la spéculation en devises ; b) par l'octroi de crédits sur une base professionnelle à des fins de consommation ou à des fins d'activités lucratives.

Troisièmement, l'orientation se développe en fonction des chances de profit découlant d'activités dans l'intérêt de groupements ou de personnes politiques *(strictu sensu),* dans les cas de financement de guerres ou de révolutions, ou de prêts et subventions distribués à des chefs de partis.

Quatrièmement, l'orientation se pratique en fonction des possibilités de gains continus dérivant d'une situation de domination basée sur un pouvoir politique (*lato sensu*) : a) dans les colonies, par l'acquisition de plantations ou le commerce forcé ; b) sur le plan fiscal, par les impôts et les fonctions publiques (dans la métropole ou les colonies).

Enfin, cinquièmement, l'orientation peut avoir lieu en fonction des chances de gains : i) découlant de transactions nettement spéculatives sur des actions d'entreprises matérialisées par des titres (valeurs) ; ii) par le financement de l'établissement d'entreprises sous forme de vente de valeurs à des investisseurs de marché ; iii) par le financement spéculatif d'entreprises et de groupements économiques capitalistes dans le but d'obtenir une source de profit garanti ou la puissance (Weber : 1991 et 1971).

En somme, la nature économique spécifique du capitalisme moderne occidental réside dans l'exploitation rationnelle d'entreprises qui utilisent une comptabilité moderne, un contrôle administratif rigoureux de la rentabilité, une main-d'œuvre salariale, la spécialisation du travail libre et l'orientation du profit sur le fondement de l'économie transactionnelle (Weber, 1991 et 1971).

E) *Problématique de la science et de la politique dans l'œuvre de Weber*

Cette section aborde l'apport de la science à la vie quotidienne et les réflexions sur le politique *(strictu sensu)*. Dans cette section de notre analyse nous nous inspirons de l'ouvrage de Weber intitulé *Le savant et le politique* (1986).

Pour ce qui est de l'apport de la science à la vie quotidienne, en premier lieu, celle-là nous fournit un ensemble de connaissances exactes qui nous permet de dominer techniquement la nature et la société, parfois même par la précision. Par exemple, les connaissances météorologiques peuvent nous indiquer les périodes de pluie, de neige, d'ouragan, de cyclone, etc.

En outre, les connaissances économiques nous habilitent à prévoir les superavits et les déficits des budgets publics et privés qui indiquent clairement la survie économico-financière d'un État, d'une institution, d'un groupement ou d'un individu.

En deuxième lieu, les connaissances scientifiques nous apportent des méthodes de pensée, c'est-à-dire des outils d'analyse et une discipline intellectuelle. De son côté, la connaissance empirique s'arrête à la surface, à l'apparence des phénomènes sociaux ou naturels, tandis que la connaissance scientifique s'ingénie à dévoiler, à éclairer d'une vive lumière le fondement, l'essence, les qualités inhérentes des phénomènes. En ce sens, la méthode de pensée scientifique nous procure des concepts opératoires, en d'autres mots, utiles, adéquats pour expliquer, comprendre et/ou changer la société et la nature.

Naturellement ces concepts s'élaborent toujours à l'intérieur d'une théorie explicative, compréhensive, réformatrice ou révolutionnaire. Pour sa part, la discipline intellectuelle consiste d'abord et avant tout à réfléchir sur les phénomènes sociaux et naturels, en fonction d'une série de démarches ou procédés qui vont de l'observation directe en passant par l'énoncé d'hypothèses, leur vérification expérimentale, jusqu'à leur confirmation et à l'élaboration d'une théorie. Dans cette optique, la science privilégie les jugements de fait et rejette les jugements de valeur.

En troisième et dernier lieu, la science contribue à jeter une forte clarté sur les problèmes. En ce sens, elle les pose d'une manière claire, les examine logiquement et s'efforce d'y apporter des solutions concrètes, efficaces et efficientes.

En ce qui concerne les réflexions de Weber sur le politique, ce dernier est pris dans la signification d'acteur ou de facteur. Dans son sens restreint, la politique signifie la direction d'un groupement d'influence. Son idée essentielle est celle de pouvoir ou de domination d'un groupe ou d'un individu sur d'autres. Dans son sens large, la politique veut dire toute espèce d'activité directrice autonome. Toujours d'après Weber, l'État , qui constitue le concept fondamental de la politique, est une communauté humaine qui, sur un territoire donné, revendique avec succès l'utilisation systématique de son moyen spécifique, propre, à savoir, la violence physique légitime.

Par conséquent, nous pouvons esquisser quatre remarques à propos de la définition wébérienne de l'État, et ce, du point de vue de la sociologie politique. La première est qu'il faut considérer le phénomène étatique comme une association institutionnalisée puisqu'il est doté de pouvoir légal. La deuxième désigne la base de sustentation de l'État qui réside dans sa faculté d'employer la coercition pour maintenir l'ordre social établi. La troisième indique la force populaire de l'État, la reconnaissance de sa validité par les membres qui le constituent : c'est sa légitimité. La quatrième signale l'acceptation par ses membres de l'emploi de l'État de la violence physique : c'est sa capacité de persuasion idéologique.

Alors l'État réfère à un rapport de domination d'un groupe d'individus sur d'autres ou plus précisément des gouvernants sur des gouvernés. Le caractère légitime de l'emploi de la violence physique par l'État implique, nous venons de le voir, que cette dernière est reconnue comme valable à la fois par les dominants et les dominés. Maintenant nous nous posons la question, à savoir : quels sont, d'après Weber, les fondements historiques de la légitimité de l'État ? Celui-là répond par la différenciation entre trois types de pouvoir, traditionnel, charismatique et légal-bureaucratique.

Le pouvoir traditionnel est caractérisé par l'autorité détenue par le patriarche, le prêtre ou le seigneur terrien. Cette influence signifie que la culture est au cœur même de la reconnaissance de cette domination. Les sociétés où règne ce type de pouvoir manifestent une dominance des valeurs communautaires et/ou religieuses sur les valeurs individuelles.

En ce qui a trait au pouvoir charismatique, il s'appuie sur les qualités intrinsèques de bravoure du chef de guerre élu, de vision du futur du prophète, de la capacité d'organisation du chef de parti ou de la faculté de persuasion du démagogue moderne. Cette catégorie de pouvoir peut se développer dans des sociétés aussi bien pré-modernes que modernes.

Enfin, le pouvoir légal-bureaucratique est basé sur des normes rationnellement établies à partir d'une Constitution d'État, d'élections périodiques au suffrage universel et de l'alternance au pouvoir des partis politiques organisés. Cette catégorie de domination se produit et se reproduit essentiellement dans les sociétés capitalistes modernes.

En dernière instance, dans la réalité concrète, il n'existe pas de type pur de fondement de la légitimité. Autrement dit, il peut s'effectuer une imbrication, un enchevêtrement de deux ou trois types de pouvoir dans le même leadership. Ici il est important de remarquer que le grand mérite de la pensée wébérienne est d'insister sur certains traits caractéristiques du capitalisme moderne comme la laïcisation de la vision du monde, son « désenchantement » par la science et la technique, l'économie de marché, la rationalité bureaucratique, le pouvoir légal-bureaucratique, etc. Dans ce cas, nous sommes en droit de nous demander comment Weber définit l'idéaltype du capitalisme.

F) *Définition de Weber du capitalisme*

Max Weber est regardé comme l'un des grands sociologues de la fin du XIXème et du début du XXème siècle. La célébrité de sa pensée provient en particulier du fil conducteur de ses recherches sur la nature historique de l'émergence du capitalisme moderne. La grande question qu'il s'est posée comme chercheur est la suivante : quelles sont les conditions historiques particulières en Europe Occidentale qui ont engendré un système d'organisation sociale à vocation d'universalité ? En d'autres termes, quels sont les complexes de phénomènes de nature économico-sociale spécifique qui ont donné naissance au capitalisme moderne ?

Utilisant sa méthode d'analyse compréhensive, il en arrive à examiner quatre grands types de phénomènes économico-sociaux, à savoir : économique, idéologique, scientifico-technique et politique

(Weber, 1991, 1986, 1982; Touraine *et al.*, 1995 : 7-121). Au niveau économique (premier élément de la définition wébérienne du capitalisme moderne), il soutient que le capitalisme existe là où une organisation sociale s'occupe de réaliser la satisfaction de besoins de groupes humains avec une orientation de profit et au moyen d'entreprises rationnelles. Par conséquent, une unité de production, d'échange et de consommation d'utilités (biens matériels et services sociaux) disponibles, peut être caractérisée comme rationnellement capitaliste quand elle est une entreprise avec une comptabilité de capital qui implique une balance commerciale. Alors la principale prémisse du capitalisme moderne occidental, selon Weber, est la comptabilité du capital comme norme pour toutes les grandes unités économiques dont la dynamique centrale consiste dans la satisfaction de nécessités quotidiennes à travers l'échange de marchandises. Dans cette perspective, les bases historiques des entreprises capitalistes sont :

1) l'appropriation privée des biens matériels de production et d'échange comme biens meubles et/ou immeubles avec une libre disposition de la part des entreprises lucratives individuelles ;
2) la liberté de commerce ;
3) la technique rationnelle comptabilisable et mécanisée ;
4) l'organisation rationnelle du travail libre (vente et achat libres de la force de travail dans un marché) ;
5) la spéculation sur les titres ou les valeurs transférables ;
6) et le droit rationnel qui peut « se calculer » comme une machine de domination capitaliste, à cause de son orientation à partir de principes utilitaires et du procédé de l'arbitrage judiciaire.

Pour ce qui est du niveau idéologique (deuxième élément de définition wébérienne du capitalisme moderne occidental), il insiste, d'une façon toute particulière, sur le « désenchantement de la vision du monde » du capitalisme. Ce désenchantement est provoqué par la rationalisation et l'intellectualisation croissantes découlant de l'application de la méthode expérimentale, scientifico-technique dans les divers champs du savoir spécialisé. De plus, l'éthique rationnelle de l'existence individuelle forme l'un des éléments majeurs de la culture capitaliste de l'Europe occidentale. Il s'agit, dans ce cas, d'un rationalisme particulier, historiquement déterminé (individualisme rationnel). Cette rationalité, note Monique Hirschorm dans son ouvrage *Max Weber et la sociologie française*, réside dans la maîtrise technique et la recherche d'un ajustement toujours plus adéquat des moyens aux fins (la rationalité de l'existence).

Sur le plan scientifico-technique (troisième élément de la définition wébérienne du capitalisme moderne occidental), Weber constate que la pensée occidentale religieuse (catholique, apostolique et romaine et protestante) devient de plus en plus profane, c'est-à-dire basée sur la méthode expérimentale. Celle-ci exige non seulement des chercheurs, mais encore des circonstances de la vie quotidienne, une amélioration de la capacité d'utiliser des ressources naturelles et des conditions d'organisation sociale globale. Cette influence scientifico-technique débouche sur deux conséquences majeures dans la vie quotidienne : l'organisation de plus en plus technique du travail social et la bureaucratisation privée et publique. Cette vision scientifico-technique de la vie quotidienne engendre, en dernière instance, une pensée pragmatique et utilitariste.

Il est intéressant de se rappeler ici que, selon Weber, le savant est un homme de pensée qui a pour objectif, dans ses investigations systématiques, de chercher et de trouver des vérités dans le domaine de la nature ou de la société en utilisant la méthode expérimentale tout en professant des valeurs et des idéaux personnels. Cependant, deux remarques s'imposent comme exigence de l'impartialité scientifique. La première est que toute vérité doit être jugée comme une conclusion provisoire, parce que déterminée par la culture d'une époque et par le niveau de développement des connaissances historiquement données. La deuxième observation consiste dans le fait que le chercheur doit essayer de différencier sa représentation du monde de sa recherche réfléchie, dans la mesure du possible.

Enfin, au niveau politique (quatrième élément de la définition wébérienne du capitalisme occidental), pour que s'organise socialement le capitalisme moderne, il doit s'appuyer sur trois traits culturels typiquement occidentaux, à savoir :

a) l'État rationnel avec une administration organique et relativement stable, dénommée bureaucratie et avec un droit rationnel ;
b) l'émergence d'une réalité politique nouvelle, qui est le statut de citoyen vivant dans une ville, la citoyenneté urbaine ;
c) la naissance et le développement du pouvoir légal-bureaucratique fondé sur des élections périodiques au suffrage universel, accompagnées d'une alternance de partis politiques au pouvoir d'État.

Il ne faut pas oublier que Weber présente l'individu politique d'abord et avant tout comme un être de pouvoir qui commande essentiellement l'obéissance. Toutefois, pour que son autorité soit légitime, elle doit être reconnue comme valable par la majorité de ses subordonnés. Mais la popularité de sa domination repose sur la tradition, le charisme et/ou la légalité formelle. Cette légalité rationnelle bureaucratique est l'apogée, toujours d'après Weber, de la forme de l'État qui est capitaliste moderne.

En résumé, Max Weber comprend l'idéaltype du capitalisme moderne à partir d'une pluralité de « conditions causales » en interaction. Sur le plan économico-social et religieux, l'organisation supérieure de l'économie de profit, de grande rentabilité (fondée sur la comptabilité de capital) s'imbrique avec l'éthique protestante calviniste (puritaine). Sur le plan strictement économique, l'exploitation rationnelle d'entreprises utilisant une comptabilité moderne et un contrôle rigoureux de la rentabilité s'enchevêtre avec l'exigence de la spécialisation du travail libre et la nécessité d'une main-d'œuvre salariale. Sur le plan scientifico-technique, par exemple, les connaissances rationnelles, vérifiées par la méthode expérimentale, marchent de pair avec certaines formules précises de domination soit de phénomènes économico-financiers comme la prévision de déficits ou de supéravits d'entreprises privées ou publiques, soit de phénomènes naturels comme les prévisions météorologiques de cyclone, d'ouragan, de neige, de pluie, etc. Enfin, les plans politique, juridique, économique et artistique se laissent influencer par le processus de rationalisation qui est une généralisation de la pensée scientifico-technique moderne. Par exemple, la rationalité du pouvoir légal-bureaucratique moderne, les principes juridiques utilitaires et le procédé de l'arbitrage judiciaire, l'exploitation rationnelle des entreprises capitalistes et les représentations géométriques des aspects d'un même objet par le cubisme (1906-1908) témoignent de la logique rigoureuse qui informe les activités respectivement politiques, juridiques, économiques et artistiques. Autrement dit, Weber considère le processus de rationalisation comme le fondement même du capitalisme moderne (Giacobbi et Rioux, 1990 : 246-251) ; Habermas, 1987), à partir de son concept de « rationalité subjective par finalité ».

À la page suivante nous illustrons schématiquement le rapport, d'après Weber, entre la morale protestante et la vision économique capitaliste.

Rapport, selon Weber, entre l'éthique protestante et l'esprit du capitalisme : l'action capitaliste et protestante

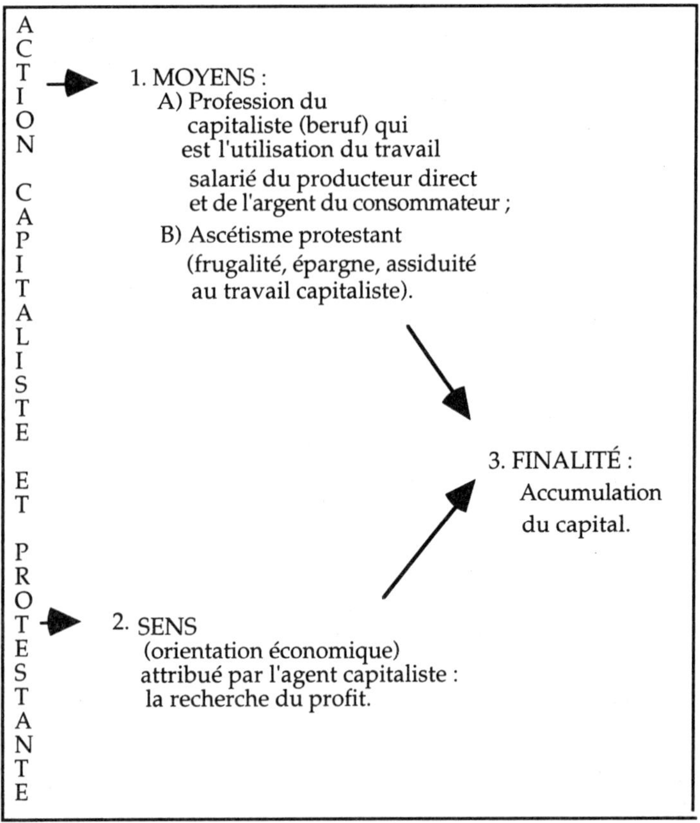

ACTION CAPITALISTE ET PROTESTANTE
1. MOYENS :
A) Profession du capitaliste (beruf) qui est l'utilisation du travail salarié du producteur direct et de l'argent du consommateur ;
B) Ascétisme protestant (frugalité, épargne, assiduité au travail capitaliste).
3. FINALITÉ :
Accumulation du capital.
2. SENS
(orientation économique) attribué par l'agent capitaliste :
la recherche du profit.

2. *École explicative d'Émile Durkheim (1858-1917)*

Contenu :

I. *Introduction : deux grandes questions de recherche*

Aux XVIIème, XVIIIe et XIXe siècles européens il émerge dans l'esprit des chercheurs deux grandes questions qu'ils passent au crible de leur méthode expérimentale. Ils doivent, d'une part, chercher et trouver les mécanismes historiques et philosophiques de la connaissance rationnelle, et, d'autre part, savoir comment organiser la société globale (civile et politique) dans cette époque cruciale de transition du féodalisme au capitalisme. Les mécanismes historiques signifient la méthode d'analyse du social-historique. De leur côté, les mécanismes philosophiques veulent dire la recherche des rapports entre la pensée et l'être social ou individuel. Naturellement ces deux grandes questions influencent en quelque sorte la sociologie de Durkheim. En effet, les *Règles de la méthode sociologique, Le Suicide* et *De la division du travail social* tentent d'examiner les faits historiques (suicide, division du travail) en fonction des règles et des concepts typiquement sociologiques. Et « Les Formes élémentaires de la vie religieuse » s'efforce d'établir des relations entre la pensée religieuse (le sacré) et l'être social (le profane). Enfin, *Le Socialisme* se charge de proposer une forme d'organisation de la société qui soit plus intégratrice, plus centralisatrice. Plus loin nous analyserons clairement l'apport de chaque ouvrage au débat autour de ces trois principaux thèmes d'investigation : la méthode d'analyse sociologique, la production sociale de la pensée religieuse et le mode de structuration sociale.

Dans la mesure où la sociologie comme science autonome est la résultante première des connaissances philosophique et historique, il est intéressant voire nécessaire d'investiguer, ne serait-ce que brièvement, les Écoles de pensée historique et philosophique qui ont précédé l'émergence de la sociologie durkheimienne.

I.1 *Courants de pensée historique*

Trois courants fondamentaux voient le jour en France entre le XVIIème et le XIXème siècle. Le premier est représenté par Bossuet avec son *Discours sur l'histoire universelle* (1669). Il professe le providentialisme qui consiste à expliquer toutes les actions humaines à partir de la protection ou de l'influence de Dieu. Dans ce cas, les individus sont dénués de toute liberté, puisque Dieu est omniprésent et omnipotent dans la vie sociale : se pose alors le problème de la prédestination qui est l'un des grands débats théologiques du XVIIème siècle français.

Le deuxième courant est intégré par Victor Cousin avec son œuvre *La Société française au XVIIe siècle* (1860). Il s'agit de l'histoire individualiste et aristocratique des têtes couronnées. L'explication des faits tourne autour des exploits et de la vie quotidienne des riches nobles, du roi en passant par les princes, les ducs, les marquis, les comtes et vicomtes jusqu'aux barons et aux chevaliers. Histoire de guerres, de conquêtes et de défaites, de vie mondaine au château, d'intrigues de palais et d'amours aristocratiques : justement les chroniqueurs des XVème et XVIème siècles pratiquent aussi ce genre de récit, l'histoire narrative.

Le troisième courant est carrément une négation des deux premiers. Son représentant est Voltaire avec son livre *Le Siècle de Louis XIV* (1751). C'est l'histoire des coutumes et des mœurs d'une époque : l'histoire culturaliste. Les trois ordres sont ici présentés, la noblesse, le clergé et le peuple, selon les moments observés par l'auteur dans cette vaste fresque, vivante du bouillonnement des activités sociétales au XVIIème siècle.

I.2 *Courants de pensée philosophique*

Depuis l'Antiquité greco-romaine deux traditions marquent la nature des réflexions philosophiques : l'idéalisme et le matérialisme. La version de l'idéalisme des XVIIIe et XIXe siècles se retrouve dans le mysticisme de Frédéric Hegel (1770-1831), le spiritualisme éclectique de Victor Cousin (1792-1867) et le positivisme d'Auguste Comte (1798-1857). Quant à la version du matérialisme des XVIIe, XVIIIe et XIXe siècles, elle se rencontre dans le sensualisme de John Locke (1632-1704), le technocratisme de Saint-Simon (1760-1825) et le matérialisme historique de Karl Marx (1818-1883) et de Frédéric Engels (1820-1895).

En ce qui concerne l'idéalisme, Hegel soutient dans *La Phénoménologie de l'esprit* (1806) l'identité de l'être et de la pensée dans un principe unique, l'Idée Absolue qui est Dieu, créateur de l'être et de la pensée. Pour sa part, Cousin dans *Cours de l'histoire de la philosophie* explique sa méthode rationnelle en ces termes clairs et nets : elle consiste à aller de l'esprit humain, qui est la matière et le sujet de l'histoire, à l'histoire, qui est la manifestation de l'esprit humain, et à conclure de l'un à l'autre. Donc la pensée abstraite, l'idée est matière et sujet de l'histoire de la philosophie.

Pour ce qui est de Comte, dans son *Discours sur l'esprit positif* (1844), il indique l'évolution de l'histoire humaine à travers la progression de l'esprit en trois stades, magico-religieux, métaphysique et positif. En d'autres mots, ce sont les idées qui créent la réalité historique et leur changement qualitatif la fait avancer.

En ce qui a trait au matérialisme, le sensualisme de Locke rejette les idées innées et adopte un mode de connaissance basé sur l'expérience et aidé de la réflexion. Le technocratisme de Saint-Simon accorde une importance primordiale à la technique moderne. Car, selon lui, la société toute entière repose sur l'industrie, un moyen matériel de production, écrit-il dans *L'industrie* (1818). Le matérialisme historique de Marx et d'Engels affirme la détermination des formes de conscience, de la pensée par les conditions matérielles (économiques) d'existence. Dans *L'idéologie allemande* (1846) ils déclarent que ce n'est pas la conscience qui détermine l'être social, mais bien l'être social qui détermine la conscience.

Jusqu'ici nous considérons la première grande question qui se rapporte aux mécanismes historiques et philosophiques de la connaissance rationnelle. Il nous faut maintenant aborder la deuxième qui renvoie au mode de structuration de la société globale.

I.3 *Mode d'organisation sociale*

À la faveur de la crise de transition du féodalisme au capitalisme, qui secoue l'Europe, Locke suggère une société postérieure au féodalisme, tandis que Saint-Simon, Marx et Engels en recommandent deux modèles différents postérieurs au capitalisme. Locke dans son *Traité du gouvernement civil* (1690) esquisse l'apologie de la république en ces termes : « La fin capitale et principale en vue de laquelle les individus s'associent dans des républiques et se soumettent à des gouvernements, c'est la conservation de leur propriété ». Par conséquent, individu, propriété et État-Protecteur, pour Locke, sont indissociables. La naissance de l'individu et celle de l'État républicain libéral participent du même mouvement. Locke est partisan et défenseur d'une société capitaliste libérale.

En ce qui concerne Saint-Simon, dans son ouvrage *L'industrie*, il énonce une théorie du socialisme utopique, parce que celui-ci est fondé sur le changement de l'esprit humain, de la mentalité par le savoir scientifique. Si la société en tant qu'« être véritable » peut seule savoir (Durkheim parle de la conscience collective, à la suite de Saint-Simon, en ce sens) ce qui lui convient et surtout si les producteurs directs, les travailleurs forment la société véritable, cette double observation signifie que le socialisme manifeste le mode d'organisation vers lequel tend inéluctablement cette société. Le socialisme, ce sera l'association libre de producteurs dans laquelle les savants (les détenteurs du savoir scientifique) exerceront le nouveau pouvoir spirituel nécessaire à cette nouvelle société. La devise du socialisme utopique saint-simonien est la suivante : « À chacun selon ses capacités, à chaque capacité selon ses œuvres ». Alors les capacités définissent la fonction spécifique à remplir et les œuvres la part du revenu à recevoir. Telles sont les conditions de la Justice Sociale, du Travail et du Salaire dans le socialisme utopique saint-simonien.

Il est nécessaire d'émettre deux remarques. La première est qu'en dehors des travailleurs et des savants dans la société industrielle de l'époque de Saint-Simon, il semblait n'y avoir que des parasites et des privilégiés qui devraient disparaître dans la future société socialiste. Car le travail productif, manuel et intellectuel, est le critère de la valeur sociale des individus. La deuxième remarque touche la conceptualisation saint-simonienne de la société et son influence sur certains penseurs. Saint-Simon conçoit la société comme une totalité tout en mélangeant des images mécanicistes et des images organicistes. Cette représentation de la totalité sociale influence la pensée de Comte, de Marx et d'Engels et de Durkheim. Mais l'analogie biologique (l'organicisme) imprègne seulement l'oeuvre de Comte et de Durkheim et non de Marx et d'Engels. Car l'organicisme appréhende la société comme un être harmonieux dont l'ordonnancement se base sur la solidarité et la coopération : c'est la complémentarité des fonctions dans la division du travail social, qui appuie cette solidarité et cette coopération.

Au contraire, le matérialisme historique de Marx et Engels, quoique considérant la société comme une totalité, étudie les conflits, les luttes de classes en tant que mécanismes de changement historique. En effet, dans la perspective du socialisme scientifique de Marx et d'Engels, l'histoire des sociétés connues n'est autre que l'histoire de la lutte des classes. Les antagonismes économique, idéologique et politique entre les classes dominantes et les classes dominées constituent le moteur du changement des sociétés. D'après ces deux penseurs, la transformation se produit d'abord dans l'infrastructure économique, en raison de l'opposition entre les forces productives (dont font partie les salariés doués de conscience) et les moyens de production (instruments et conditions de travail). Quand les moyens de production bloquent le développement des forces productives, il règne une crise révolutionnaire qui entraîne un bouleversement de l'infrastructure économique et, par la suite, une transformation graduelle des superstructures idéologique et politique. Pour

Marx et Engels, la révolution sociale, présidée par le mouvement ouvrier et son parti politique, contre la bourgeoisie aboutira à la dictature du prolétariat, au socialisme scientifique et enfin à la société communiste (sans classe sociale). Ce sera alors le règne de la liberté et la fin de la domination de la nécessité. Nous y reviendrons lors de l'examen de l'École matérialiste historique.

En somme, trois grandes caractéristiques découlent des courants de pensée historique et philosophique et influencent la sociologie de Durkheim :

1) la méthode organiciste (Saint-Simon et Comte) qui regarde la société comme un être vivant doué de conscience collective ;
2) le rationalisme concret (Voltaire, Saint-Simon et Comte), étayé sur l'observation réelle des mœurs, des coutumes et des comportements des membres de la société ;
3) la volonté de construire une science nouvelle (Saint-Simon et Comte) : celle-ci est la sociologie.

II. *Pragmatisme et sociologie chez Durkheim : deux observations*

Une double observation préliminaire s'impose, l'une sur la vérité et l'autre sur la connaissance sociologique. Pour la première observation, nous distinguons, dans le cadre de notre présente analyse, deux types de vérité. Le premier type est la vérité absolue qui a en soi sa raison d'être, qui est en soi et par soi : il s'agit de Dieu, l'Être Absolu. Le deuxième type est la vérité relative qui ne se suffit pas à soi, qui dépend de l'expérience : elle nous intéresse particulièrement, parce qu'elle entretient des liens étroits avec la vision pragmatique de la réalité. Pour la deuxième observation, il est question de la fonction sociale de la connaissance sociologique. En d'autres mots, certains penseurs comme Saint-Simon et Comte insistent sur le rôle rénovateur de la sociologie dans le changement de la société. Cette observation nous introduit dans le champ de l'étude du rapport entre le pragmatisme et la sociologie chez Durkheim.

II.1 *Définition, thèses et brève critique du pragmatisme*

Le pragmatisme, selon le philosophe américain William James (1840-1910), se définit comme un système de pensée qui adopte comme critère de la vérité (relative) l'action utilitaire visant le succès ou le bien-être. La vérité (réalité qui mérite l'assentiment) se caractérise par la réussite. Par conséquent, le pragmatisme est a-moral, c'est-à-dire qu'il se situe en dehors de toute morale, de toute éthique sociale, puisque la vérité est individuelle, subjective, relative. À ce niveau, se pose la question philosophique des relations entre la pensée et l'être, entre la conscience et la société ou plus précisément entre les intérêts des individus et des groupes et la fonction du savoir (philosophique ou sociologique). La question peut se formuler alors d'une façon encore plus simple : À quoi sert la connaissance sociologique ?...

Dans son ouvrage *Pragmatisme et sociologie* (1914), Émile Durkheim résume l'essence du pragmatisme dans les thèses suivantes :

i) L'utilité détermine les jugements réputés vrais et écarte les faux. Le principe même du pragmatisme est que le vrai, c'est l'utile.

ii) Il faut s'en tenir au monde tel qu'il se manifeste à nous sans se préoccuper de savoir s'il existe autre chose. William James présente sa doctrine philosophique comme un empirisme radical. Selon lui, est important ce qui apparaît dans l'expérience immédiate : la pensée agit sur un plan unique.

   En effet, tout se passe sur le plan phénoménal. Par exemple, les êtres surnaturels, les Dieux vivent dans la nature. Ce sont des forces réelles, proches de nous, que nous n'observons pas directement, mais dont les effets se révèlent à nous à certains moments, dans certaines expériences.

iii) Le pragmatisme ne veut pas approfondir ni dépasser la réalité immédiate pour lui substituer un univers de créations de l'esprit. Ce qui est dominant en lui, c'est un sens réaliste et un sens pratique. Le pragmatiste est un homme d'action. Pour lui, la vérité c'est quelque chose à réaliser.

En somme, la réponse du Pragmatisme à la première question des rapports entre l'être et la pensée est que les deux réalités peuvent participer l'une de l'autre. D'après Durkheim, lier la pensée à l'existence, lier la pensée à la vie, telle est l'idée fondamentale du Pragmatisme.

La réponse du Pragmatisme à la deuxième question concernant le mode de structuration sociale est vague, imprécise et individualiste. Il s'agit tout simplement pour le pragmatiste d'employer des mesures concrètes pour atteindre des objectifs individuels déterminés.

Pour notre part, nous esquissons notre critique globale du Pragmatisme dans les propositions suivantes. En premier lieu, le vrai n'est pas nécessairement l'utile. Car ce qui mérite l'assentiment, l'adhésion n'est pas nécessairement avantageux, profitable pour tous(toutes). En second lieu, deux plans de connaissance se présentent à nous : l'idéel (abstrait) et le matériel (concret). Mais ils s'imbriquent, s'enchevêtrent dans le processus d'élaboration du savoir scientifique. En troisième lieu, l'action humaine n'est pas en elle-même positive ou négative. C'est dans ses effets d'amélioration, de blocage voire de régression des conditions de

Le troisième type, appelé société polysegmentaire simplement composée, est constitué par une agglomération de sociétés du genre précédent. Par exemple, trois tribus primitives engendrent, par association, la cité romaine.

Enfin, le quatrième type, défini en tant que société polysegmentaire doublement composée, résulte de la juxtaposition de plusieurs sociétés polysegmentaires simplement composées. Elle est une cité plus grande que la précédente.

Durkheim (1977 : 86), à la suite de cette classification, énonce le principe suivant :

> On commence par classer les sociétés d'après le degré de composition qu'elles présentent, en prenant pour base la société parfaitement simple ou à segment unique ; à l'intérieur de ces classes, on distinguera des variétés différentes suivant qu'il se produit ou non une coalescence complète des segments initiaux.

6) En ce qui concerne l'explication des faits sociaux , elle se donne par la relation de cause à effet. Donc expliquer un fait social, c'est en chercher et trouver la cause efficiente, c'est découvrir le phénomène antérieur qui lui donne naissance. Les faits sociaux s'expliquent par d'autres faits sociaux. Ensuite on doit investiguer la fonction du fait, son utilité sociale, sa part dans l'établissement de l'harmonie générale. Durkheim poursuit en soutenant que les causes des phénomènes sociaux doivent être cherchées dans le milieu social. C'est la structure de la société étudiée qui est la cause des faits dont s'occupe la sociologie.

Il faut noter que l'explication par le milieu social contredit l'explication historique qui consiste à chercher la cause du phénomène dans l'état antérieur de la société. Pour Durkheim, l'explication historique n'est pas scientifique. Car la cause efficiente du milieu social est la condition d'existence de la sociologie scientifique, affirme-t-il. En d'autres termes, l'explication des faits sociaux se produit par la recherche de leur cause efficiente, de leur fonction sociale et de leur condition d'existence dans le milieu social sans une référence historique. En ce sens, le procédé explicatif durkheimien va à l'encontre du providentialisme de Bossuet, de l'histoire individualiste aristocratique de Cousin et de l'historicisme de Voltaire.

7) En dernière instance, Durkheim argumente que la preuve de l'explication des faits sociaux par d'autres faits sociaux peut être obtenue par la méthode des variations concomitantes et la méthode comparative. La méthode des variations concomitantes consiste à prouver qu'un fait social est la cause efficiente d'un autre, en comparant les situations où ils sont simultanément présents ou absents et à chercher si les variations qu'ils présentent dans ces différentes combinaisons de circonstances témoignent que l'un dépend de l'autre (Durkheim, ibidem : 124). Imaginons deux scénarios pour tenter de saisir l'essentiel de la méthode des variations concomitantes:

Scénario A : On peut constater que dans toutes les sociétés hautement différenciées (capitalistes avancées) le licenciement massif des salariés syndiqués ont « tendance régulièrement » (Durkheim parle de « régularités tendancielles » pour caractériser les faits normaux) à provoquer des grèves périodiques pour défendre la sécurité d'emploi. Par conséquent, le licenciement massif des syndiqués est la cause efficiente de la périodicité des grèves pour la protection des postes permanents.

Scénario B : Dans les sociétés où se développe une grande conscience collective des inégalités sociales entre les deux sexes opposés, fleurit un mouvement féministe fort. Donc, toujours d'après Durkheim, la cause efficiente de la floraison d'un mouvement féministe puissant est une intense prise de conscience de la domination de l'homme sur la femme, à tous les niveaux de la hiérarchie sociale.

Quant à la méthode comparative qui doit aussi accompagner la méthode des variations concomitantes, elle se résume à comparer un même phénomène, par exemple, la famille, le taux de suicide ou le crime d'une société à celui (taux de suicide ou de criminalité) ou à celle (famille) d'une autre (société), que cette dernière soit ou non de la même espèce, féodale ou capitaliste, polysegmentaire simplement composée ou polysegmentaire doublement composée.

L'objectif de la recherche est d'observer l'évolution complète d'un fait déterminé, en l'occurrence, la famille, la religion ou la division du travail social, à travers toutes les espèces sociales. Il est question de la méthode comparative que Durkheim (op. cit. : 137) définit en ces termes : « On ne peut expliquer un fait social de quelque complexité qu'à condition d'en suivre le développement intégral à travers toutes les espèces sociales. La sociologie comparée n'est pas une branche particulière de la sociologie ; c'est la sociologie même, en tant qu'elle cesse d'être purement descriptive et aspire à rendre compte des faits.

En dernière analyse, nous pouvons, en manière de synthèse, distinguer trois caractéristiques générales de la méthode sociologique durkheimienne. En premier lieu, elle est libre, dépourvue de toute philosophie. Dans la mesure où la sociologie naît des grandes doctrines philosophiques (les premiers sociologues comme Spencer, Comte sont d'abord des philosophes), elle a tendance à se baser sur un système. En ce sens, écrit Durkheim, elle a été successivement positiviste, évolutionniste, spiritualiste, alors qu'elle doit se contenter d'être la sociologie tout court. De cette proposition découlent deux conséquences majeures. La première est que le (la) sociologue doit s'attacher à découvrir les rapports de cause à effet entre les phénomènes sociaux en appliquant la méthode des variations concomitantes et la méthode comparative. La deuxième conséquence est que toute investigation doit exprimer des faits réels. La sociologie doit s'affranchir de tous les partis (communiste, socialiste, anarchiste, etc.). Car elle ne tend pas à réformer les faits, comme le veulent les doctrines politiques. À ce propos, Durkheim (ibidem : 141) note :

> La sociologie peut apprendre à traiter avec respect, mais sans fétichisme, les institutions historiques quelles qu'elles soient, en nous faisant sentir ce qu'elles ont, à la fois, de nécessaire et de provisoire, leur force de résistance et leur infinie variabilité.

En second lieu, la méthode est objective. Le(la) sociologue, avant d'investiguer une série de phénomènes, doit commencer par faire table rase des valeurs, des prénotions, des préjugés qui sont dénués de toute valeur scientifique. Il faut, dit Durkheim (1970 : 158-159) dans *La Science sociale et l'action,* que

> le sociologue se mette dans l'état d'esprit où sont physiciens, chimistes, physiologistes et même, aujourd'hui, psychologues, quand ils s'engagent dans une région inexplorée de leur domaine scientifique... La sociologie ne doit pas être une simple illustration d'évidences toutes faites et qui sont trompeuses ; elle doit être ouvrière de découvertes qui même ne peuvent manquer de déconcerter souvent les notions reçues.

En troisième lieu, la méthode, pour étudier les faits sociaux qui sont sui generis, qui possèdent une nature particulière , doit être strictement sociologique. Dans la mesure où il existe un règne social distinct du règne psychique, biologique ou minéral, il faut en chercher et trouver le ou les traits spécifiques. Or, la spécificité des phénomènes sociaux provient du fait que «les consciences individuelles, observe Durkheim (1970 : 144-145), en s'associant, d'une manière stable, dégagent, par suite des rapports qui s'échangent entre elles, une vie nouvelle, très différente de celle dont elles seraient le théâtre si elles étaient restées isolées les unes des autres : c'est la vie sociale ». En d'autres termes, les organisations religieuses, politiques, économiques, idéologiques *lato sensu* (philosophiques, littéraires, artistiques, etc.), n'existeraient pas s'il ne fonctionnait pas de société. Toutes ces institutions, ces « choses sociales » qui ne sont que parce qu'il se produit des associations humaines et qui varient suivant ce que sont ces associations trouvent leur explication immédiate dans la nature, non des individus, mais des sociétés. Dans ce cas, la méthode strictement sociologique, selon Durkheim, comporte deux exigences finales, à savoir : l'explication des faits sociaux par d'autres faits sociaux et la recherche de l'origine première de tout processus social dans la constitution du milieu social interne.

Nous choisissons le cas du suicide pour opérationnaliser certaines règles de la méthode sociologique durkheimienne. Dans *Le Suicide* (1897) Durkheim tente d'appliquer certaines règles de sa méthode comme la définition du fait, la détermination de sa cause efficiente et la typologie sociale du fait étudié, pour ne citer brièvement que ces trois-là. Il donne cette définition du suicide : « On appelle suicide tout cas de mort qui résulte directement ou indirectement d'un acte positif ou négatif, accompli par la victime elle-même et qu'elle savait devoir produire ce résultat » (Durkheim, 1981 : 5). L'acte positif consiste, par exemple, à se tirer une balle dans la tête et l'acte négatif à ne pas quitter une maison en flamme ou à mener une grève de la faim jusqu'à la mort. Mais —et c'est l'aspect sociologique— les statistiques mesurent l'intensité relative de cette aptitude sociale pour le suicide en prenant le rapport entre le chiffre global des morts volontaires et la population de tout âge et de tout sexe. Cette donnée numérique se dénomme taux de suicide propre à la société étudiée. Elle est calculée par rapport à un million ou à cent mille habitants. D'après la théorie, le taux de suicide est le phénomène social (courant suicidogène) que Durkheim s'efforce d'expliquer par des causes sociales (efficientes) et non individuelles ou psychologiques. Son hypothèse fondamentale est que les individus sont déterminés par la réalité collective et que le suicide en est la preuve. Autrement dit, l'acte solitaire du suicide est commandé par la société présente dans le psychisme du(de la) malheureux(euse). Car le suicide représente chez l'individu un effondrement des valeurs sociales (désintégration) ou, au contraire, une fidélité extrême à certaines normes sociales (intégration). La cause efficiente du suicide est constituée soit par un haut niveau de désintégration sociale des suicidés(ées) soit par une forte intégration de ceux-ci ou de celles-ci. Ensuite, Durkheim élabore des types sociaux de suicide : égoïste, altruiste et anomique. Le premier type est analysé au moyen de la corrélation entre le taux de suicide et les institutions sociales intégratrices, la religion et la famille. En ce qui concerne la confession religieuse, les protestants se suicident plus que les catholiques et les juifs ; et les catholiques plus que les juifs. Le degré d'intégration, par ordre descendant, est le suivant :

1) + + + (Juifs) ;

2) + + (Catholiques) ;

3) + (Protestants).

Pour ce qui est de l'institution familiale, les hommes célibataires et veufs et les femmes sont davantage poussés au suicide, quand ils ne sont pas intégrés dans un groupe social, en l'occurrence, la famille.

Le second type de suicide (altruiste) manifeste un haut niveau d'intégration à certaines valeurs traditionnelles familiales (en Inde) ou éthiques professionnelles (la marine). Dans l'Inde ancienne la veuve accepte d'être placée sur le bûcher où doit être consumé le corps de son mari défunt. L'ancien code d'honneur de la marine exige que le capitaine refuse d'abandonner son navire qui coule.

Le troisième type de suicide (anomique, du grec *a*, sans et *nomos*, norme, loi) renvoie à une absence de normes chez les suicidés(ées), donc à une désintégration sociale poussée. Il dévoile la corrélation statistique entre la fréquence (normalité) des suicides et les phases du cycle économique. Le suicide anomique augmente lors des crises économiques et parallèlement au nombre des divorces.

En conclusion, dans cette section, il est nécessaire d'affirmer que plus un individu est intégré à la vie collective, institutionnalisée, moins il a tendance à se suicider. Le suicide est la preuve paradoxale de l'importance de la participation sociale des individus aux diverses organisations existantes : famille, entreprise, religion, école, État-nation, etc.

IV) *La question du profane et du sacré d'après Durkheim*

Il est important de définir étymologiquement les notions de sacré et de profane avant d'aborder cette question dans la pensée durkheimienne. Le vocable sacré vient du latin *sacrare* de *sacer*, saint. Sacrer, c'est attribuer un caractère saint au moyen d'une cérémonie religieuse. Le sacré est donc ce qui est consacré au culte, lequel culte est un hommage qu'on rend B Dieu ou aux dieux. Pour sa part, le profane du grec προ, en avant, et du latin, *fanum*, temple, est ce qui n'appartient pas à la religion, qui est non initié à certaines connaissances dites cultuelles. Autrement dit, pour passer de l'état de profane à celui de sacré, il est indispensable qu'on reçoive une initiation. Cette dernière est une cérémonie, forme extérieure et régulière d'un culte, par laquelle l'individu est admis à la connaissance de certains mystères dans les religions anciennes et qui accompagne, de nos jours, l'intégration à différentes sociétés secrètes.

Il se rencontre deux modes de connaissance de la réalité religieuse, l'un, mystique, et l'autre, scientifique. Dans le premier mode de savoir, la religion est considérée comme un ensemble de relations des individus avec les esprits, les dieux ou Dieu. Dans la tradition de la connaissance mystique du phénomène religieux se situent les investigations sur les Mystères des Égyptiens et des Grecs et sur la Franc-maçonnerie. Moïse est un initié aux Mystères Égyptiens, Platon aux Mystères d'Eleusis et Haydn et Mozart à la Franc-maçonnerie. Dans le second mode de savoir, la religion est analysée comme une série de représentations symboliques de la réalité sociale et naturelle. Émile Durkheim s'inscrit dans la tradition de la connaissance scientifique du fait religieux.

En effet, dans *Les Formes élémentaires de la vie religieuse* (1912). Durkheim envisage la religion dans son essence et ses fonctions sociales. Une de ses formules traduit bien cette perspective : « Les intérêts religieux ne sont que la forme symbolique d'intérêts sociaux et moraux ».

Pour lui, l'on peut fonder une théorie des religions supérieures comme le judaïsme, le christianisme, l'islam et le bouddhisme sur l'étude des formes simples de la religion. Le totémisme (d'un mot algonquin *ototeman,* « il est de ma parenté », animal possédant une affinité avec un groupe ethnique), le totémisme, disons-nous, est la croyance dans un être mythique, une espèce animale, quelquefois végétale ou mi-homme mi-animal qui est l'ancêtre du clan et auquel on rend un culte. Le totémisme exprime le fondement de la religion, selon Durkheim.

Dans *Les Formes élémentaires de la vie religieuse* il défend la thèse d'après laquelle l'objet de la religion est la transfiguration de la société. Cet ouvrage comporte trois parties. La première décrit et analyse le système des clans et du totémisme dans des tribus australiennes, avec des références à des tribus d'Amérique (Sioux, Iroquois). La deuxième partie qui nous intéresse particulièrement comprend une théorie de l'essence de la religion, dégagée de l'observation du totémisme australien. Enfin, la troisième partie entreprend l'ébauche d'une interprétation sociologique des modalités de la pensée humaine, c'est-à-dire une introduction à la sociologie de la connaissance.

Comment Durkheim définit-il la religion ? Il la considère comme une totalité de croyances qui divise le monde en phénomènes sacrés et profanes. Par conséquent, elle n'est pas la croyance en un dieu transcendantal. Car le bouddhisme ne professe pas la foi en un dieu. Les phénomènes sacrés sont composés de choses, de croyances et de rites (règles et cérémonies). « Une religion, écrit Durkheim (1968 : 65), est un système solidaire de croyances et de pratiques relatives à des choses sacrées, c'est-à-dire séparées, interdites, croyances et pratiques qui unissent en une même communauté morale appelée église, tous ceux qui y adhèrent ». Selon lui, ni les dieux , ni les esprits ou les âmes, ni les forces de la nature qui voguent ou flottent autour des êtres humains, ne sont sacrés par eux-mêmes. Seule la société est une réalité sacrée par elle-même. Elle appartient à la nature, mais la dépasse, lui est supérieure. En d'autres termes, la société est en même temps la cause du fait religieux et la justification de la division du sacré et du profane.

En effet, d'après Durkheim, et c'est très important dans son livre, le totémisme est la religion la plus élémentaire. Pour appréhender l'essence de la religion à partir du cas particulier du totémisme australien, il est nécessaire d'admettre l'idée qu'une expérience bien choisie et examinée dévoile le noyau dur d'un phénomène commun à toutes les sociétés. L'analyse retient deux notions fondamentales de clan et de totem. Le clan est un groupe de parenté qui n'est pas basé sur des liens de consanguinité. C'est un ensemble d'individus, peut-être le plus simple de tous, qui manifeste son identité collective en se rattachant à une plante ou à un animal dénommé(e) totem. La transmission du totem clanique (confondu avec le clan) s'accomplit le plus souvent chez les tribus australiennes par la mère. Mais ce mode de transmission n'est pas une loi. Car il se trouve aussi des totems individuels et des totems de groupes plus développés comme des fratries comme la fratrie athénienne qui est une société polysegmentaire simple. Dans les tribus australiennes qu'examine Durkheim, chaque totem possède son emblème ou son blason. Dans presque tous les clans, des objets, morceaux de bois ou pierres polies qui portent une représentation figurée du totem participent au sacré totémique. C'est la mise en œuvre « de la loi de la participation » qu'étudie Lucien Lévy-Bruhl dans *La Mentalité primitive*. Cette loi des sociétés primitives affirme la négation du principe de la contradiction. La loi de la participation soutient que les choses ou les êtres peuvent être eux-mêmes et autre chose en même temps. Dans cette optique, les membres du clan ne doivent pas manger ou toucher le totem ou les objets qui « participent » au sacré du totem. Ou, au contraire, ils doivent manifester à l'égard de celui-ci une forme explicite de respect. Dans les sociétés australiennes, il se produit alors un univers de choses sacrées qui englobe d'abord les plantes et les animaux, qui sont des totems eux-mêmes, puis les objets qui portent la représentation figurée du totem. Éventuellement, le sacré se communique aux individus eux-mêmes sous forme « d'une force, d'une influence d'ordre immatériel et, en un certain sens, surnaturel. Mais c'est par la force physique que le sacré se révèle ou bien par toute espèce de pouvoir et de supériorité que l'on possède » (Durkheim, ibidem : 277). Les Mélanésiens appellent cette force *mana*, les Sioux *wakan* et les Iroquois *orenda*.

Durkheim poursuit, en ces termes, sur ce qu'il dénomme « la vertu dynamogénique de toute espèce de religion » :

> Quand le fidèle est à l'état religieux, il se sent en rapport avec des forces qui présentent les deux caractéristiques suivantes : elles le dominent et elles le soutiennent. Il sent qu'elles sont supérieures à celles dont il dispose ordinairement, mais en même temps, il a l'impression qu'il participe de cette supériorité. Il peut davantage (Durkheim, 1975 : 27).
>
> Or, dans la nature, dans le monde observable, les seules forces morales qui soient supérieures à celle dont dispose l'individu en tant qu'individu sont celles qui sont produites par la coalition et la fusion d'une pluralité de forces individuelles en une même résultante : ce sont les forces collectives. Les seules consciences qui soient au-dessus de la conscience de l'individu, ce sont les consciences des groupes. Bien entendu, la supériorité dont je parle n'est pas purement physique : elle est même morale (Durkheim, 1975 : 28).

Par conséquent, le concept central de l'interprétation de la religion de Durkheim est celui d'une force anonyme et impersonnelle. D'après lui,

« cette force reste toujours actuelle, vivante et semblable à elle-même. Elle anime la génération d'aujourd'hui ; comme elle a animé celle d'hier, comme elle animera celle de demain », note Durkheim (1968 : 269) dans *Les Formes élémentaires de la vie religieuse.*

En dernière instance, la théorie selon laquelle la genèse de la religion est la division du sacré et du profane et selon laquelle aussi la force anonyme et impersonnelle, supérieure aux individus et toute proche d'eux, est en fait l'objet du culte, cette théorie est confirmée par les analyses de Durkheim appliquées à différentes sociétés. La société devient, d'après Durkheim, l'objet du culte (c'est la sociolâtrie dont parle Auguste Comte), parce qu'elle a par elle même quelque chose de sacré. « D'une manière générale, il n'est pas douteux qu'une société a tout ce qu'il faut pour éveiller dans les esprits, par la seule action qu'elle exerce sur eux, la sensation du divin ; car elle est à ses membres ce qu'un dieu est à ses fidèles » (Durkheim, 1968 : 295). Durkheim (1975 : 30) ajoute, dans un autre texte :

> Pour que les dieux exercent leur action salutaire qui est leur raison d'être, il ne suffit pas qu'ils soient ; il faut encore qu'ils soient représentés dans les esprits, et avec une énergie suffisante pour que la représentation qui les exprime soit efficace... Ainsi le rôle utile de la religion dépend de l'état dans lequel se trouvent certaines représentations et tout fait présumer que cet état lui-même dépend éminemment de causes sociales.

V) *La division du travail social chez Durkheim*

De la division du travail social (1893) est sa thèse de doctorat et son premier grand livre. C'est une critique du concept de division technique du travail qu'utilisent les économistes. Il construit alors sa propre conceptualisation.

Va) *Sa définition*

Pour Durkheim, on ne peut réduire la division du travail à sa sphère purement matérielle, c'est-à-dire aux intérêts strictement économiques. La division du travail se définit, dans ce cas, comme la répartition continue des différentes tâches humaines dans l'organisation sociale. Elle embrasse les travaux administratifs, militaires, religieux, artistiques, littéraires, scientifiques, philosophiques, techniques, financiers, économiques, etc.

Vb) *Sa fonction*

Cependant, dit Durkheim, la seule façon d'arriver à saisir objectivement le fait de la division du travail, consiste à l'étudier dans sa fonction. Il s'agit de déterminer à quel besoin social elle correspond. De cette démarche résulte le sens durkheimien de fonction qui est la relation de correspondance s'établissant entre un phénomène social ou un mouvement vital et le besoin d'une organisation ou d'un organisme. Donc l'on est en mesure de parler de fonction de digestion de l'intestin grêle et du gros intestin et de respiration des poumons, etc., dans le cas d'un organisme vivant, ou de fonction sociale dans le cas d'un phénomène social comme la division du travail.

Selon Durkheim, la division du travail est l'origine principale de la solidarité sociale. Au lieu de se développer séparément les individus unissent leurs efforts dans diverses tâches. Ils sont solidaires non seulement dans les moments où leurs biens et services s'échangent, mais encore bien au-delà. Les êtres dépendent les uns des autres, parce qu'ils sont incomplets. C'est par la division du travail qu'est assurée la cohésion des individus. Cette cohésion est la condition la plus essentielle de la vie sociale. Car le but même de toute société est d'éliminer ou au moins de diminuer les conflits, la guerre entre les individus en subordonnant la loi physique individuelle du plus fort à l'autorité des lois morales (qui sont sociales). Ici Durkheim touche le thème fondamental de sa théorie sociologique, celui du rapport entre les individus et la collectivité.

Vc) *Typologie de la solidarité sociale*

Comment un bloc d'individus est-il capable de former une société ? Comment peuvent-ils concrétiser la condition primordiale de la vie en commun que constitue un consensus ? Durkheim répond à cette importante question par la distinction entre deux types de solidarité, à savoir : la solidarité mécanique et la solidarité organique. La solidarité mécanique qui correspond aux sociétés primitives (sans écriture) s'appréhende dans le phénomène de similitude. Dans les sociétés à solidarité mécanique, les membres sont semblables, interchangeables, parce qu'ils partagent les mêmes sentiments, professent les mêmes valeurs religieuses et croient au même sacré. La cohésion sociale se produit, parce que les individus ne sont pas encore différenciés.

Au contraire, la solidarité organique provient de la différenciation sociale. Les individus ne se ressemblent plus, ne sont plus interchangeables, mais différents. C'est, en quelque sorte, parce qu'ils sont différents que le consensus se concrétise : incomplets (nous l'avons vu plus haut), ils dépendent les uns des autres pour la production, l'échange et la consommation de divers biens et services. Dans la pensée de Durkheim, ces deux modèles de solidarité cadrent donc avec deux types extrêmes d'organisation sociale : l'un, segmentaire, et l'autre, différencié. Il est nécessaire de se rappeler qu'un segment est un groupe d'individus étroitement intégré, localement situé, relativement isolé et menant une vie propre. La solidarité mécanique s'applique aux sociétés segmentaires, tandis que la solidarité organique se rapporte aux sociétés différenciées comme les sociétés capitalistes modernes où apparaissent des formes développées de la division du travail.

Vd) *Son origine*

La société à solidarité organique (par analogie avec les différents organes de l'être vivant qui remplissent chacun une fonction propre et qui sont également indispensables à la vie) est basée prioritairement sur la différenciation des individus : c'est exactement la société moderne. C'est la longue désintégration de la solidarité mécanique et de la structure segmentaire qui donne naissance à la différenciation sociale. En somme, dans la société à solidarité organique apparaît la division du travail.

Ve) *Son observation objective*

Comment faut-il étudier objectivement, c'est-à-dire « du dehors », de l'extérieur, le phénomène conscient de la division du travail ? C'est par le biais de son expression qui est le phénomène juridique, le droit. Durkheim, d'une façon simpliste, distingue deux catégories de droit : le droit répressif qui châtie, sanctionne le crime et le droit restitutif ou coopératif dont l'objectif n'est pas de sanctionner la désobéissance aux règles sociales, mais de reconstituer l'état des choses, lorsqu'un crime a été commis, ou de produire la coopération entre les individus. De ce point de vue, le droit répressif exprime la conscience collective dans les sociétés à solidarité mécanique. Car, en multipliant les sanctions, il traduit la grande puissance des sentiments communs. Plus la conscience collective est forte, étendue et particularisée, plus il existe d'actes jugés comme criminels, c'est-à-dire qui violent des interdits ou qui blessent la conscience collective. Pour Durkheim, dans son sens sociologique, un crime est un acte que la conscience collective interdit. Par conséquent, la sanction remplit la fonction non de dissuader ou de faire peur, mais bien de satisfaire la conscience collective blessée par le crime.

De son côté, le droit restitutif ne punit pas, mais remet les choses en l'état où elles auraient dû être selon la justice. Par exemple, celui qui n'a pas remboursé sa dette doit la payer. Le droit restitutif comprend le droit constitutionnel qui définit les droits et libertés fondamentaux des individus et le droit administratif qui régule les activités individuelles dans des institutions publiques. En somme, le droit restitutif qui correspond aux sociétés à solidarité organique manifeste l'organisation de la coexistence continue et ordonnée entre des individus déjà différenciés. Une remarque s'impose *hic et nunc* : deux idées fondamentales de Durkheim ressortent, la priorité historique des sociétés et la nécessité d'expliquer les faits individuels par l'état de développement de la collectivité.

Vf) *Son explication*

Enfin, Durkheim applique l'une des règles de sa méthode sociologique : l'explication des faits sociaux par d'autres faits sociaux. La division du travail social doit être expliqué par un autre phénomène qui est la combinatoire (l'imbrication) du volume, de la densité matérielle et de la densité morale de la société.

1) Le volume de la société désigne tout simplement le nombre d'individus qui sont membres d'une collectivité donnée. Mais à lui seul il ne peut engendrer la différenciation sociale. Pour que le volume, c'est-à-dire la croissance du nombre devienne l'une des causes de la différenciation, il faut lui joindre la densité, au double sens matériel et moral.
2) La densité matérielle (démographique) est l'ensemble des individus vivant sur une surface donnée d'un territoire.
3) La densité morale, c'est l'importance des communications et des échanges de biens et de services entre les individus. Plus il se noue des relations entre les individus, plus ils collaborent dans leurs tâches, plus ils sont en rapports de commerce ou de concurrence et plus la densité est grande. Alors la division du travail social est la résultante de la combinatoire de ces deux phénomènes du volume et de la densité matérielle et morale.

Toutefois, pour expliquer cette combinatoire, Durkheim s'appuie sur le concept de Charles Darwin de « lutte pour la vie ». Plus les individus sont nombreux, plus la lutte pour la coexistence et la vie est forte. Dans cette optique, la différenciation sociale (la division du travail social) est la solution pacifique, harmonieuse de la lutte pour la vie. Chaque individu doit tenir son rôle et remplir une fonction déterminée pour pouvoir contribuer à la vie de tous(de toutes). Dans cette société moderne individualiste le problème fondamental est de sauvegarder le minimum de conscience collective, faute de quoi la solidarité organique provoquerait la désintégration sociale.

En dernier lieu, Durkheim (1973 : 389-390) revient à sa thèse majeure de la primauté des sociétés en affirmant que c'est la structure même de la société qui assigne à chaque individu une fonction particulière, en vue de l'unité du corps social :

> Nous sommes ainsi conduits à reconnaître une nouvelle raison qui fait de la division du travail une source de cohésion sociale. Elle ne rend pas seulement les individus solidaires, comme nous l'avons dit jusqu'ici, parce qu'elle limite l'activité de chacun, mais encore parce qu'elle l'augmente. Elle accroît l'unité de l'organisme, par cela seul qu'elle en accroît la vie ; du moins, à l'état normal, elle ne produit pas un de ces effets sans l'autre.

Cette solidarité sociale, Durkheim envisage son renforcement par l'installation d'un « socialisme nouveau » en France.

VI) *Le socialisme chez Durkheim*

Dans sa « Lettre à son ami Xavier Léon » (en date du 30 mars 1915) Durkheim écrit : « Le salut, c'est que le socialisme renonce à ses formules périmées, ou qu'un socialisme nouveau se forme qui reprenne la tradition française. Je vois si clairement ce qu'il pourrait être ! » Comment conçoit-il ce « nouveau socialisme » ? Pour répondre à cette interrogation, il nous faut d'abord identifier, circonscrire le problème social que le nouveau socialisme veut résoudre, ensuite signaler la (sa) solution proposée et enfin arriver à la définition sociologique de Durkheim du socialisme, en tant que phénomène social impliqué dans la nature même des sociétés supérieures, c'est-à-dire avec une très grande division du travail (Durkheim, 1970 : 234-235). En premier lieu, contrairement à l'ancien socialisme qui soutient que le problème social est d'abord économique, le nouveau socialisme affirme qu'il est surtout un problème de consensus. Le consensus, dans sa signification durkheimienne, est l'ensemble des sentiments, des représentations communs aux individus et grâce auxquels les antagonismes sociaux, sont adoucis, les intérêts égoïstes étouffés et la paix sociale sauvegardée. Le problème social se présente alors comme un problème de socialisation. Il s'agit de façonner, modeler l'individu comme membre de la collectivité, de lui enseigner l'estime, le respect des impératifs, des interdits et des obligations, sans lesquels la vie sociale n'existerait pas tout simplement.

En deuxième lieu, *De la division du travail social* représente la première réponse de Durkheim à la problématique des relations entre l'individualisme et le nouveau socialisme. Le problème doit être résolu non dans l'abstraction, mais par la voie scientifique. La sociologie de

Durkheim indique qu'il se produit deux types d'intégration sociale : la solidarité mécanique par similitude et la solidarité organique par différenciation. Celle-ci implique la coopération nécessaire des individus différents remplissant chacun une fonction spécifique et constitue la solution pratique, démontrée par la sociologie, du problème des relations entre l'individualisme et le socialisme. D'après Durkheim, l'indépendance de la volonté et l'autonomie des décisions des individus sont les attributs de la solidarité organique. La société différenciée où règne la solidarité organique permet à l'individu de se développer en fonction d'un besoin collectif et d'un impératif moral. Car la morale ordonne à chaque individu de se réaliser lui-même : il n'existe pas de société sans discipline, sans limitation des désirs, sans décalage entre les aspirations de chacun(chacune) et les satisfactions possibles. C'est à ce niveau que Durkheim retrouve la problématique du nouveau socialisme, son humanisme socialisant.

En troisième lieu, il s'efforce de définir le nouveau socialisme en tant que « système complet de la société considéré dans le passé, le présent et l'avenir » (Durkheim, 1970 : 242-243). Il commence par rejeter la violence et n'admet pas la lutte des classes, en l'occurrence les conflits entre ouvriers salariés et capitalistes, ni comme une composante fondamentale de la société moderne ni comme le moteur du développement historique. Disciple d'Auguste Comte, il interprète la lutte de classes entre bourgeoisie et prolétariat comme la preuve d'une désintégration, d'une anomie partielle de la société moderne qu'il faut réformer. Pour lui, étant donné que le problème social n'est pas tant économique que moral, ce n'est ni dans le régime de la propriété ni même dans la planification sociale qu'on doit chercher l'essence du nouveau socialisme. Ce dernier se résume dans deux importants concepts, à savoir : organisation et moralisation. « On appelle socialiste toute doctrine, écrit Durkheim (1972 : 25), qui réclame le rattachement de toutes les fonctions économiques ou certaines d'entre elles qui sont actuellement diffuses aux centres directeurs et conscients de la société ». Il ajoute :

> Le socialisme ne se réduit pas à une question de salaire, ou comme on a dit, d'estomac. C'est avant tout une aspiration à un réarrangement du corps social, ayant pour effet de situer autrement l'appareil industriel dans l'ensemble de l'organisme, de le tirer de l'ombre où il fonctionne automatiquement, de l'appeler à la lumière et au contrôle de la conscience. Mais on peut dès maintenant apercevoir que cette aspiration n'est pas uniquement ressentie par les classes inférieures, mais par l'État lui-même, qui, à mesure que l'activité économique devient un facteur plus important de la vie générale, est amené par la force des choses, par des nécessités vitales de la plus haute importance, à en surveiller et en régler davantage les manifestations (Durkheim, 1972 : 34).

Eu égard aux appétits des individus qui sont insatiables, il est indispensable qu'une autorité morale limite les désirs matériels. Or, dans la société industrielle moderne, les fonctions économiques sont délaissées à elles-mêmes. Elles ne sont ni régularisées ni moralisées. C'est contre cette anarchie économique que réagit le socialisme. Le nouveau socialisme veut soumettre les fonctions économiques à un pouvoir politique (de gestion) et moral (de régulation/limitation des biens et services) qui se rencontre non dans l'État ou dans la famille, mais dans les groupements professionnels dénommés autrefois les Corporations (formées par la hiérarchie des apprentis, compagnons et maîtres). Ces groupements professionnels représenteront des institutions de médiation, de négociation politique, des intermédiaires entre les individus et l'État, parce qu'ils seront investis d'une autorité sociale et morale nécessaire et suffisante pour restaurer la discipline sans laquelle les individus se laissent entraîner par leurs désirs insatiables.

En dernière analyse, le nouveau socialisme, prôné par Durkheim, pose un problème social d'organisation et de moralisation. Il indique la prise de conscience de la crise morale et la désorganisation qui provient du fait que les pouvoirs politiques et spirituels ne sont pas adaptés à la nature de la société industrielle différenciée. Le socialisme, conçu par Durkheim, propose l'organisation et non la lutte des classes. Il vise comme objectif fondamental (contre l'anarchie économique) le rétablissement d'une autorité morale qui se découvre dans les groupements professionnels et non le changement du régime de la propriété privée. Par exemple, Durkheim est un adversaire de l'héritage. Celui-ci est contraire au principe de la propriété privée qui stipule que la seule propriété légitime est celle que l'individu possède, parce qu'il l'a acquise lui même. Par conséquent, l'appropriation collective (la socialisation/collectivisation) des biens et services, est contraire au thème central, à la thèse du nouveau socialisme de Durkheim.

En résumé, la sociologie de Durkheim est une symbiose du respect des normes collectives et de la justification de l'individualisme rationaliste (autonomie de la volonté et de la créativité individuelles). En outre, elle est une tentative d'examiner et de réguler la vie sociale sous l'angle respectif de l'organicisme (coopération entre les diverses composantes sociales, hiérarchisation « naturelle » des fonctions individuelles et institutionnelles) et d'un « nouveau socialisme » (organisation professionnelle et politique des classes, limitation et harmonisation individuelles et collectives des biens et des services). Enfin elle s'ingénie à élaborer et à appliquer des règles d'une nouvelle science, la sociologie, dont l'un des principaux objectifs est de « traiter avec respect, mais sans fétichisme, les institutions historiques quelles qu'elles soient, en nous faisant sentir ce qu'elles ont, à la fois, de nécessaire et de provisoire, leur force de résistance et leur infinie variabilité » (Durkheim, 1977 : 141).

3. *École matérialiste historique de Karl Marx (1818-1883) et de Frédéric Engels (1820-1895) ; Vladimir Ilitch Lénine (1870-1924) ; Rosa Luxemburg (1870-1919) ; Antonio Gramsci (1891-1937)*

Contenu :

1) De la conception idéaliste à la conception matérialiste de l'histoire
2) Concepts fondamentaux de la théorie marxienne
3) Niveaux de l'analyse marxienne du mode de production capitaliste
4) Sociologie de la lutte des classes : le cas de la France
5) L'État, l'impérialisme, la révolution, selon Lénine
6) L'accumulation du capital, d'après Luxemburg
7) Problématique de l'hégémonie dans la pensée de Gramsci

1. *De la conception idéaliste (Esprit) à la conception matérialiste (praxis) de l'histoire*

Nous partons d'un constat (c'est un rappel) qui est celui de la fondation de la sociologie par deux sciences maîtresses : la philosophie et l'histoire. Dans cette introduction, les idées de « conception », « idéalisme » et « matérialisme » sont des concepts philosophiques. Et ces trois concepts présentent, construisent deux perspectives scientifiques de l'Histoire Humaine : a) la perspective ou vision idéaliste de l'histoire ; b) la perspective ou vision matérialiste de l'histoire.

Cependant, il nous faut brièvement définir (démarche purement philosophique) ce que sont la philosophie, l'histoire, l'idéalisme de Frédéric Hegel (1770-1831) et le matérialisme historique de Marx, Engels, Lénine, Luxemburg et Gramsci. La philosophie (du grec *philos*, ami et *sophia*, sagesse) est initialement une recherche de la vérité et une pratique de la morale. Elle est alors une réflexion sur les expériences réelles de la conscience humaine. Par vocation, la philosophie est une science rationnelle, une explication cohérente du réel naturel et social. Elle est le développement d'un savoir rationnel, d'un système. Si la philosophie est une réflexion sur les expériences concrètes de la conscience, son objet est de dégager le sens de ces expériences. Son analyse procède à partir des formes de la connaissance (scientifique, psychologique), à partir des formes de l'action (création artistique, action morale, travail humain) ou à partir d'une considération sur l'histoire humaine. En somme, l'acte de philosopher consiste à réfléchir, c'est-à-dire méditer. Et la méditation signifie aussi bien l'histoire d'une conscience que la formation d'un savoir, aussi bien une éthique qu'une logique dans la tradition des grands philosophes comme Platon, Aristote, Descartes, Leibniz, Kant et Hegel, pour ne citer que ceux-là. Mais le but essentiel de la philosophie proprement dite est de connaître l'esprit et les applications de l'esprit (philosophique, rationnel) aux connaissances scientifiques et aux réalités humaines (psychologiques et sociologiques), à l'économie, à la politique, à l'histoire, à la médecine, etc. (matérialisme historique, thérapeutique psychologique, psychanalyse, etc.).

Qu'en est-il de l'histoire ? Selon Fernand Braudel (1987 : 104) dans son ouvrage *Écrits sur l'histoire*, elle est une dialectique de la durée courte, moyenne et longue; par elle, grâce à elle, elle est étude du social, de tout le social, et donc du passé, et donc aussi du présent, l'un et l'autre inséparables. Claude Lévi-Strauss (1958 : 17) affirme dans *Anthropologie structurale* que « tout est histoire ». En d'autres mots, nous ajoutons que toutes nos actions, nos paroles, nos pensées de groupes ethniques, de groupes sexuels et de classes sociales, toutes nos institutions font partie de la courte, moyenne et longue durée. Toutefois la longue durée, d'après Braudel, constitue la route essentielle de l'histoire. Car elle manifeste et à elle seule toutes les grandes questions, les problèmes fondamentaux des structures sociales présentes et passées. L'histoire est composée d'un enchevêtrement de problèmes, de phénomènes divers et contradictoires qui peuvent revêtir plusieurs aspects les uns plus complexes que les autres, selon le niveau d'évolution des structures sociales étudiées. L'histoire se propose donc de reconstruire la vie complexe du passé considéré comme « un temps social à mille vitesses, à mille lenteurs » (Braudel). En somme, l'histoire moderne, à partir de Voltaire dans *Le Siècle de Louis XIV* et de Michelet dans *Histoire de France*, poursuit comme objectif primordial la reconstruction de l'infrastructure (la vie matérielle économique, les diverses pratiques sociales) et des superstructures (les formes de conscience politiques, philosophiques, scientifiques, religieuses, artistiques, littéraires, etc.) des sociétés et/ou des civilisations. Une conception, qu'est-ce à dire ? Il est nécessaire de se rappeler que le concept est une idée abstraite, générale. La conception, c'est un mode de penser, une théorie. Cette dernière est formée par un ensemble d'hypothèses générales, systématiquement organisées sur un sujet déterminé, en l'occurrence l'histoire de l'humanité.

Quant à l'idéalisme, il est considéré comme un système philosophique qui soutient la primauté des idées sur les choses, l'antériorité de l'Esprit par rapport à la matière, la création du monde par Dieu. Par conséquent, l'idéalisme ramène l'être (l'expérience de l'existence)à la pensée (conscience), les choses (la réalité objective)à l'esprit (la réalité subjective). L'idéalisme avance que :

i) c'est l'esprit qui crée la matière ;

ii) la matière n'existe pas hors de notre pensée (une illusion ») ;

iii) ce sont nos idées qui créent les choses. Au contraire, le matérialisme se définit comme un système philosophique qui certifie la primauté des choses sur les idées, la transformation de la matière en une forme évoluée qu'est l'Esprit, la création de Dieu par les êtres humains. Le matérialisme affirme que :

a) c'est la matière qui produit l'esprit. Car scientifiquement on n'a jamais rencontré un esprit sans un support, une enveloppe matériel(le) ;

b) la matière existe hors de tout esprit. Elle n'a pas besoin d'esprit pour exister. Car elle possède une existence particulière ;

c) par conséquent, ce sont les choses qui nous donnent les idées. En ce qui concerne la conception idéaliste de l'histoire, elle est défendue ici par Hegel et est appelée la dialectique idéaliste. Pour sa part, la conception matérialiste de l'histoire est créée par Marx et Engels et soutenue par leurs continuateurs Lénine, Luxemburg et Gramsci. Elle est dénommée le matérialisme historique. Mais il faut noter tout de suite que les deux Écoles de pensée utilisent la méthode dialectique qui vient des philosophes grecs Héraclite (576-480), Platon (428-348) et Aristote (384-322). Qu'entendons-nous par dialectique », dialectique idéaliste et dialectique matérialiste ? Le concept de dialectique possède deux sens : un, étymologique grec, et un autre, philosophique. Dans son sens étymologique, la dialectique (du grec : *dialegesthai*, discuter) est l'art du dialogue et de la discussion, surtout chez Aristote. Ce dernier juge la dialectique comme une méthode pour découvrir, sur un problème en discussion, des raisonnements dont les prémisses, simples opinions, sont seulement plausibles, et de façon à répondre, sans se contredire, oui ou non à la question débattue. Autrement dit, étymologiquement la dialectique veut dire un raisonnement qui comporte des contradictions de pensée et qui s'achemine vers une synthèse. Au niveau de la nature ou de la société, la dialectique indique une évolution des phénomènes qui se déroulent, se développent par oppositions et par dépassement des oppositions.

Dans son sens philosophique, tel que défini brièvement par Lénine dans son livre *Cahiers sur la dialectique de Hegel*, la dialectique est la doctrine de l'unité des contradictions. C'est justement le noyau dur de la dialectique. Elle traduit également la lutte ou le développement des contradictions, la répétition dans la phase supérieure (de développement) de certains traits, propriétés, etc. de l'inférieure, et même le retour apparent de l'ancien (négation de la négation), etc. Nous allons y revenir lors de l'énoncé de quatre lois de la dialectique dans la pensée matérialiste historique de Marx. Pour ce qui a trait à la dialectique idéaliste avec Hegel, elle est une théodicée mystique, en ce sens qu'elle étudie l'existence et les attributs de Dieu sous ses multiples formes ou épiphanies. Dans la *Phénoménologie de l'Esprit* et *La Logique* Hegel décrit et analyse le mouvement dialectique de l'Esprit Absolu ou Dieu. Partant de la vieille idée du mouvement et changement du monde de Héraclite et aidé par l'avancée scientifique de la fin du XVIIIème et du début du XIXème siècle, il observe que rien n'est isolé dans l'univers et que tout dépend de tout. Il crée la version moderne de la dialectique idéaliste. Il parle alors du mouvement dialectique du monde en trois phases de l'évolution de l'Esprit:

Phase I (Thèse) : L'Esprit subjectif est une substance vivante, consciente d'elle-même, à la fois le seul être véritable, la seule essence, c'est-à-dire le seul être en « soi et pour soi » ;

Phase II (Antithèse) : L'Esprit objectif traduit le dédoublement, l'objectivation de l'Esprit, son « aliénation » dans la nature et la société humaine ;

Phase III (Synthèse) : L'Esprit Absolu est l'aboutissement de la dialectique qui est la « connaissance absolue » par laquelle l'Esprit se connaît lui-même à travers toutes les activités et toutes les manifestations humaines et naturelles. Dans cette phase finale l'opposition de la nature et de l'histoire s'absorbe dans l'Esprit qui, à son tour, retrouve Dieu.

En dernière analyse, la dialectique de Hegel est idéaliste, dans la mesure où elle démontre la primauté de l'Esprit subjectif (Thèse) sur la matière naturelle et corporelle humaine, la création de la nature et de la société par l'Esprit objectivé (Antithèse). Les changements de l'Esprit déterminent les changements de la matière. Nous illustrons la dialectique idéaliste hégélienne par deux exemples simples, l'un individuel et l'autre collectif. Premièrement, il s'agit de comprendre l'application des inventions scientifiques à la lumière de la dialectique idéaliste de Hegel. L'inventeur nourrit une idée nouvelle (réalité subjective). Il réalise son idée créatrice qui se matérialise dans son invention scientifique concrète. Cette idée matérialisée est créatrice de changement dans la matière (réalité objective), c'est-à-dire la nature et la société. Ce sont donc les nouvelles idées scientifiques qui font progresser les sociétés. Le deuxième exemple (collectif) touche le concept hégélien de l'État. Dans les *Principes de la philosophie du droit*, Hegel (1973 : 270, 277 et 284) argumente que « l'État est la réalité en acte de l'Idée morale objective », « la réalité en acte de la liberté concrète » et son but est l'intérêt universel en tant que tel et par suite le maintien des intérêts particuliers. Par conséquent, l'État est et ne peut être que la Raison réalisée. Produit de l'histoire, il manifeste l'ordre de l'Esprit dans son actualité (et cela est vrai aussi bien des États modernes que de la Cité grecque ou de l'Empire romain). Il est l'absolu dans sa réalité/rationalité : l'État incarne, quoi qu'il en soit, la souveraineté existante. Cependant le régime politique correct est celui qui attribue le pouvoir à l'aristocratie, dans le sens employé par Platon dans *La République,* aux *aristoï* qui signifie les meilleurs. Pour recruter les fonctionnaires qui auront à charge de décider de l'intérêt général, il faut substituer aux hasards de l'histoire (oligarchies nobiliaires, par exemple), aux caprices des élections et du tirage au sort (démocratie), aux forces charismatiques (théocraties et monarchies absolues), le choix en fonction des compétences. Hegel détermine ainsi les règles de recrutement et de fonctionnement de l'État techno-bureaucratique moderne. Il rêve d'un pouvoir pur et dur, soucieux seulement d'universalité, organisant, en fonction de ses connaissances et de ses calculs, le dynamisme de la société civile. Car, pour Hegel, l'État assure la cohésion et le couronnement de la société globale. Sans lui, les composantes de la réalité sociale comme les états, métiers et corporations professionnelles, les groupes partiels tels que la famille et la ville, et enfin, les besoins et les réglementations (comme la moralité objective, le sentiment de l'obligation et du devoir), se décomposeraient, éclateraient. Avec l'État moderne, constitutionnel, l'histoire de l'humanité s'achève. Il n'a plus rien à attendre du temps, ni de l'action, puisque l'État moderne constitutionnel est l'esprit moral comme volonté substantielle, révélée, claire à soi-même, qui se connaît et se pense et accomplit ce qu'elle sait et parce qu'elle sait. L'État hégélien idéal est l'aristocratie techno-bureaucratique.

Au contraire, pour Marx dans *Critique de l'État hégélien* , l'État n'est qu'une institution qui dépend de ses conditions historiques particulières, de la nature des classes dominantes, au lieu de les créer et de les rassembler sous lui par un processus métaphysique. Pour ce qui est de la conception matérialiste de l'histoire de Marx et d'Engels, avant de la définir, il est important de se référer aux concepts de dialectique matérialiste et de praxis qui sont l'essence du matérialisme historique. Dans la Postface de la seconde édition allemande du Livre I du *Capital*, Marx note :

> Bien que, grâce à son *quiproquo,* Hegel défigure la dialectique par le mysticisme, ce n'en est pas moins lui qui en a, le premier, exposé le mouvement d'ensemble. Chez lui, la dialectique marche sur la tête ; il suffit de la remettre sur les pieds pour lui trouver la physionomie tout à fait raisonnable.

La critique fondamentale que Marx et Engels adressent à la dialectique d'Hegel est l'ignorance par cette dernière de « l'activité réelle, sensible en tant que telle ». Car même si Hegel perçoit « l'essence du travail » et l'histoire comme la création de l'individu par lui-même, il examine un seul travail : celui de « l'Esprit objectif ». L'individu se montre ainsi sous la forme de l'esprit et est même étudié comme un « être spirituel pensant ». Selon Marx, c'est une absurdité, un « renversement » des conditions réelles. Contre cette anthropologie idéaliste de Hegel Marx postule que le véritable être de l'individu est le travail et l'industrie, la praxis.

Nous définissons la praxis comme le processus du développement pratique de l'être humain. Par conséquent, la praxis implique que les connaissances trouvent leur portée et leur sens dans la transformation de l'activité pratique. Car l'essence de la société est praxis, c'est-à-dire l'action et l'interaction continue entre les groupes et les institutions. La politique, le droit, la science, la religion et l'art, par exemple, n'ont pas d'histoire propre, continuent Marx et Engels dans *L'Idéologie allemande.* Toutes ces formes de conscience dépendent de la production matérielle, de la vie productive qui constitue l'histoire « réelle », concrète des individus. Le matérialisme dialectique de Marx et d'Engels consiste donc dans le fait que la conscience est conçue comme un élément du matériel (du réel sensible), de l'être social, comme l'être conscient précisément. La conscience ne peut jamais être autre chose que l'être conscient et l'être des hommes est leur processus de vie réel , déclarent Marx et Engels dans *L'Idéologie allemande.* Et dans la huitième thèse de Marx sur Feuerbach nous lisons : « La vie sociale est essentiellement pratique. Tous les mystères qui détournent la théorie vers le mysticisme trouvent leur solution rationnelle dans la pratique et dans la compréhension de cette pratique ».

Nous esquissons deux remarques sur la praxis, l'une, sur sa définition, et l'autre, sur sa typologie. A propos de sa définition, la praxis est un concept philosophique important qui comprend à la fois des formes spécifiques comme le travail, l'art, la politique, la médecine, l'éducation, etc., des manifestations particulières dans les rapports entre des individus et des groupes et enfin divers produits concrets, tous historiquement déterminés. Donc nous la concevons non seulement comme une interprétation du monde naturel et social, mais encore comme un guide de sa transformation. La praxis désigne l'unité de la théorie et de la pratique des individus, laquelle unité transforme la nature et la société pour en fabriquer des réalités humaines, c'est-à-dire au service du bien-être matériel et spirituel des hommes et des femmes. La deuxième remarque porte sur la différenciation de la praxis en deux catégories, l'une, créatrice, et l'autre, imitative (ou répétitive). La créatrice invente toujours de nouvelles solutions face à de nouveaux problèmes et aussi découvre de nouvelles nécessités vitales qui invalident les solutions déjà élaborées. Car la vie naturelle et sociale apporte constamment de nouvelles exigences qui agissent comme des problèmes à résoudre. La praxis imitative, de son côté, part d'une praxis créatrice déjà existante : dans ce cas, le projet ou le plan qui se réalise de nouveau est connu. Il reste peu de marge pour l'improbable et l'imprévisible, puisque la planification et la réalisation s'identifient. Par exemple, nous citons le travail à la chaîne, l'automatisation, la robotisation, etc.

Dans la logique rénovatrice de la praxis créatrice, nous retenons du matérialisme dialectique de Marx et d'Engels quatre lois dites de la dialectique :

a) Celle de l'autodynamisme ou du changement dialectique : le processus vital est mouvement réel, c'est-à-dire changement continu à partir surtout de facteurs endogènes ;

b) Celle de l'action réciproque ou du développement historique en spirale : il s'agit de l'enchaînement des processus : Commencement — Développement — Fin du Processus A — Nouveau Commencement d'un Nouveau Processus B — Nouveau Développement — Nouvelle Fin— Nouveau Commencement d'un Nouveau Processus C, etc. En outre, elle indique aussi l'influence mutuelle des composantes de la société ou de la structure sociale.

c) Celle de la contradiction: il est question d'une dichotomisation (du grec *dikha*, en deux, et *tomê*, coupure) de la réalité naturelle et sociale sous des formes opposées de vie et de mort, d'ancien et de nouveau, d'ordre et de désordre, de paix et de guerre, d'harmonie et de chaos, d'affirmation et de négation, de lumière et de ténèbres, de jour et de nuit, de beauté et de laideur, de mariage et de célibat, de chaud et de froid, de déstructuration et de restructuration, de sacré et de profane, etc. Au niveau de la structure, elle implique que les groupes et les institutions entrent en opposition d'intérêts et luttent pour leur domination respective. En outre, le processus dialectique signale aussi l'unité des contraires ou le dépassement des contradictions.

d) Celle de la transformation de la quantité en qualité ou la loi du progrès par bonds ou sauts: c'est le changement qualitatif. Elle signifie que le changement quantitatif des composantes sociales engendre un changement de la réalité sociale.

En dernière instance, le matérialisme historique, dans sa constitution méthodologique, comprend ces quatre lois de la dialectique dans les modalités suivantes :

1) Il comporte essentiellement la dialectique du mouvement des sociétés humaines (l'autodynamisme) ;

2) En plus d'incorporer cet autodynamisme, la conception matérialiste de l'histoire intègre toutes les actions mutuelles entre les diverses composantes de la société ou de la structure (l'action réciproque);

3) Elle tient compte des luttes économiques, idéologiques et politiques entre les groupes et surtout entre les classes dominantes et les classes dominées, des crises de transition, des réformes, des révolutions et des processus sociaux de déstructuration et de restructuration (la contradiction) ;

4) Elle englobe enfin les changements infrastructurels (économiques) qui bouleversent les superstructures (idéologiques et politiques) (la transformation de la quantité en qualité).

L'élément primordial dans cette perspective, c'est le mouvement (changement) de l'histoire.

L'histoire est considérée comme le champ du développement des rapports sociaux dans les processus de production de la vie matérielle et spirituelle. C'est en ce sens que Marx et Engels déclarent dans *L'Idéologie allemande* : « Ces prémisses, ce sont les hommes, non pas isolés et figés de quelque manière imaginaire, mais saisis dans leur processus de développement réel dans des conditions déterminées, développement visible empiriquement ».

De plus, le matérialisme historique se fonde sur trois principaux postulats (propositions indispensables), à savoir :

I) L'histoire des sociétés connues est l'histoire de la lutte des classes, observent Marx et Engels dans *Le Manifeste du parti communiste.*

II) Le mode de production de la vie matérielle conditionne le processus de vie social, politique et intellectuel en général, écrivent-ils dans La Préface à la *Contribution à la critique de l'économie politique.*

III) La situation économique est la base (l'infrastructure), le facteur déterminant dans l'histoire en dernière instance, mais les divers éléments des superstructures, c'est-à-dire les formes politiques de la lutte des classes et ses résultats, les théories juridiques, politiques, philosophiques, les conceptions religieuses et leur développement ultérieur en systèmes dogmatiques exercent également leur action sur le cours des luttes historiques, note Engels dans sa « Lettre à Joseph Bloch ». En un mot, les divers facteurs infrastructurels et superstructurels du mode production de la vie réelle entrent en interaction continue et galvanisent les processus historiques concrets.

2) *Concepts fondamentaux de la théorie marxienne*

Pour mieux saisir le sens et la dynamique des sociétés, il nous revient maintenant de définir les concepts fondamentaux du matérialisme historique dont la dialectique et la praxis forment l'essence. Ils permettent l'analyse des processus sociaux, c'est-à-dire leur genèse *(Entstehung)*, leur développement *(Entwickelung)*, leur réforme *(Umgestaltung)* (changement partiel), leur fin *(Ende)* ou leur révolution *(Undrehung)* (un nouveau processus social).

Le concept central de la théorie marxienne qui éclaire et traduit la conception matérialiste de l'histoire est celui de » mode de production ». Le mode de production désigne une » matrice organisationnelle » qui structure les multiples composantes d'une société globale (société civile et politique) historiquement déterminée. C'est un idéaltype (dans le sens de Max Weber) d'organisation sociale. Le mode de production signale, par conséquent, les caractéristiques fondamentales des rapports complexes de production et de reproduction de la vie matérielle et spirituelle entre les groupes, les classes et les institutions économiques, idéologiques et politiques. Il se divise en deux grandes structures :

i) l'infrastructure économique
ii) et les superstructures idéologique et politique qui, à leur tour, se subdivisent, d'après le schéma suivant :

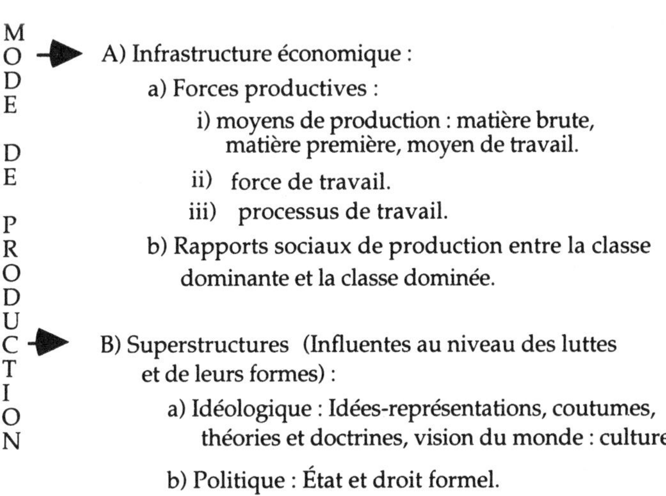

MODE DE PRODUCTION
A) Infrastructure économique :
a) Forces productives :
i) moyens de production : matière brute, matière première, moyen de travail.
ii) force de travail.
iii) processus de travail.
b) Rapports sociaux de production entre la classe dominante et la classe dominée.
B) Superstructures (Influentes au niveau des luttes et de leurs formes) :
a) Idéologique : Idées-représentations, coutumes, théories et doctrines, vision du monde : culture.
b) Politique : État et droit formel.

Dans le concept marxien, la « production » n'est pas prise dans son sens restreint matériel d'acte social de travail, d'organisation des relations des individus entre eux et avec la nature dans le travail, mais en son sens large de création collective à la fois des biens matériels et des services, des rapports sociaux et des œuvres institutionnelles ou culturelles qui contribuent aussi bien à la cohésion des groupes et de leurs organisations qu'à leurs conflits. Les individus socialisés créent leur histoire et leur historicité dans des formations sociales (sociétés concrètes) en fonction de leur praxis qui représente l'union relative de leurs théories et de leurs pratiques multiformes. Le concept de mode de production se définit donc comme une modalité de la praxis humaine qui détermine l'organisation et les orientations des sociétés globales dans des phases historiques données. De ces considérations Marx tire la distinction entre quatre modes de production qui se succèdent : le communisme primitif, le mode de production esclavagiste antique, le mode de production féodal et le mode de production capitaliste moderne (nous omettons volontairement le « mode de production asiatique ou despotisme oriental », parce qu'il ne possède pas les vraies caractéristiques, selon Marx lui-même, d'un mode de production).

En somme, le mode de production résulte de la dynamique de l'action réciproque entre l'infrastructure économique et les superstructures idéologique et politique, avec la dominance, en dernière instance, de l'infrastructure sur les superstructures. L'infrastructure économique est constituée par l'interaction harmonieuse ou conflictuelle, pacifique ou violente entre les forces productives et les rapports sociaux de production. Le travail est l'activité humaine développée dans le procès de production de biens et de services.

La force de travail est l'énergie humaine dépensée dans le processus de travail manuel ou intellectuel. Le procès de travail est l'opération de la transformation d'un objet déterminé (naturel ou déjà travaillé) en un produit spécifique. Cette transformation a lieu par l'intermédiaire de l'activité humaine qui emploie des instruments techniques plus perfectionnés. Les éléments du procès de travail sont intégrés par:

a) l'objet sur lequel on travail (matière brute ou matière première) ;

b) les moyens de travail qui se subdivisent en instruments de travail et en conditions matérielles (usine, terrain, route, hôpitaux, université, etc.) ;

c) et la force de travail (la main-d'œuvre). Le procès de production est le procès de travail qui se réalise dans le cadre de rapports de production déterminés, rapports de collaboration et d'aide mutuelle, d'exploitation ou rapports de transition entre ces deux extrêmes. Le produit est l'objet final, fabriqué au cours du procès de travail.

En résumé, l'infrastructure est l'ensemble des relations qui naît et se déroule, dans le processus de production de biens et de services, entre la classe dominante et la classe dominée, dans le mode de production esclavagiste, entre les maîtres et les esclaves, dans le féodalisme, entre les seigneurs féodaux laïcs ou religieux et les paysans-serfs et dans le capitalisme, entre les capitalistes et les ouvriers salariés. Selon Marx et Engels, les classes sociales sont de grands groupes d'individus, situés objectivement et différemment dans les processus de production, d'échange et de consommation de biens et de services. L'un de ces groupes (dominant) s'accapare du travail de l'autre (dominé) et de la plus grande partie des richesses matérielles et des pouvoirs idéologique et politique. C'est au niveau de la superstructure idéologique que les classes prennent conscience de leurs intérêts et de leurs problèmes. Mais c'est au niveau de la superstructure politique qu'elles s'organisent pour défendre leurs avantages ou privilèges et pour chercher et trouver des solutions renouvelées aux difficultés continues toujours dans le logos de la praxis créatrice. La lutte de classes est la totalité des tendances, des aspirations et des actions contradictoires qui émerge et évolue, à partir des situations et des conditions différentes de vie des classes sociales en présence. Ces conflits se donnent sur les plans respectifs de l'organisation du travail (conditions économiques de vie), de la vision du monde (angle idéologique) et de la gestion des affaires publiques (forme de l'État).

Comment le matérialisme historique définit-il l'idéologie et l'État ? Dans son sens large, on entend par idéologie un ensemble d'idées-représentations, de théories ou de doctrines qui permettent et motivent les activités des individus socialisés et maintiennent leur cohésion dans leurs différents rôles, fonctions et rapports sociaux. L'idéologie pénètre, informe et déforme les pratiques économiques et politiques des classes sociales dominantes et dominées. On distingue non seulement deux types d'idéologie (dominante et dominée), mais encore deux niveaux de contenu idéologique : l'un, idéel (abstrait), et l'autre, matériel (concret), c'est-à-dire, l'un, de représentation et l'autre, de comportement. La question de la nature classiste de l'idéologie est formulée par Marx et Engels en ces termes dans *L'Idéologie allemande* : « Les idées de la classe dominante sont, à toute époque, les idées dominantes. En d'autres termes, la classe détentrice de la puissance matérielle dominante de la société représente en même temps la puissance spirituelle qui prédomine dans cette société ».

Pour ce qui est de l'État, sa nature historique classiste est étudiée par Engels dans *L'Origine de la famille, de la propriété privée et de l'État*. Engels démontre que les relations sociales économiquement déterminées s'expriment dans des formes juridico-politiques, dans l'État. L'État se définit comme un bloc d'appareils institutionnels et de normes dont la fonction essentielle consiste à réguler l'organisation de la société globale. Toutefois les modèles (structurés) de ces appareils et les catégories de normes changent en fonction de l'infrastructure économique qui leur sert de fondement. Deux importantes conditions historiques donnent naissance à l'État. En premier lieu, c'est une productivité hautement développée du travail humain qui aboutit à la division de la société en deux groupes d'individus : une majorité, obligée de fournir du travail physique (manuel) directement productif pour subvenir à leurs besoins primaires, secondaires et/ou tertiaires, et une minorité, s'occupant des intérêts généraux (communs) de la société, au point de vue de la gestion du surplus, de l'éducation (travail intellectuel), de la défense du territoire et des biens individuels (service militaire), etc.

En deuxième lieu, la production et l'appropriation ne se réalisent plus en commun , à la manière du communisme primitif. L'appropriation s'accomplit aussi par des individus à travers des échanges. Ces modalités de production et d'appropriation inter-individuelle entraînent le clivage de la société en classes différenciées dans le processus de production : celle qui possède les moyens de production et celle qui ne les possède pas. Alors l'État devient une nécessité historique. Dans ce cas, Engels affirme :

> Pour que les antagonistes, les classes aux intérêts économiques opposés, ne se consument pas, elles et la société, en une lutte stérile, le besoin s'impose d'un pouvoir qui, placé en apparence au-dessus de la société, doit estomper le conflit, le maintenir dans les limites de l'ordre ; et ce pouvoir, né de la société, mais qui se place au-dessus d'elle et lui devient de plus en plus étranger, c'est l'État.

En général, la forme de l'État correspond à l'évolution de la base économique pour régler les relations des diverses classes dans le sens des intérêts de la classe économiquement dominante.

3. *Niveaux de l'analyse marxienne du mode de production capitaliste :* **i) infrastructure économique ; ii) superstructure idéologique ; iii) superstructure juridico-politique**

Dans la Préface à son ouvrage *Contribution à la critique de l'économie politique* Marx (1957 : 4-5) écrit ces propositions, devenues célèbres et très significatives de ses investigations:

> Le résultat général auquel j'arrivai et qui, une fois acquis, servit de fil conducteur à mes études, peut brièvement se formuler ainsi : dans la production sociale de leur existence, les hommes entrent en des rapports déterminés, nécessaires, indépendants de leur volonté, rapports de production qui correspondent à un degré de développement déterminé de leurs forces productives matérielles. L'ensemble de ces rapports de production constitue la structure économique de la société, la base concrète sur laquelle s'élève une superstructure juridique et politique et à laquelle correspondent des formes de conscience sociales déterminées. Le mode de production de la vie matérielle conditionne le processus de vie social, politique et intellectuel en général. Ce n'est pas la conscience des hommes qui détermine leur être ; c'est inversement l'être social qui détermine leur conscience. A un certain stade de leur développement, les forces productives matérielles de la société entrent en contra-

> diction avec les rapports de production existants, ou, ce qui n'en est que l'expression juridique, avec les rapports de propriété au sein desquels elles s'étaient mues jusqu'alors. De formes de développement des forces productives qu'ils étaient, ces rapports en deviennent des entraves. Alors s'ouvre une époque de révolution sociale. Le changement dans la base économique bouleverse plus ou moins rapidement toute l'énorme superstructure. Lorsqu'on considère de tels bouleversements, il faut toujours distinguer entre le bouleversement matériel — qu'on peut constater d'une manière scientifiquement rigoureuse — des conditions de production économique et les formes juridiques, politiques, religieuses, artistiques ou philosophiques, bref, les formes idéologiques sous lesquelles les hommes prennent conscience de ce conflit et le mènent jusqu'au bout... Les rapports de production bourgeois sont la dernière forme contradictoire du processus de production sociale... Cependant les forces productives qui se développent au sein de la société bourgeoise créent en même temps les conditions matérielles pour résoudre cette contradiction. Avec cette formation sociale s'achève la préhistoire de la société humaine.

Cette longue et intéressante citation s'avère nécessaire pour faire mieux comprendre, au départ, trois idées importantes : le caractère scientifique rigoureux de la pensée de Marx, le trait prophétique de cette même pensée et la peur que cette pensée continue d'exercer sur les régimes de démocratie bourgeoise. La rigueur scientifique de l'oeuvre de Marx apparaît ici, à plusieurs endroits de son bref exposé du résultat de ses recherches sur le mode de production capitaliste. Mais nous nous contentons de signaler trois éléments précis de sa rigueur épistémologique. Le premier est la création du concept de »mode de production» dans une tentative de synthèse des diverses pratiques matérielles (infrastructure économique) et spirituelles (superstructures idéologique et juridico-politique) en interaction continue, pour critiquer la dialectique idéaliste de Hegel au niveau de sa deuxième phase, l'antithèse qui est l'objectivation de l'Esprit Absolu dans la société et dans la nature.

Le deuxième élément consiste dans l'indication des rapports complexes et contradictoires entre les forces productives et les rapports sociaux, qui aboutissent à une période de révolution sociale dont l'impact est différent respectivement pour l'infrastructure et les superstructures. Le troisième élément de sa rigueur épistémologique est le signalement, au sein de la société bourgeoise, des forces sociales contradictoires (le prolétariat, ses idéologues et leurs organisations respectives, syndicales, scientifiques et politiques) qui provoqueront sa transformation historique.

Cependant, malgré toute cette rigueur scientifique, Marx se laisse emporter par son idéologie de militant communiste qui annonce non seulement la fin du mode de production capitaliste (inéluctable, parce qu'historiquement déterminée comme pour tous les modes de production antérieurs), mais encore l'achèvement de la « préhistoire de l'humanité » ou du règne de la nécessité. Il s'adonne trop facilement à un « prophétisme révolutionnaire » en affirmant que les rapports de production bourgeois sont la dernière forme contradictoire du processus de production sociale : dans ce cas, il ne peut que « prophétiser » l'avènement de la société sans classe, le communisme, puisque scientifiquement il ne s'appuie sur aucun phénomène concret confirmant « pareille hypothèse de travail ». Nous en passons et non des moindres.

Enfin, la peur qu'exerce cette pensée sur les régimes de « démocratie bourgeoise » provient de la force de persuasion de l'analyse de la dialectique matérialiste qui non seulement dévoile et attaque violemment les mécanismes de domination de la société bourgeoise dans plusieurs ouvrages de Marx et d'Engels, mais encore s'efforce, dans la logique de la lutte des classes, d'organiser et de mobiliser contre les capitalistes les ouvriers salariés dont l'exploitation de la force de travail constitue la principale source de richesse du mode de production capitaliste.

En ce qui concerne, à proprement parler, l'analyse marxienne de l'infrastructure, le moyen de production et n'importe bien économique se changent, en général, en capitaux quand ils deviennent la propriété du capitaliste ou lui servent pour sa production capitaliste de biens et de services dont l'unique objectif est de créer de la plus-value, à partir de la force de travail salarié, manuel et intellectuel. Par conséquent, la classe capitaliste ou la bourgeoisie est celle qui s'approprie et contrôle le système de production et d'échange et qui achète pour un salaire la force de travail des producteurs directs. La bourgeoisie dispose ainsi de la force de travail salarié comme d'une marchandise possédant une double valeur d'usage et d'échange.

Par exemple, elle la fait travailler huit heures par jour. Elle la paie par jour 20 dollars qui représentent en argent l'équivalent de 4 heures de travail. La valeur créée par le salarié durant les quatre dernières heures équivaut à un profit pour le capitaliste : c'est la plus-value qui est du surtravail non-payé et que les économistes néo-libéraux appellent le « coût du risque ». En un mot, selon Marx, le capital est toute valeur qui s'accroît d'une plus-value.

Pour ce qui est de la dynamique du capital, les formules suivantes l'exposent clairement :

1) Argent 1- Marchandise - Argent 2, où : A2 = A1+ plus-value (s)

2) Capital 1 = capital constant (c) + capital variable (v)

3) Capital 2 = capital constant (c) + capital variable (v) + plus-value (s)

4) Composition organique du capital : $\frac{c}{v}$, est la relation du travail mort au travail vivant

5) Taux de plus-value : $\frac{s}{v} = \frac{20}{20} = 100\%$

6) Taux d'exploitation : $\frac{\text{surtravail}}{\text{travail nécessaire}} = \frac{4}{4} = 100\%$

7) Taux de profit : $p' = \frac{s}{c + v}$, est le rapport du profit au capital employé dans la production d'une marchandise

Marx distingue, en général, quatre types de capitaux, constant, variable, fixe et circulant. Le capital constant est une partie du Capital 1, investie dans les moyens de production (matières brute, premières et moyens de travail). Le capital variable est une partie du capital changée en salaire de la force de travail. Elle (partie du capital) reproduit son équivalent et crée un excédent dénommé plus-value. Le capital fixe est un moyen de production (édifice, machine, etc.). Il ne se consomme pas totalement dans un seul processus de production, mais dans plusieurs. Le capital circulant se consomme totalement dans un seul processus de production et s'incorpore ainsi intégralement dans le nouveau produit (bois, farine de blé, etc.). Pour ce qui est de l'équivalent général, les échanges peuvent avoir lieu s'il existe une marchandise dans laquelle toutes les autres expriment leur valeur d'échange respective. C'est la marchandise-équivalent général qui joue ce rôle. Sa valeur d'échange propre est déterminée, comme celle de toute autre marchandise, par la quantité de travail socialement nécessaire pour la produire. Dans l'Antiquité égyptienne, grecque et romaine, le bétail, dans l'Ancien Japon, le riz, dans l'Antiquité chinoise, le blé, le millet et ensuite le riz, dans l'Ancienne Afrique du Nord, de l'Est et du Sud, le chameau et dans l'Ancien Thibet, le mouton, servent d'équivalents généraux. Toutefois, avec l'extension du commerce, la généralisation des échanges, l'utilisation de plus en plus courante de l'argent, ce dernier devient progressivement le principal ou même le seul indice de la richesse individuelle, familiale ou nationale. L'argent remplit alors les fonctions suivantes :

a) d'équivalent général ;

b) de moyen d'échange ;

c) de mesure de la valeur et d'étalon de prix: le prix est l'expression monétaire de la valeur. Dans *Salaire, prix et profit,* Marx (1968 : 41) écrit :

> Le prix du marché n'exprime que la quantité moyenne de travail social nécessaire, dans les conditions moyennes de production, pour approvisionner le marché d'une certaine quantité d'un article déterminé. À ce

point de vue, le prix du marché d'une marchandise coïncide avec sa valeur. Mais les fluctuations des prix du marché dépendent des fluctuations de l'offre et de la demande (des marchandises) ;

d) de moyen de paiement universel ;

e) de stock de valeur et de moyen de constitution d'un trésor (d'une réserve), etc.

Enfin, dans ces brèves considérations sur l'analyse marxienne de l'infrastructure, il nous revient de mentionner la loi de la valeur-travail et la valeur de la force de travail. La loi de la valeur-travail fixe l'échange des marchandises Elle traduit que cet échange est, en dernière instance, établi par la quantité de travail socialement nécessaire pour les produire. Autrement dit, le temps de travail qui sert à produire une marchandise dépend de la technologie moyenne, des aptitudes moyennes des travailleurs(euses) et des conditions moyennes de travail dans une société donnée.

Par exemple, une société a besoin de 1.400 pantalons. Ils sont produits par 270 couturières qui prennent entre 2 et 7 heures pour les produire. Quel est le temps socialement nécessaire pour les produire ? Il faut noter que la production de 1.400 pantalons, nécessaires à la société, a dépensé 3.900 heures.

Explication :

Si nous divisons 3.900 heures par 1.400, nous obtenons 2,785 heures par pantalon.

En outre, 0, 785 heure = 47 minutes. En effet,

si : 1 heure = 60 minutes,

0,785 heure = x minutes

1h. x x minutes = 0,785 heure x 60 minutes.

D'où : x minutes $= \frac{0{,}785\text{h} \times 60 \text{ min.}}{1\text{h.}} = 47$ minutes.

Le temps socialement nécessaire pour produire un pantalon est :

Temps de travail socialement nécessaire $= \frac{\text{nombre total d'heures}}{\text{nombre total de marchandises}}$

T.T.S.N. $= \frac{3.900}{1.400} =$ 2 heures 47 minutes.

Quant à la valeur de la force de travail, elle équivaut à la valeur de tous les produits nécessaires à sa conservation et à sa reproduction dans une société donnée. Elle dépend donc :

i) des nécessités de base de l'ouvrier salarié et de sa famille;
ii) de leurs besoins culturels ;
iii) et du niveau de spécialisation du salarié.

Lorsqu'il y a une offre de travail égale à la demande, le capitalisme se voit obligé de payer la force de travail plus ou moins à sa valeur. Cependant, si le nombre de travailleurs qui cherchent un emploi est toujours supérieur à la quantité de postes disponibles sur le marché, ces ouvriers seront payés au-dessous de la valeur de leur force de travail. Marx appelle ce phénomène « l'armée de réserve industrielle permanente ».

En somme, de l'analyse marxienne de l'infrastructure économique du mode de production capitaliste, nous tirons les caractéristiques suivantes du capitalisme :

a) la première qui lui est essentielle, est sa représentation marchande de la société et de la nature ;

b) la deuxième est la privatisation du processus de production et d'échange de biens et services. Tandis que la production et l'échange sont sociaux, leur appropriation est réservée à des particuliers ou à des groupes de particuliers ;

c) la troisième est la recherche systématique du profit dans tout type d'investissement. Les études préalables du marché, dans un secteur économique particulier, pour une maximisation du profit, confirment ce trait du capitalisme ;

d) la quatrième est l'augmentation continuelle de la production et de l'échange de marchandises par un perfectionnement continu de la technologie. De là résulte la notion d'obsolescence technique qui fait révolutionner constamment l'électronique, la télématique, l'industrie automobile, l'appareil d'enseignement et de recherches universitaires, etc. Le double résultat du perfectionnement technologique permanent est de : produire plus en moins de temps et produire plus à moindre coût ;

e) la cinquième est la réification des personnes et la personnification des objets (des marchandises), le fétichisme de la marchandise. En témoigne la publicité des produits modernes ;

f) la sixième est l'exploitation de la force de travail manuel et intellectuel sous forme de marchandise, douée d'une valeur d'usage et surtout d'une valeur d'échange.

Toutefois, pour appréhender les relations dialectiques entre la base économique et les superstructures idéologique et juridico-politique, il est indispensable de faire appel aux deux notions de : « classe en soi » et

« classe pour soi ». Ces deux concepts permettent la définition de la bourgeoisie et du prolétariat, aux trois niveaux économique, idéologique et juridico-politique.

C'est que Marx distingue deux classes fondamentales dans la constitution, l'existence et le développement du mode de production capitaliste, à savoir ces deux derniers groupes. La classe bourgeoise ou capitaliste se définit, nous le rappelons, comme celle qui contrôle et dirige le mode de production capitaliste moderne. En ce sens, cinq grandes catégories d'entreprises forment la propriété des bourgeois, parce qu'elles accumulent du capital sur la base de l'extraction de la plus-value du travail salarié des producteurs directs de biens et services.

Il s'agit :

i) d'entreprises financières comme les banques, les compagnies financières et les compagnies d'assurance ;

ii) d'entreprises industrielles comme les manufactures, les usines, les exploitations agricoles et les mines ;

iii) d'entreprises commerciales comme les supermarchés, les magasins et boutiques de mode et les compagnies de distribution de produits alimentaires, pharmaceutiques, etc. ;

iv) de compagnies de transport maritime, fluvial, aéronautique et routier ;

v) d'entreprises de services scientifico-techniques comme les laboratoires privés de recherche, les universités et collèges privés, et d'entreprises de soins médicaux comme les hôpitaux et les cliniques privés.

Trois critères de définition de la classe capitaliste doivent se retenir dans la perspective marxienne : la propriété des moyens de production et d'échange, le pouvoir d'acheter et d'user la force de travail salarié et le pouvoir de disposer de la part léonine des richesses matérielles. Naturellement ces trois principes indiquent la base économique de la bourgeoisie, son mode d'insertion dans le processus de la production. Si donc une classe sociale ne correspond pas à ces trois critères, elle ne peut pas se définir comme classe bourgeoise ou capitaliste. Quelle est la spécificité historique de la bourgeoisie moderne, au niveau des rapports sociaux de production ? C'est sa faculté d'acheter et d'user la force de travail salarié de travailleurs libres.

Quant à la classe ouvrière ou prolétarienne, elle constitue la classe exploitée du mode de production capitaliste. Car elle n'est que propriétaire de sa force de travail manuel et intellectuel qu'elle est obligée de vendre à la bourgeoisie pour subsister. C'est sa force de travail qui crée la plus-value à partir du surtravail ou du travail non payé, comme nous l'avons vu plus haut lors de l'énoncé des formules des taux de plus-value, de profit et d'exploitation. Si la spécificité historique de la classe capitaliste est d'acheter et d'user la force de travail salarié, quelle est la spécificité historique de la classe ouvrière ? C'est sa capacité de vendre sa force de travail libre moyennant un salaire.

Maintenant que nous saisissons l'essence des deux groupes fondamentaux de la société moderne, dans leur situation objective, à travers le détour de leur définition, nous sommes en mesure de passer à l'examen marxien des concepts de la classe en soi et de la classe pour soi qui traduisent l'action réciproque de l'infrastructure et des superstructures, avec la dominance de celle-là sur celles-ci. Marx (1964 : 490-92) dans *Misère de la philosophie* soutient que la domination du capital crée au prolétariat une situation objective (économique commune, des intérêts matériels communs. Donc le prolétariat est une « classe en soi » à l'égard du capital, c'est-à-dire qu'il se définit ainsi, à partir de sa position économique d'exploité dans ses relations avec la bourgeoisie. De la même façon, poursuit Marx (1964 : ibidem), sous la féodalité et la monarchie absolue, la bourgeoisie appartenant au tiers-état (ce dernier composé de la bourgeoisie, des artisans et des paysans-serfs) représente une « classe en soi » vis-à-vis des seigneurs féodaux dominants, au niveau économique.

Mais les membres de la bourgeoisie se réunissent et prennent conscience de leurs intérêts économiques communs qui sont différents et antagoniques par rapport à ceux des seigneurs féodaux. Ce lent processus de prise de conscience, qui va du XIVe au XIXe siècle, est celui de la constitution de la bourgeoisie en « classe pour soi », c'est-à-dire qu'elle arrive à élaborer une idéologie particulière et à s'organiser politiquement pour renverser la féodalité et la monarchie absolue. Autrement dit, la notion de « classe en soi » renvoie à la phase d'existence économique de dominée d'une classe, sans une prise de conscience de ses intérêts de classe. La notion de « classe pour soi » cadre avec la phase de constitution d'une classe, à travers une prise de conscience radicale de ses intérêts de classe et la mise en œuvre de ses propres organisations qui la défendent contre la classe dominante : les luttes économiques, idéologiques et politiques signalent la réalité historique de la classe pour soi, c'est-à-dire consciente et organisée. La transformation de la bourgeoisie de « classe en soi » à « classe pour soi » est l'exemple historique de l'articulation de l'infrastructure avec les superstructures.

En effet, la phase d'existence économique de la bourgeoisie comme une composante dominée du tiers-état, donc comme une classe en soi, prend fin quand elle élabore sa propre vision du monde, son idéologie *lato sensu*, et sa forme d'État, dans un double processus idéologique et politique qui débouche sur son « hégémonie historique » (Gramsci).

Au niveau de la superstructure idéologique, un ensemble de mouvements sociaux et un nouveau type de savoir rationnel engendrent une vision bourgeoise du monde. Le processus idéologique global s'échelonne du XIVème au XIXème siècle, à travers les mouvements sociaux des Renaissances italienne, hollandaise, française, anglaise, allemande, etc., et des Réformes Protestantes et la production de connaissance scientifico-technique de la société et de la nature. En somme, la vision bourgeoise du monde s'articule autour de quatre axes :

1) le fétichisme de la marchandise qui manifeste un double processus de personnification des objets et de réification des personnes, processus dans lequel l'être se confond avec l'avoir ;
2) l'individualisme qui stipule la primauté de la propriété privée au détriment de l'organisation communautaire ;
3) la laïcisation de la pensée, en raison de son caractère scientifico-technique, expérimental;
4) et la représentation juridique des relations sociales capitalistes. C'est que le mouvement juridique de la réglementation commence là où débutent les différences et les oppositions d'intérêts privés (Rancière : 1995). D'ailleurs, dans la Préface à la *Contribution à la critique de l'économie politique* susmentionnée, Marx considère les rapports juridiques comme l'expression officielle des rapports sociaux de production capitaliste. Evgeny B. Pasukanis (1980 : 71), dans *La théorie générale du droit et le marxisme*, confirme la thèse marxienne, selon laquelle la société capitaliste, dans son ensemble, se présente comme une chaîne ininterrompue de rapports juridiques. En ce sens, le droit formel moderne est une catégorie particulière de l'idéologie dominante bourgeoise. Il remplace, comme savoir rationnel et profane des liens sociaux, la réglementation religieuse de la vie quotidienne par le catholicisme, ancienne idéologie dominante du féodalisme.

Pour ce qui a trait à la superstructure juridico-politique proprement dite, Marx (1964 : 26-37) dans sa fameuse « Lettre à Annenkov » établit clairement la connexité matérialiste dialectique, l'articulation dynamique entre la société civile (unité des relations économiques et idéologiques) et la société politique (bloc formé par l'État et le droit formel, le juridico-politique, *strictu sensu*). Il note : « Qu'est-ce que la société, quelle que soit sa forme ? Le produit de l'action réciproque des hommes. Les hommes sont-ils libres de choisir telle ou telle forme sociale? Pas du tout. Posez un certain état de développement des facultés productives des hommes, et vous aurez une telle forme de commerce et de consommation. Posez de certains degrés de développement de la production, du commerce, de la consommation, et vous aurez telle forme de constitution sociale, telle organisation de la famille, des ordres ou des classes, en un mot, telle société civile. Posez telle société civile, et vous aurez tel état politique (société politique) qui n'est que l'expression officielle de la société civile».

Le lent processus d'organisation juridico-politique de la bourgeoisie peut se synthétiser globalement à travers la fondation de certaines formes de territoire et le passage de l'une à l'autre :

l) village (marché) Ë 2) bourg (foire) Ë 3) ville (magasins, marché régional spécialisé et gouvernement municipal) Ë 4) État-nation (marché national et international, État représentatif moderne).

Ici il est question justement de lier l'évolution de la constitution sociale de l'espace territorial avec la dimension des activités commerciales, manufacturières, industrielles, minières, agricoles capitalistes qui peuvent être locales, régionales, nationales et internationales et avec les formules de gouvernement bourgeois.

En raccourci, au niveau juridico-politique, au fur et à mesure que la bourgeoisie accumule du capital, donc s'enrichit matériellement, elle élargit l'espace territorial où prennent corps et évoluent ses affaires urbaines (avec un gouvernement municipal) et nationales (avec un gouvernement national, représentatif de l'État-nation et élu périodiquement au suffrage universel).

L'infrastructure économique est la base de sustentation de la bourgeoisie qui lui permet de déployer ses activités idéologiques et politiques. Car, une fois que la bourgeoisie existe économiquement en « classe en soi » face aux seigneurs féodaux et à la monarchie absolue, elle cherche, après la prise de conscience de ses intérêts de classe, à se constituer et à s'organiser en « classe pour soi » dans le déploiement historique de sa vision du monde et dans la formation de ses types d'État. Une fois que la bourgeoisie s'organise en classe pour soi, qu'elle reconnaît que ses intérêts de classe sont contraires à ceux des seigneurs féodaux (économiquement) et de la monarchie absolue (politiquement), elle renverse, par la prise du pouvoir d'État et par l'installation d'un nouveau mode d'organisation étatique, la féodalité et la monarchie absolue. Selon Marx (1964 : ibidem), les luttes politiques de la bourgeoisie montrent son évolution et sa constitution en classe pour elle-même.

Par conséquent, l'État n'est pas, comme le soutient Hegel, la réalité en acte de l'Idée morale objective, ni la réalité en acte de la liberté concrète, ni la Raison réalisée : en somme, l'État ne manifeste pas l'ordre de l'Esprit dans son actualité. Pour Marx et Engels, l'État est une institution qui dépend de ses conditions historiques particulières, de la nature des classes de la société civile, au lieu de créer et de rassembler ces dernières sous lui par et dans un processus métaphysique, idéel et rationnel .

L'État naît à un certain stade du développement économique de la société civile qui se divise alors en classe exploiteuse (munie de richesses matérielles) et en classe exploitée (dépourvue de richesses) (Engels, 1976 : 340-341). Dans la théorie marxienne de l'État capitaliste moderne, nous pouvons distinguer deux composantes essentielles :

1) le pouvoir central (exécutif) ;
2) et ses organes administratifs : l'armée permanente, la police, le parlement, la bureaucratie publique, le clergé et la magistrature.

Cependant, le caractère politique du gouvernement change progressivement, au rythme des transformations économiques opérées dans la société civile bourgeoise. Au fur et à mesure que la grande industrie se développe et que les antagonismes entre le capital et le travail salarié prennent de l'ampleur, s'intensifient, le pouvoir de l'État devient de moins en moins régional (féodal) et acquiert de plus en plus la forme d'une puissance nationale du capital sur le travail salarié. Création de la monarchie absolue sous les auspices d'abord du capital manufacturier et ensuite du capital industriel, l'État-nation (constitutionnel) moderne est l'expression officielle (Marx) des antagonismes de classes dans la société civile bourgeoise. C'est que l'État révèle les particularités historiques de la société sur laquelle il s'érige et qu'il dirige et gère : il résume alors les conflits sociaux. De même que l'État monarchique féodal a été l'organe de la noblesse pour mater les paysans-serfs corvéables, de même l'État capitaliste, représentatif, est « l'institution de l'exploitation du travail salarié par le capital. La classe possédante bourgeoise règne directement au moyen du suffrage universel » (Engels, 1976 : 343). Marx (1976 : 246), dans *Critique de l'État hégélien* argumente que la « Constitution, dans sa plus haute forme, est la Constitution de la propriété privée. Le civisme le plus haut est la manière de penser de la propriété privée bourgeoise ».

4. *Sociologie de la lutte des classes : le cas de la France*

Dans son ouvrage *Les luttes de classes en France (1848-1850)*, Marx applique la conception matérialiste de l'histoire pour essayer d'expliquer les modalités des conflits classistes au cours de la période de 1848 à 1850. D'après cette conception, nous rappelons-nous, c'est l'infrastructure économique, c'est-à-dire les intérêts matériels de la classe dominante, qui détermine, en dernière analyse, les formes des luttes idéologiques et politiques, le mouvement réel de la société civile et de la société politique.

Dans la société civile, les citoyens sont membres des familles. Pour pouvoir se reproduire comme tels, ils doivent participer aux processus de production, d'échange et de consommation de biens et services. Donc la société civile se construit dans le processus de satisfaction des besoins primaires, secondaires et tertiaires, c'est-à-dire dans les rapports sociaux de production, entachés d'une vision du monde qui est l'idéologie de la classe dominante. Dans la société civile bourgeoise, les rapports de production poursuivent un unique objectif qui est celui de l'accumulation du capital sur la base de l'extraction de la plus-value. Le noyau dur de l'idéologie dominante est essentiellement économique, fondée sur le fétichisme de la marchandise dans lequel la valeur d'échange prime sur la valeur d'usage.

Cette analyse de la société capitaliste moderne doit tenir compte aussi de son caractère politique, de sa forme d'État. La société politique est fondamentalement constituée par son caractère représentatif, démocratique et constitutionnel. La Constitution d'État exige le remplacement d'un parti politique au pouvoir, après des élections périodiques au suffrage universel. L'observation de la société française par Marx fait état de deux catégories de luttes, à savoir:

a) la lutte intra-classe dominante ;
b) et la lutte inter-classes dominante et dominée.

Dans la lutte intra-classe dominante, il se produit des heurts, des oppositions entre certaines fractions de la classe dominante pour la domination de la société globale(civile et politique).

Dans la lutte inter-classes, la classe dominante et la classe dominée s'affrontent soit pour la diminution de l'exploitation économique, soit pour le renforcement ou le durcissement de la subordination économique et politique.

En ce qui concerne la lutte intra-classe dominante en France (1848-1850), Marx écrit que « ce n'est pas la bourgeoisie française qui régnait sous Louis-Philippe, mais une fraction de celle-ci, c'est-à-dire l'aristocratie financière (banquiers, rois de la Bourse, rois des chemins de fer, propriétaires de mines de charbon et de fer, etc..). Installée sur le trône (1830-1848), cette aristocratie dictait les lois aux Chambres, distribuait les charges publiques, depuis les ministères jusqu'aux bureaux de tabac ». Dans ce contexte, la bourgeoisie industrielle (l'autre fraction de la classe dominante)formait une partie de l'opposition officielle, mais elle était minoritaire dans les Chambres. Cependant, dans l'opposition publique (société civile) se trouvaient ses représentants, les savants, les médecins, etc.

Pour ce qui est de la lutte inter-classes dominante et dominée, Marx présente l'examen des oppositions entre la classe capitaliste et la classe ouvrière en France de 1848 à 1850. Ces conflits classistes enferment la classe ouvrière dans un état de domination, tandis que la fraction industrielle de la bourgeoisie tente de s'accaparer d'un pouvoir accru des mains de l'aristocratie financière. Ainsi même si les industriels se sont associés aux ouvriers dans leur combat contre l'aristocratie financière, ils s'empressèrent, une fois cette lutte terminée, de se dissocier des producteurs directs, en les retournant à leur position de classe dominée, donc exclue du pouvoir politique. C'est dans cette optique qu'il faut comprendre le rejet, par la bourgeoisie industrielle, de la demande d'élimination de l'impôt sur le sel et sur la boisson, de la part de la classe ouvrière et aussi le rejet des revendications du prolétariat « du droit au travail » par cette même bourgeoisie.

En conclusion générale, la pensée marxienne englobe une perspective d'analyse scientifique de la réalité historique et une vision futurologique, utopique de la fin de l'histoire de l'humanité. Son concept de mode de production avec ses notions secondaires relève de son objectivité scientifique. Mais ses notions de société sans classe, de socialisme ou de dictature du prolétariat proviennent de sa vision subjective de militant politique, donc d'un penseur-rêveur comme Joseph Proudhon.

5. *L'État, l'impérialisme, la révolution, selon Lénine (1870-1924)*

L'analyse marxienne du mode de production, en général, implique que l'État, en tant que superstructure juridico-politique, est déterminé, en dernière analyse, par l'infrastructure économique. Cette dernière forme la base même de l'existence et de la reproduction du mode de production. Par conséquent, l'État est créé par et pour la classe dominante qui, d'une part, est propriétaire des moyens de production et d'échange et dispose de l'usufruit de la force de travail salarié ou non, et qui, d'autre part, légitime et régule par et dans des lois coutumière (orale) ou formelle (écrite) son contrôle des sociétés civile et politique.

L'importance historique de la pensée de Lénine réside dans le fait qu'il a voulu, sans succès, après la prise du pouvoir d'État par les bolchéviques en 1917, appliquer la théorie marxienne dans une société concrète : la Russie, de 1917 à 1924. Pour lui qui est un révolutionnaire bolchévique, un marxiste orthodoxe, la question fondamentale de toute révolution est la problématique de l'État. Il conçoit la politique comme l'expression condensée de l'économie et ce dernier comme un organisme de domination de classe, un organisme d'oppression d'une classe sur une autre (Lénine, 1970). L'État crée un ordre qui légalise et affermit cette oppression en modérant les conflits de classe. Lénine différencie le type et la forme de l'État.

En ce qui concerne le type d'État, il reflète l'essence du contenu classiste du pouvoir politique. Donc, l'État, en tant qu'appareil de domination et d'oppression d'une classe par une autre, exprime la subordination politique de la société civile aux intérêts de la classe dominante. Par exemple, ses principaux types historiquement déterminés sont : esclavagiste, féodal et bourgeois. Ces types étatiques correspondent respectivement aux classes dominantes des propriétaires d'esclaves, des seigneurs féodaux et des capitalistes modernes.

Pour ce qui est de la forme de l'État, elle traduit l'organisation du pouvoir. Son aspect le plus important est le régime politique dans lequel se développent les luttes de classes. En réalité, les formes de l'État se caractérisent par :

1. le régime politique, démocratique ou anti-démocratique, selon la modalité d'imposition de la gestion de la classe dominante ;
2. La formule de gouvernement, selon les individus qui exercent le pouvoir ou selon la modalité d'exercice du pouvoir. Par exemple, le gouvernement peut être républicain représentatif ou monarchique de droit divin ;
3. le mode de constitution étatique, selon la structure organique interne, unitaire ou fédérale. Il peut s'agir d'une fédération, d'une confédération ou d'une union de républiques, etc.

En somme, d'après Lénine, nous pouvons parler de l'État de la bourgeoisie de par son contenu classiste (donc de par son type), quelle que soit sa forme. Mais, du point de vue de sa forme politique et de sa structure juridique, nous parlons, toujours d'après Lénine, de la démocratie bourgeoise avancée, de démocratie formelle, de démocratie représentative, de monarchie constitutionnelle ou de république représentative.

En ce qui a trait à l'impérialisme, Lénine (1968) le définit brièvement comme le stade suprême du capitalisme à travers les traits suivants :

i) la domination des monopoles et de l'oligarchie financière, cette dernière constituée par l'alliance des banquiers et des industriels ;

ii) la prédominance de l'exportation des capitaux sur celle des marchandises ;

iii) la constitution d'associations internationales monopolistes : les maisons-mères et les filiales s'accaparent de divers marchés nationaux. Cet accaparement monopoleur donne naissance à une géopolitique de l'économie mondiale (centre et périphérie).

iv) et la fin de la répartition des économies nationales entre les grandes puissances du globe.

De ce processus achevé de mondialisation du capitalisme, Lénine tire une leçon pratique importante pour la révolution prolétarienne, à la suite du *Manifeste du Parti Communiste* : la révolution prolétarienne socialiste sera mondiale ou elle ne sera pas.

Toutefois, la mondialisation de la révolution prolétarienne contre l'impérialisme doit chercher et trouver des formes nationales concrètes spécifiques de développement, selon le niveau d'évolution des forces productives locales. C'est, en ce sens, que Lénine note : « Il serait ridicule de présenter notre révolution comme une sorte d'idéal pour tous les pays » (Lénine, « Conclusions sur le progrès du parti », VIIIème Congrès du parti, 19 mars 1919).

Dans le cas de la révolution, au niveau conceptuel, Lénine la définit comme un processus de transformation structurelle de la société civile et de la société politique du capitalisme et le passage graduel au communisme, en passant par la dictature du prolétariat et le socialisme comme des stades préalables, dans l'orthodoxie marxienne. Le résultat du changement total de la société civile signifie la restructuration des rapports économiques sur le fondement de l'application du principe communiste : « Chacun selon ses facultés, à chacun selon ses besoins ». C'est l'égalité effective, c'est-à-dire l'abolition de toutes les classes sociales. Naturellement cette égalité pleine et entière de tous les membres de la société sera réalisée à partir de l'établissement préalable de la socialisation des moyens de production et d'échange. Cette appropriation sociale implique l'égalité du travail manuel et du travail intellectuel et l'égalité du salaire. Mais, ajoute Lénine (1967) dans *La Révolution bolchévique* : « Nous ne savons pas, nous ne pouvons pas savoir par quelle série de mesures pratiques l'humanité va s'acheminer vers ce but élevé ».

Pour sa part, la transformation structurelle de la société politique équivaut à la disparition complète de l'État, à son « extinction », selon la célèbre notion de Marx, après la réalisation de l'égalité effective, la fin de l'exploitation de l'être humain par l'être humain. Cette égalité s'effectuera quand les individus seront habitués à observer totalement les normes et les règles de la communauté et quand leur travail sera si productif qu'ils dépenseront selon leurs besoins (Lénine, 1967). Par conséquent, l'abolition des classes marque la mort de l'État, dans la mesure où il est avant tout un appareil de domination et d'oppression d'une classe sur une autre.

Au niveau concret (début de la Révolution Bolchévique), toujours d'après Lénine, nous retenons deux moments de celle-ci, à savoir : a) sa double condition concrète d'émergence; b) et les mesures fondamentales violentes prises par la Révolution Bolchévique Russe pour la construction du socialisme. En premier lieu, la double condition concrète d'émergence de l'explosion de la Révolution renvoie à la sociale loi fondamentale de toute révolution. Dans *La maladie infantile du communisme : le gauchisme*, Lénine (1968) spécifie ces deux conditions nécessaires. La première est que les masses exploitées et opprimées (ceux d'en bas) prennent conscience de l'impossibilité de vivre comme dans le passé et revendiquent des changements profonds. La deuxième est que les classes exploiteuse et dirigeante (ceux d'en haut) ne puissent plus vivre et gouverner comme autrefois.

En ce qui a trait aux mesures fondamentales violentes prises par la Révolution Bolchévique Russe pour la construction du socialisme, nous en citons six, à titre d'illustration :

1. L'élargissement et l'institutionalisation gouvernementale des Soviets (Conseil des ouvriers et des paysans, créés en 1905 par les socialistes russes) dont le mot d'ordre est : Tout le pouvoir aux Soviets ! : Proclamation de la Russie comme République des Soviets de délégués d'ouvriers, de soldats et de paysans ;
2. La Constitution de la République Soviétique Russe sous la forme d'une Fédération de Républiques Soviétiques Nationales et sur la base d'une union libre de nations libres ;
3. L'abolition de la propriété sur les terres et leur nationalisation (socialisation) ;
4. La confirmation de la loi soviétique sur le contrôle ouvrier et sur le Conseil Supérieur de l'Économie Nationale, en vue d'assurer la domination des travailleurs sur les exploiteurs : la dictature du prolétariat, stade antérieur (et nécessaire) au socialisme.
5. La loi sur le passage de toutes les banques aux mains de l'État Ouvrier et Paysan ;
6. Enfin, la loi sur le travail obligatoire pour tous et pour toutes, afin de faire disparaître les classes parasitaires de la société et pour que cesse l'anarchie économique.

6. *L'accumulation du capital d'après Rosa Luxemburg (1870-1919)*

Comme économiste Rosa Luxemburg met l'emphase sur la théorie marxienne des crises du capitalisme. Pour elle, il faut « compléter » l'explication de Marx de l'évolution totale du capitalisme, c'est-à-dire de l'accumulation globale du capital, des contradictions que cette accumulation affronte et des méthodes employées par le capitalisme pour surmonter ces conflits.

Cette perspective conduit Luxemburg à une explication déterminée de l'impérialisme qui, selon elle, est une modalité spécifique d'accumulation du capital. Son schéma théorique se base sur l'une des hypothèses fondamentales de Marx : la prédominance de la libre concurrence pour expliquer l'ultime phase de développement du capitalisme que constitue l'impérialisme. Donc son œuvre intitulée *L'accumulation du capital* (1912) se fonde sur l'hypothèse de l'existence de la libre compétition pure et sur son corollaire, l'existence non significative des monopoles. Or, à partir de l'hypothèse de la libre concurrence Marx explique la dynamique du début du capitalisme (1850-1910) : l'étape libre-échangiste ou concurrentielle. En ce qui concerne la phase impérialiste, elle s'explique par l'hypothèse de la présence significative des monopoles et de la prédominance du capital financier (fusion du capital bancaire et du capital industriel) dans la répartition des marchés nationaux, d'après Rudolph Hilferding dans *Le capital financier* (1910) et Lénine dans *L'impérialisme, phase suprême du capitalisme* (1916). En d'autres termes, la libre concurrence se traduit par l'exportation des marchandises : c'est le règne du capital manufacturier et industriel (1850-1910). La prédominance des monopoles et du capital financier » s'exprime par l'exportation des capitaux : c'est la phase impérialiste (1910-1970).

Mise à part cette hypothèse partiellement erronée (puisque l'exportation des marchandises, sans y être prépondérante, continue dans l'impérialisme), nous tenons à signaler l'essentiel de la thèse de Luxemburg et le mérite de son ouvrage, son originalité. L'essence de sa thèse est que le processus d'accumulation a tendance à remplacer partout l'économie naturelle (M-M ou M-A-M) basée sur la valeur d'usage par l'économie simple de marchandises fondée sur la valeur d'échange (A-M-A', où A'= A + p, et p = profit) et cette dernière par l'économie capitaliste axée sur l'extraction de plus-value (C = c + v + s).

L'accumulation implique que la production du capital domine absolument comme forme de production unique et exclusive dans tous les pays et dans toutes les branches. Mais ici commence le cul-de-sac (Luxemburg, 1967): l'impossibilité (théorique) de l'accumulation dans son expansion intérieure. Cependant, écrit Luxemburg (ibidem), le fait principal (pratique, historique) de l'évolution du capitalisme provient exclusivement de sa possibilité d'expansion extérieure. C'est justement l'originalité de l'ouvrage de Luxemburg.

Le mérite de *L'accumulation du capital* est de montrer les méthodes avec lesquelles le processus d'accumulation surmonte son manque d'expansion intérieure (sa contradiction principale, toujours d'après Luxemburg). Deux mécanismes extérieurs sont utilisés par le capitalisme, à savoir :

i) la destruction des communautés tribales (pré-capitalistes), par exemple, celle des Peaux Rouges de l'Amérique du Nord à l'intérieur d'une économie nationale à dominance capitaliste, à la fin du XIXème siècle ;

ii) et l'interaction entre le système capitaliste et les systèmes non-capitalistes, entre les sociétés capitalistes et les sociétés non-capitalistes, au niveau du capital constant, du capital variable et de la pus-value. Il est question de l'exploitation de la périphérie par le centre capitaliste en 1911 et la postérieure intégration de la périphérie au marché capitaliste mondial.

7. *Problématique de l'hégémonie dans la pensée d'Antonio Gramsci (1891-1937)*

Selon Gramsci (1975), l'hégémonie est un processus de direction idéologique et politique de la classe dominante. Elle repose sur une alliance de cette dernière avec d'autres classes ou fractions de classes dominante et dominée, en fonction de divers moments historiques donnés. Par conséquent, une classe hégémonique doit renoncer à ses intérêts particuliers pour incorporer et articuler à sa propre lutte expansive des revendications, les intérêts et les valeurs culturelles de ses alliés. Pour qu'une classe devienne hégémonique, elle doit non seulement posséder ses particularités, mais encore elle doit réaliser un large consensus, élargir sa base populaire de légitimité. Toutefois, l'hégémonie n'est pas pure : elle passe par des étapes conflictuelles, en raison des intérêts divergents qui déchirent les classes alliées.

Dans son articulation dialectique avec les sociétés civile et politique, le développement historique de l'hégémonie classiste connaît deux périodes fondamentales, à savoir : économico-corporative, et politique et universelle (Gramsci, op. cit.). Dans la période économico-corporative, s'installe et se consolide l'infrastructure économique de la nouvelle classe dominante potentielle, à vocation d'hégémonie. C'est la création de la nouvelle société civile, c'est-à-dire la fondation progressive de nouveaux rapports de production et de nouveaux rapports idéologiques. Cette phase implique le chevauchement, l'imbrication d'une idéologie économique et d'une pratique sociale bourgeoise. Cependant, dans la transition de cette première période vers la deuxième et dans l'élaboration de la direction idéologique et politique de cette nouvelle classe dominante, joue un rôle essentiel le groupe des intellectuels organiques qui sont des penseurs et des artistes de toutes les catégories. Cette construction de la nouvelle conception du monde prépare le passage de la période économico-corporative à la seconde période politique et universelle.

Dans la période politique et universelle, la nouvelle classe dominante prend, maintient et renforce le pouvoir d'État au nom de toute la société civile, pour assurer la reproduction de sa domination réelle. Elle organise alors le consentement de ses alliés en installant ses appareils idéologiques et répressifs d'État. Elle conquiert ainsi et fait perdurer sa direction globale, idéologique et politique, des membres de toute la société.

En résumé, l'hégémonie, pour être effective et efficace, doit se cuirasser de violence. De là découle le schéma de Gramsci sur les rapports entre la société civile et la société politique :

État = Société civile + Société politique = Hégémonie cuirassée de coercition.

La direction, la domination, la régulation de la domination et de la direction et certains types d'alliances de classes composent et informent l'évolution historique de toute classe hégémonique. *Plus l'hégémonie est efficace, moins est forte la coercition* : c'est le cas des sociétés capitalistes avancées comme le Canada. *Moins l'hégémonie est efficace, plus la coercition est intense* : c'est le cas des sociétés latino-américaines comme le Guatemala, le Pérou, la Colombie, etc. ou celui des sociétés africaines comme le Zaïre, le Nigeria, etc.

4. *Écoles argentine et brésilienne de la dépendance*

Notre principal objet d'étude est la question agraire que nous examinons à la fois dans le cadre de l'expansion mondiale du capitalisme, en l'occurrence, du capitalisme français et nord-américain et dans l'évolution de la structure sociale de Saint-Domingue-Haïti[1]. Nous définissons *la question agraire*[2] comme un ensemble articulé de pratiques productives et culturelles, et de mesures étatiques qui réglementent les formes de propriété, de possession, d'usufruit et de dépossession du sol et du bétail, les conditions techniques et infrastructurelles et les types de production, les circuits de commercialisation et les modalités de rémunération de la force de travail rurale. Globalement ces pratiques et dispositions mettent en œuvre, régulent et légitiment des rapports sociaux agraires particuliers sur lesquels se fondent des modes spécifiques d'accumulation de capital. Par exemple, aux relations sociales non capitalistes (esclavage, métayage) correspond le mode d'accumulation du capital commercial tandis qu'aux relations sociales fondées sur le salariat

---

1. Cette société porte ce double nom, parce que du 16e siècle au commencement du 19e siècle (1804) elle s'appelle « colonie française de Saint-Domingue » (partie occidentale de l'île) et qu'à partir du 1er janvier 1804, elle commence à se nommer « Haïti » par suite de son indépendance « juridico-politique » de la France.
2. Pour ne pas alourdir le texte, nous nous contentons de citer les ouvrages intéressants de Moral (1961), Thébaud (1967), Lundahl (1979), d'Ans (1987) et Myrthil (1988) qui traitent des conditions de vie du paysannat haïtien.

convient celui du capital productif de plus-value. L'attribut « national » ou « international » pose alors la problématique de la dépendance, sa nature coloniale esclavagiste, agro-exportatrice, néo-coloniale ou impérialiste et ses effets pervers sur la production, dans ce cas, mono-culturale ou mono-pastorale agrosystémique, allant ainsi à l'encontre du principe écosystémique de la biodiversité (Brown *et al.*, 1992 : 19-43; Source : Commission mondiale sur l'environnement, O.N.U. : 1989 : 113-139)[3], et sur les systèmes de surexploitation de la main-d'œuvre.

La structure sociale de Saint-Domingue-Haïti peut être définie comme « coloniale esclavagiste » entre 1685 et 1793, « coloniale tributaire » entre 1793-1804, « tributaire et commerciale » entre 1804 et 1915 et « tributaire, commerciale et capitaliste » entre 1915 et 1994. La question agraire se traduit alors par et dans des relations sociales se caractérisant par les attributs précités que nous allons définir dans nos sections d'opérationnalisation conceptuelle.

En outre, la question agraire, selon la nature et les déformations productives citées du phénomène de la dépendance, subit et reflète, à divers degrés, trois phases de domination étrangère, à savoir : coloniale française (1685-1804), agro-exportatrice française (1804-1915), agro-exportatrice et néo-coloniale ou impérialiste nord-américaine (1915-1994).

En somme, les divers modes de dépendance et le passage de la structure, c'est-à-dire de l'ensemble des rapports sociaux, d'un état à un autre, signalent un changement des classes dominante et dominée qui affecte la question agraire saint-dominguoise et haïtienne. De plus, la mise en forme par l'État des différentes relations agraires au moyen de ses règlements de culture, lois et codes ruraux, pose deux problèmes : 1. celui de sa nature classiste, donc de sa légitimité; 2. celui de sa gestion publique du processus d'accumulation, par conséquent, de sa capacité à encourager une redistribution sociale du surplus économique agricole. Cette dernière fonction de l'État pousse même Casanova (1981) à le définir, en Amérique Latine, comme « le pouvoir de disposer de l'économie nationale ». Enfin deux courants théoriques que nous qualifions d'« Écoles argentine et brésilienne de la dépendance »[4] essaient d'expliquer le changement ou le blocage structurel, les fonctions de légitimation, de répression et d'accumulation de l'État et les

---

3. Du point de vue agro-écologique, nous entendons par écosystème les relations des hommes avec la nature sauvage, et par agrosystème les rapports des hommes avec la nature défrichée pour l'agriculture et domestiquée pour l'élevage. Nous employons ici ces deux notions dans leur sens agro-écologique (Drouin : 1991).

4. Nous rassemblons aussi dans ces deux écoles de pensée des chercheurs qui ne sont ni argentins ni brésiliens.

situations concrètes de domination étrangère dans les sociétés de l'Amérique Latine et des Caraïbes (Dabène, 1999).

1. *Écoles argentine et brésilienne de la dépendance : leurs thèses essentielles*

La critique des théories développementistes de Prebisch (1955, 1963, 1976 et 1985) et de Furtado (1961, 1970 et 1976) respectivement en Argentine et au Brésil constitue la base épistémologique commune des deux écoles. Rappelons que pour Prebisch et Furtado, l'Amérique Latine et les Caraïbes expérimentent jusqu'en 1955 une « dépendance externe » due, d'une part, aux investissements étrangers qui ont le contrôle direct de la production et de la commercialisation de certains produits agro-pastoraux et miniers dont l'État national leur concède le monopole (économies d'enclave) et, d'autre part, à l'alliance du capital multinational avec l'oligarchie terrienne et la bourgeoisie compradore (import-export). Le développementisme dénonce aussi, dans les années 60, le manque de « modernisme » des États latino-américains et caraïbéens et la faiblesse de l'industrialisation de ces sociétés sous-développées, agraires qui possèdent seulement des usines de montage ou de réparation et qui importent massivement des pays capitalistes développés des produits industriels finis.

Les conséquences et recommandations pratiques du développementisme (Pradayrok : 1984 et Sprout : 1992) résident dans la modernisation de l'État par l'intermédiaire de plusieurs organismes de développement technique qui ont pour objectif principal de gérer l'industrialisation moyenne et lourde, en se servant d'abord de l'expertise et du capital étrangers. Il est également nécessaire d'élargir les marchés intérieurs pour que la dynamique majeure du système économique se transpose de l'extérieur vers l'intérieur. Dans ce cas, une réforme agraire (conventionnelle) jointe à une amélioration technique de l'économie rurale garantirait un marché pour les biens industriels et aussi la satisfaction des nécessités de consommation urbaine de produits alimentaires.

La critique fondamentale commune des écoles argentine et brésilienne de la théorie du développementisme peut se résumer en trois points. En premier lieu, elles rejettent le concept de « dépendance externe » et affirment celui de « dépendance » qui signifie une interdépendance inégalitaire entre plusieurs sociétés, relation asymétrique où un groupe de pays (les dominants) peut créer, imposer et/ou contrôler un type de rapports économiques, idéologiques et politiques dans d'autres pays (les dominés). Les pays dominants se servent de leur prédominance politique, technologique, bancaire, commerciale et/ou militaire sur les dominés : cette quadruple ou quintuple supériorité des premiers leur permet de faire accepter par les seconds une forme d'État et/ou des conditions d'exploitation de main-d'œuvre et de ressources naturelles pour leur soutirer une partie de l'excédent économique produit dans leurs structures internes[5] (Miguelez, 1992 : 76-82 ; Jacob, 1992 : 71-100 ; Dos Santos *et al.*, 1984 : 149-187). Cette extorsion du surplus par les sociétés dominantes se réalise selon les divers stades colonial mercantiliste, libre-échangiste, impérialiste et néo-colonialiste de mondialisation du capitalisme central.

En deuxième lieu, les théoriciens « dépendantistes » soutiennent que la relation de subordination entre les nations implique également une domination entre les classes sociales qui, cette fois, évolue à l'intérieur de la société. Ils s'efforcent alors de définir les modalités spécifiques d'exploitation de classe (maîtres colons et esclaves colonisés, latifondiaires et paysans métayers ou fermiers, capitalistes agraires et ouvriers agricoles) et les prototypes du pouvoir d'État (nationaliste, populiste, développementiste, oligarchique, dictatorial, militaire), c'est-à-dire des rapports entre la classe dirigeante et la classe dirigée, entre la classe dominante et la classe dominée respectivement (Cardoso, 1992 ; Kesselman, 1987 : 40-91 ; Ianni, 1984 : 142-255).

En troisième lieu, les deux écoles reprochent au développementisme de cacher, d'occulter l'essentiel : il ne saurait exister d'industrialisation urbaine et rurale sans accumulation de capital. Cette accumulation de capital est elle-même l'extériorisation d'un rapport d'exploitation de classe, dans la mesure où la production, basée sur le salariat, suppose l'extraction de la plus-value de la force de travail par les détenteurs du capital (Gastiazoro *et al.*, 1986 : 15-100 ; Cardoso, 1984 : 170-186).

Cependant, pour les besoins spécifiques de l'analyse de la question agraire saint-dominguoise-haïtienne, nous allons utiliser de façon différenciée ces deux courants théoriques, selon leurs divers objets d'investigation. L'École argentine s'intéresse aux problèmes de changement ou

---

5. Dans le cas d'Haïti, sa dépendance des États-Unis est politique, économique, commerciale et militaire. Elle est politique, parce que depuis 1915 jusqu'à 1989 malgré des élections parlementaires ou populaires, Washington choisit les présidents haïtiens : l'élection démocratique d'Aristide en 1990 est l'exception qui confirme la règle générale de l'intrusion américaine dans les affaires publiques haïtiennes. Elle est économique, à cause des investissements des capitaux américains aux niveaux agraire et industriel et de la surexploitation d'une main-d'œuvre à bon marché. Elle est commerciale, parce que les États-Unis représentent le plus grand partenaire d'Haïti dans le marché international. Enfin elle est militaire, parce que les forces armées haïtiennes ont été créées en 1922 par les États-Unis lors de leur occupation du pays (1915-1934) et sont entraînées et conseillées par des spécialistes américains jusqu'en 1995.

de blocage structurel, d'alliance de classes, d'idéologie et d'hégémonie. Pour sa part, l'École brésilienne examine la forme d'État dictatorial, son influence marquée sur les rapports du latifundium et du minifundium, la répression paysanne, et considère aussi la problématique de la crise sociale permanente en rapport avec le « capitalisme sauvage » à la campagne[6].

Notre procédé d'exposition de ces deux approches en relation avec la question agraire saint-dominguoise-haïtienne consiste à présenter le noyau compréhensif de certains de leurs concepts susmentionnés, c'est-à-dire leurs caractéristiques générales, et leur extension ou opérationnalisation, en d'autres termes, leurs formes concrètes à Saint-Domingue-Haïti.

1.1 *École argentine de la dépendance*

Certains dépendantistes argentins retiennent deux modes interdépendants et complémentaires de création de rapports sociaux par l'État étranger et/ou national, à savoir : l'un de violence armée ou physique pure (la conquête coloniale esclavagiste, les luttes de libération nationale, les interventions impérialistes, la répression militaire ou policière, etc.), et l'autre de persuasion idéologique voire d'endoctrinement politique dans les sociétés latino-américaines et caraïbéennes, lors de l'intégration de ces dernières respectivement aux phases mercantiliste et impérialiste du capitalisme central dominant (Miguelez, 1992 : 124-134 et 600-603 ; Cohen, 1983 : 202-249). Ces deux formules de mise en forme des relations classistes rurales renvoient à une vision particulière de l'organisation de la société civile et de la société politique. Cette vision qui provient de la métropole colonisatrice ou impérialiste et des classes dirigeante et dominante locales pose, selon les chercheurs argentins, la double problématique fondamentale du changement ou du blocage structurel partiel ou global agraire à partir d'un type d'alliance de classes et de leurs idéologies et hégémonies correspondantes.

Dans les sociétés dépendantes, dans la mesure où l'État joue un rôle primordial dans l'instauration des relations classistes agraires, le développement de l'infrastructure et la modernisation de l'encadrement technique, cet État est donc à la fois le promoteur par excellence du changement et du blocage structurel partiel ou global rural. Par chan-

6. Nous ne minimisons pas l'importance des études sur la dépendance entreprises par Touraine (1976, 1987 et 1988), Memmi (1970), etc... Seulement pour les besoins particuliers de notre analyse concrète du cas d'Haïti, nous allons synthétiser les recherches des penseurs latino-américains qui sont d'ailleurs les pionniers de l'étude du phénomène de la dépendance...

gement de structure, Viñas et Gastiazoro (1985 : 20-42) entendent la transformation des relations non capitalistes basées sur la rente en rapports capitalistes fondés sur le salaire, c'est-à-dire la disparition de l'économie de prestation personnelle dont les trois principales classes sont les latifondiaires, les paysans métayers (« *aparceros* » et « *medieros* ») et fermiers libres, l'élimination aussi des parcellaires indépendants et leur remplacement par les capitalistes agraires et les ouvriers agricoles (salariés). Cette transformation structurelle globale qui est toujours accompagnée d'innovations technologiques (mécanisation de la production agro-pastorale, rénovation des pratiques culturales et zootechniques et des ponts et chaussées, etc.) implique une hausse de la composition organique du capital[7], le passage du mode d'accumulation de capital commercial à celui de capital productif de plus-values absolue et relative et la transition d'un type d'alliance de classes à un autre (Garcia *et al.*, 1991 : 17-40 ; Piñeiro et Trigo, 1985 ; Viñas, 1983 : 39-102).

Selon Archetti et Stölen (1983 : 111-159) et Viñas (1983 : 103-121), le processus d'accumulation de capital commercial repose sur les formes de production non capitalistes (métayage, fermage libre, exploitation parcellaire indépendante) dont les caractéristiques générales sont la polyculture vivrière, la monoculture d'exportation dont la production est orientée vers la subsistance familiale, et la force de travail domestique comme unité de production et de consommation. L'accumulation du capital commercial est réalisée par les grands et moyens propriétaires terriens rentiers, la bourgeoisie compradore (import-export), les usuriers, et l'État à travers le bail des biens domaniaux et les taxes.

Quant au mode d'accumulation de plus-value absolue, il s'opère exclusivement par la prolongation exagérée de la journée de travail, audelà du temps socialement nécessaire pour l'existence matérielle de l'ouvrier agricole (Peralta Ramos, 1984 : 73). En ce qui concerne l'obtention de la plus-value relative, elle s'effectue grâce à la croissance du volume de la production par l'utilisation de la machinerie (Peralta Ramos, (1984 : 74-90). Les caractéristiques générales des exploitations capitalistes consistent dans la production agraire destinée entièrement au marché en vue d'un maximum de profit et basée sur la salarisation d'une force de travail préalablement ou progressivement expropriée de ses moyens de production. Les bénéficiaires de l'extraction de plus-value sont les capitalistes agraires et les fermiers capitalistes qui tendent à accroître graduellement le taux de plus-value égal à s/v où *s* représente

7. La composition organique du capital est égale à c/v où c (capital constant symbolise les moyens de production ici supérieurs en valeurs à v (capital variable ou salaires).

la plus-value rapportée par v (capital variable ou salaires) (Gillman, 1983 : 21-34 ; Viñas, 1983 : 121-131).

De plus, dans cette optique de changement structurel, Peralta Ramos (1984 : 75-122) avance qu'à chaque étape particulière d'accumulation de capital correspond un type déterminé d'alliance de classes. Ce dernier se réalise sur la base d'intérêts économiques communs et s'exprime idéologiquement et politiquement en un modèle étatique de développement imposé à la « société globale, civile et politique » (Thériault, 1985 : 65-80). Dans la phase d'accumulation de capital commercial, la coalition s'effectue entre les fractions terrienne rentière, usurière, commerciale et compradore de la classe dominante et la classe dirigeante (les hommes politiques au pouvoir) pour établir, par la violence armée et légitimée, et faire accepter, au moyen de l'idéologie dominante, des rapports sociaux agraires non capitalistes dont la dynamique économique essentielle réside dans la production, l'échange national et l'exportation de matières premières. L'idéologie de ce « bloc économico-politique » est une tentative de justification et de légitimation des mesures étatiques de structuration des relations agraires : elle est fondamentalement « paternaliste », « civilisatrice » et « sécuritaire coloniale ou nationale » (Kesselman, 1987 : 10-15 ; Larrain, 1982 : 80-81).

Elle est « paternaliste », dans la mesure où elle tente de présenter les maîtres d'esclaves et de terres, les grands et moyens propriétaires fonciers, les usuriers et l'État comme des agents sociaux qui accomplissent la volonté de Dieu (selon l'instruction religieuse coloniale esclavagiste ou nationale), qui rendent service aux esclaves, aux métayers, aux fermiers et aux emprunteurs respectivement en leur concédant des lopins de terre en possession et en usufruit contre une rente en travail, en nature et/ou en espèces et en leur prêtant de l'argent contre de l'intérêt (Tort, 1988 : 14-24 ; Ortiz, 1987 : 300-371). Elle est aussi « civilisatrice », en ce sens qu'elle s'efforce de reproduire en Amérique Latine et dans les Caraïbes l'organisation sociale, matérielle et spirituelle, européenne ou nord-américaine jugée progressiste, moderne, et de rejeter les conditions d'existence, les cultures indigènes ou africaines considérées comme primitives, barbares, (Sarmiento, (1845), 1984 : 9-10; Peña, 1985 : 57-60 ; Estrade, 1991 : 425-433 ; Lebedinsky, 1990 ; Crow, 1992 : 577-579). Cet ethnocentrisme européen ou nord-américain se traduit par la dépendance culturelle et par la discrimination« raciale »contre « l'indien », le noir et le métis, leur infériorisation par les blancs, au nom de « la pureté du sang » qui donne naissance au phénomène ségrégationniste de l'idéologie de couleur du seizième au vingtième siècle. « Ferments de révolutions et de guerres civiles, ces "préjugés raciaux" sont restés vivaces et ils pèsent probablement encore dans nos sociétés contemporaines » (Uribe, Hector *et al.*, 1992 : 172).

Enfin la troisième caractéristique de l'idéologie dominante est celle de la sécurité (coloniale ou nationale). La sécurité est « la capacité donnée à la colonie ou à la nation par l'État d'imposer ses objectifs à toutes les forces qui s'y opposent », par l'utilisation systématique de la violence armée par l'État légitime (Comblin, 1984 : 41). Dans cette optique, les énormes dépenses de l'État en personnel militaire et policier, en édifices de défense et en armements se justifient. Nous allons revenir sur cette fonction répressive de l'État lors de la discussion sur l'École brésilienne. Pour le moment, notons avec Gastiazoro *et al.* (1986 : 39-41) que « la surveillance et les punitions militaires et policières » accompagnent le processus d'accumulation de capital et essaient de désamorcer toute tentative de contestation ou de révolte des producteurs directs, dénommée « lutte inter-classes dominante et dominée ». (Delich *et al.*, 1980 ; North, 1966 : 14-22).

Pour ce qui est du passage du mode d'accumulation du capital commercial à celui de capital productif de plus-value absolue, Peralta Ramos esquisse deux observations pertinentes. D'une part, la production de la plus-value absolue, à travers la prolongation exagérée de la journée de travail, ne nécessite pas un régime généralisé mais plutôt un régime partiel de capitalisation agraire.

Dans ce cas, les producteurs directs ne sont pas séparés de leurs moyens de production essentiel : la terre qu'ils cultivent comme métayers, fermiers et/ou paysans indépendants. Ils deviennent aussi des « ouvriers agricoles saisonniers » *(« obreros golondrinas »)*. C'est « la subsomption formelle » de l'ouvrier au capitaliste (Peralta Ramos, 1986 : 72-73). Aussi la transition du mode d'accumulation de capital commercial à celui de capital productif de plus-value absolue ne change-t-il ni les relations agraires non capitalistes, ni les trois attributs paternaliste, civilisateur et sécuritaire de l'idéologie du bloc économico-politique[8]. Seulement elle fait émerger et se développer deux nouvelles fractions de classe dominante : les capitalistes agraires et les fermiers capitalistes qui toutefois restent en nombre insignifiant pour une transformation structurelle profonde. Une partie du blocage agraire résulte de l'incapacité du capitalisme agraire à subsumer réellement la structure productive. Dans cette situation s'explique la deuxième remarque de Peralta Ramos (1984 : 75-83) que partage Kesselman (1987 : 11-12). Elle porte justement sur l'intégration de ces deux fractions au bloc écono-

---

8. À ce propos, Gramsci (1975 : 207, 208 et 274) écrit que « ces idéologies historiquement organiques organisent les masses humaines, forment le terrain où les hommes se meuvent, où ils acquièrent conscience de leurs positions sociales, où ils luttent. Elles prennent dans la pratique cette dureté de granit, fanatisme dont l'énergie équivaut à celle de forces matérielles ».

mico-politique déjà existant et l'aggravation de la lutte au sein de la classe dominante entre les diverses composantes du bloc pour « l'hégémonie ».

Dans le sens de Gramsci (1975 : 606-607) repris par Kesselman (1987 : 12), nous entendons par *hégémonie* un rapport, soit de direction idéologique et culturelle, soit de domination économique, soit de subordination juridico-politique. Ce sont des fonctions d'organisation de la société civile et de la société politique articulées autour des intérêts matériels et spirituels des trois fractions hégémoniques de la classe dominante latino-américaine et caraïbéenne, à savoir : les propriétaires fonciers, la bourgeoisie compradore et les capitalistes industriels et agraires, généralement regroupés sous le concept d'« oligarchie » (Rouqié, 1987 : 135; Imaz, 1984 : 106-111, 193 ; Gracierena, 1984 : 59-75). Alors la représentativité des groupes ethniques (blanc, métis, noir, indien) et/ou des factions de l'oligarchie dans les appareils de l'État nous livre l'essence même de l'hégémonie dans toutes ses modalités. En effet, dans les sociétés latino-américaines et caraïbéennes, la direction culturelle du groupe ethnique (blanc) s'imbrique à sa domination politique et économique. Alors sa pratique de l'hégémonie emprunte à la civilisation occidentale la triple formule respectivement de structuration politique (colonialisme ou État-nation démocratique), de persuasion idéologique (paternalisme, modernisme, sécurité publique) et de régulation économique (production non capitaliste ou capitaliste). L'hégémonie de l'un de ces groupes ethniques se déploie toujours à ces trois niveaux. Car, selon McLennan *et al.*, (1983 : 49),

> the concept of hegemony is produced by Gramsci to analyse these relations within classes and between classes... The hegemony of the ruling bloc is seen not simply at the political level, but as affecting every aspect of social life and thought .

En dernière instance, l'École argentine de la dépendance analyse les relations entre l'État, l'oligarchie et le blocage structurel agraire partiel ou global. En effet, selon Viñas et Gastiazoro (1985 : 66), l'État dépendant investit moins d'année en année dans l'amélioration de l'infrastructure (routes, ponts, et chaussées, barrages, etc.) et dans la formation et l'encadrement techniques concernant l'agriculture et l'élevage que dans le maintien et l'élargissement de ses appareils administratifs et répressifs. En outre, ces deux dernières catégories de dépenses vont en augmentant à cause de « la politique de prébende » du bloc classiste (Graciarena, 1984 : 34-44) et de l'importance marquée de l'armée et de la police (Gastiazoro *et al.* : *op. cit.*). Or, dans la mesure où l'État dépendant joue un rôle primordial non seulement dans la création des classes sociales rurales par l'octroi de terres publiques et de crédit, mais encore dans l'instauration et la rénovation des infrastructures et dans la formation et l'encadrement techniques agraires, la baisse importante de ses investissements dans ces quatre secteurs économiques provoque inévitablement un ralentissement voire une absence de placement de capitaux privés dans plusieurs régions phytogéographiques, c'est-à-dire aptes à certaines cultures (Cavallo *et al.*, 1989 : 15-77; Bellamy *et al.*, eds., 1989 : 1-8). Ce manque d'activités économiques publiques et privées régionales se traduit par le phénomène du « blocage de la structure agraire » dans des formes de production non capitaliste. En ce sens, Archetti et Stölen (1983 : 124-176) et Garra (1972 : 52-304) étudient dans les années soixante dix et quatre-vingt un blocage partiel, respectivement dans la Pampa et le Nord-est, de l'économie rurale argentine à prédominance capitaliste. Cette hétérogénéité des relations capitalistes et non capitalistes agraires fonde le phénomène du « développement inégal, limité et combiné » des sociétés dépendantes. Ce phénomène de déformation structurelle est le résultat d'un échec partiel ou global de pénétration du capitalisme agraire respectivement au niveau régional ou national (Guillaume et Delfaud, 1991 : 358-359; Michelena, 1988 : 41-45 ; Gastiazoro *et al.*, 1986 : 39 ; Pla, 1984 : 35 ; Flichman, 1984 ; Viñas, 1984 : 92-106). En outre, Viñas note que dans certaines régions peu développées le maintien des formes de production non capitalistes par l'État sur les terres domaniales et par les grands et moyens propriétaires fonciers provient de l'extraction d'un profit maximum respectivement au niveau de la rente non capitaliste élevée et du bas salaire alloué par quelques entreprises agricoles capitalistes à une main-d'œuvre paysanne surabondante et ouvrière saisonnière en « chômage déguisé » :

> «El capitalismo no liquida de golpe las formas precapitalistas que encuentra, sino que las utiliza cuando puede en busca de mayores ganancias »,

écrit Viñas (1984 : 93). Aussi faut-il analyser ces deux types de rapports sociaux et leurs classes correspondantes comme une « combinatoire », une totalité hétérogène structurée. Cette hétérogénéité structurelle, cette articulation des rapports sociaux capitalistes et non capitalistes, se retrouve aussi dans la production agraire haïtienne.

1. 2 *École argentine et question agraire saint-dominguoise-haïtienne*

Selon la grille d'analyse de cette École, c'est par l'imbrication de la violence armée (la conquête coloniale esclavagiste) et la persuasion idéologique (paternaliste, civilisatrice et sécuritaire) que l'État monarchique absolu français, dans sa phase mercantiliste, invente et organise la société de Saint-Domingue entre 1640 et 1804. La colonie de Saint-Domingue est une « région-ressources » dépendante. Ses rapports sociaux se basent, au plan économique, essentiellement sur la production de la canne-à-sucre (surtout), de l'indigo, du café et du coton pour l'exportation vers la métropole, tandis que se trouve établie une hiérarchisation des classes. De ces dernières fractions dominantes sont une bourgeoisie compradore métropolitaine, des grands et moyens maîtres-planteurs majoritairement blancs et affranchis (métis en majorité). Les fractions dominées sont constituées par des esclaves (noirs en majorité). Les fractions dirigeantes sont des militaires blancs. Cette distribution de pratiques liées à la propriété commerciale et terrienne, à la production directe et à l'administration publique de l'époque révèle à Saint-Domingue, d'une part, l'enchevêtrement des réalités classiste et ethnique avec la suprématie du colon blanc sur les métis et les noirs et, d'autre part le caractère militaire du pouvoir d'État avec la prédominance de la coercition armée ou physique exprimée non seulement dans les luttes de classes, mais encore dans le Code Noir de 1685, les règlements de culture de 1793 et 1801 et le catéchisme colonial (Documentos Ineditos, 1976 : T1 à TXXXVII).

Par conséquent, dès la formation coloniale d'Haïti sous le nom de Saint-Domingue se détachent déjà l'extraversion de son économie et un type particulier d'alliance de classes entre une bourgeoisie commerciale (import-export), des propriétaires fonciers (esclavagistes) et la bureaucratie militaire de l'État (colonial), dans l'étape d'accumulation de capital mercantile axée sur l'extraction de la rente en travail et en nature et la réification de la main-d'œuvre. Émerge et se développe aussi la triple caractéristique de la vision dominante, à savoir : paternaliste (l'esclavage est voulu par Dieu) ; civilisatrice (les croyances animistes africaines connues sous le nom de : Vodou et l'organisation communautaire tribale qui leur correspondent signifient « barbarie » ; en revanche, le féodalisme et le catholicisme, le système républicain ou impérial et le métayage[9] de 1793 à 1804 représentent la « civilisation ») ; et sécuritaire (l'ordre social colonial doit être défendu par les armes contre les ennemis de l'intérieur et de l'extérieur au nom de la métropole française symbolisée par le gouverneur colonial investi du pouvoir discrétionnaire) (Gomez, 1992 : 245-293 ; Hector, Uribe *et al.*, 1992 : 125-132).

---

9. À Saint-Domingue le métayage reproduit sa forme française. Il est un mode de faire-valoir d'une propriété foncière par lequel le propriétaire cède l'usufruit de sa terre à un locataire ou métayer, moyennant une rétribution représentant au maximum un tiers des produits de l'exploitation.

Pour synthétiser rapidement la suite des événements du point de vue de l'organisation sociale, à partir de l'École argentine on peut dire que de 1784 à 1793, le bloc économico-politique est constitué par des planteurs esclavagistes, la bourgeoisie compradore métropolitaine française et les dirigeants militaires colonisateurs. De 1793 à 1804 à la suite de la Liberté Générale des esclaves et d'une nouvelle législation agraire instituant le fermage non capitaliste et le métayage et conservant le système des grandes plantations, les planteurs esclavagistes se transforment en latifondiaires, les autres membres du bloc demeurent identiques. De 1804 à 1994, à la faveur de l'Indépendance d'Haïti, les nouveaux alliés au pouvoir sont les latifondiaires, les capitalistes commerciaux (import-export) et les gouvernements militaires, civilo-militaires ou militaro-civils haïtiens. Cependant s'intègrent au bloc traditionnel en 1916 des capitalistes agraires américains et haïtiens et des capitalistes industriels haïtiens (en 1943) et américains (en 1968). Mais ces deux nouvelles fractions de la classe dominante ne changent pas la dominance des relations non capitalistes rurales non plus que les trois attributs de l'idéologie dominante cette fois-ci dans le double contexte d'un État-nation (dès 1804) et des luttes au sein de la classe dominante des deux groupes ethniques, les noirs et les métis, dont la mésentente date de la Guerre du Sud de 1799 menée par Toussaint et Rigaud.

Quant au blocage structurel global des relations agraires, et ceci est très important, il se manifeste, en dépit de l'existence de certaines exploitations agricoles de type capitaliste[10], par le développement régional, inégal et combiné des formes dominantes de production non capitaliste avec le capitalisme dès 1916. Cette hétérogénéité structurelle à dominance non capitaliste publique et privée s'explique par l'insouciance de l'État en matière de modernisation technique agro-pastorale et infrastructurelle aboutissant à une absence d'investissements privés, et par la recherche d'une maximisation de bénéfices avec un minimum de coûts bureaucratiques (chefs de section rurale, percepteurs de taxes et de rente domaniale, quelques rares techniciens agraires dans les plaines). C'est dans cette même logique de surexploitation à peu de frais

10. Cette minorité d'exploitations obtient son profit à partir du processus d'accumulation du capital productif de plus-values absolue et relative. L'extorsion de la plus-value absolue se fonde sur la prolongation exagérée de la journée de travail de la main-d'œuvre rurale salariée qui représente respectivement en 1970, 1981 et 1991, 3,5%, 4,5% et 5,8% des producteurs directs agricoles, donc une faible proportion de la main-d'œuvre agricole, (Source : I.H.S.I., 1970-1992). L'obtention de la plus-value relative s'effectue grâce à l'augmentation du volume de la production par l'emploi de la mécanisation. Ces deux modes d'accumulation de plus-value sont pratiqués dans cette minorité d'exploitations capitalistes.

que les propriétaires fonciers et fermiers non capitalistes libres se contentent de percevoir leur rente du paysannat sans s'occuper de l'amélioration des moyens de production ni de la compétence technique et de la capitalisation graduelles de cette main-d'œuvre rudimentaire, en un mot, du progrès des forces productives matérielles (Godelier, 1990 : 59-61).

En dernière analyse, même si le néo-colonialisme américain en Haïti, de 1915 à 1934, amène un mode d'accumulation fondé sur le capitalisme agraire productif de plus-values absolue et relative dans de grandes plantations utilisant des machines agricoles et fonctionnant avec des rapports sociaux salarisés rachitiques, la persistance de la prédominance des relations agraires non capitalistes, à travers les stades colonialiste (1640-1804), libre-échangiste (1804-1915) et néo-colonialiste (1915-1934) de dépendance à l'égard de la France et des États-Unis, indique la continuité de la dominance traditionnelle du capital commercial à la campagne (Source : B.N.R.H., 1992). L'École brésilienne apporte des éléments théoriques nouveaux dans l'explication du blocage structurel agraire.

1.3 *École brésilienne de la dépendance*

Pour Cardoso et Faletto (1974 : 18-22), l'État dans les sociétés dépendantes, est l'institution par excellence de domination et de reproduction des fractions de classe dominante et de leurs idéologies paternaliste et sécuritaire qui informent et imprègnent la vision et les pratiques politiques du bloc au pouvoir. En ce sens Cardoso (1984 : 177) écrit : « L'État devient ainsi le pivot d'un développement basé sur l'exclusion, la concentration des revenus et la satisfaction des besoins des couches aisées de la population ». Il s'agit bel et bien de l'État oligarchique qu'analyse aussi l'École argentine. Cependant Cardoso (1984 : 177) dénonce le caractère répressif de ce pouvoir et Faletto (1989 : 77 et 84) son « clientélisme chronique ».

> « When the "*clientèle*'s" pressure is successful —and this is often the case— the satisfaction of their demands becomes the real and true object of that state agency » (Faletto, 1989 : 84).

L'exclusion économique du surplus agraire, la marginalité politique des masses paysannes et le clientélisme des diverses composantes du bloc économico-politique débouchent sur la fondation et la consolidation d'un État dictatorial qui utilise essentiellement la contrainte légale, physique et armée comme moyens violents de dissuasion contre les révoltes des producteurs ruraux et comme mécanisme juridique de régulation des relations classistes entre les latifundiaires et les minifondiaires, entre les propriétaires fonciers et leurs métayers et fermiers, enfin entre les capitalistes et les ouvriers agricoles (De Andrade, 1983 : 3-12; Boismenu *et al.*, 1988 : 7-55 ; Wilkinson, 1988 : 27-165). Ianni (1983 : 82-98; 1984a : 198-204 et 221-243; 1986 : 31-133) étudie « les relations organiques » entre les formes d'État dictatorial latino-américain et la question agraire. Cette prééminence de l'État national fort, dénommé selon ses caractéristiques particulières tour à tour caciquisme, caudillisme militaire ou civil, bonapartisme, fascisme ou autoritarisme bureaucratique, exprime les intérêts économiques et idéologiques du bloc traditionaliste au pouvoir.

En effet, les intérêts économiques dominants, basés essentiellement en Haïti, au Paraguay et au Guatemala sur des relations agraires paternalistes ou patrimoniales, interdisent à la majorité des paysans l'accès à la propriété terrienne et provoquent ainsi leur surexploitation et leur paupérisation progressive à la fois comme colons partiaires ou métayers, petits fermiers et/ou ouvriers saisonniers. Pour permettre la reproduction de ce système de concentration foncière et dissuader ou vaincre les révoltes et mouvements de revendications de terre et de travail des producteurs et chômeurs ruraux, le bloc au pouvoir (à dominance oligarchique agraire et agro-exportatrice) rejette tout projet juridico-politique de restructuration domaniale. En outre, le bloc considère toute tentative de protestation ou d'organisation paysanne contre le régime foncier comme une menace et une atteinte à la sécurité de l'État. Les intérêts économiques oligarchiques sont alors défendus et préservés dans les diverses pratiques financières, juridiques et répressives mais aussi culturelles et religieuses des agents publics de l'ordre rural (police, notaires, juges de paix, percepteurs d'impôts et de rente domaniale, prêtres et pasteurs conservateurs) : l'idéologie dominante de la sécurité nationale se dévoile ici dans toutes ses dispositions persuasives (Ianni, 1986 : 34-41 et 123 ; 1984b ; De Souza Martins, 1983 : 41-177 ; Kotscho, 1982 ; North, 1981 : 29-41)[11].

Par ailleurs, une « crise sociale permanente », liée aux pratiques de ce régime, s'installe. Il ne faut pas l'entendre dans un sens économiste restreint de diminution de la production agricole et de croissance de la pauvreté et de l'indigence, mais bien dans une signification large qui englobe ces trois problèmes tout en impliquant aussi les contradictions

11. Dans les sociétés dépendantes où en général prédomine le système patrimonial d'organisation de la société civile (Ianni, 1984 : 130-131) le rôle du religieux est fondamental. Aussi l'État dictatorial persécute-t-il les prêtres ou pasteurs progressistes ruraux, disciples de « la théologie de la libération qualifiés de communistes » (Aristide, 1993).

idéologiques et politiques des classes dominante et dominée en lutte (Benakouche *et al.*, 1984 : 118-200; Jaguaribe *et al.*, 1989 : 55-72 ; Balandier, 1988 : 80-143). La crise signifie alors une exaspération particulière des oppositions d'intérêts classistes et une pression plus lourde sur l'État oligarchique pour procéder à une recombinaison des pratiques sociales contestées. En effet, au niveau des luttes idéologiques des classes dominante et dominée (Goldmann, 1981 : 109-110 et 122-130), des mouvements armés intermittents ou pacifiques continus de paysans non propriétaires, repoussant le paternalisme chrétien et foncier, manifestent leur « conscience réelle » des inégalités économiques et/ou religieuses en réclamant la propriété individuelle de terres domaniales et en les occupant de facto ou en pratiquant clandestinement leurs croyances ancestrales animistes interdites et jugées barbares par le pouvoir ecclésiastique chrétien et l'État. Au niveau des luttes politiques des classes dominante et dominée, rejetant les deux idéologies étatiques oligarchiques de la couleur et de la sécurité, par les armes ou par les urnes, des paysans affichent leur plus haut degré de politisation, c'est-à-dire leur « maximum de conscience possible » (Goldmann, *ibidem)* en portant à la direction des affaires un gouvernement populiste militaire ou civil (Ianni, 1986 : 31), fissurant ainsi le bloc qui a tendance à réagir par un coup d'État d'officiers fidèles au statu quo ante.

Pour ce qui est des luttes idéologiques au sein de la classe dominante, elles véhiculent l'affrontement brutal (assez souvent armé) des factions ethniques blanches, indiennes, noires et métisses qui traduisent leur conscience réelle, c'est-à-dire une vision limitée et dévoyée de leur situation objective sous forme d'idéologie de couleur. Ces fractions de classe dominante atteignent leur « maximum de conscience possible », au niveau de leurs luttes politiques internes, quand elles combattent pacifiquement (par les urnes) ou violemment (par les armes) pour la suprématie au sein du bloc au pouvoir et le maintien de leurs privilèges sectaires. Des coups d'État militaires en faveur de telle ou telle fraction du bloc économico-politique sont fréquents en Amérique Latine et dans les Caraïbes. Car la militarisation de l'État oligarchique non seulement façonne un régime politique de contre-révolution permanente, comme nous le signalons plus haut dans le cas des chutes de gouvernements populistes, mais encore elle consolide les caractéristiques passées et récentes de l'alliance de « l'oligarchie nationale et étrangère caduque, obsolète avec des dirigeants militaires conservateurs » (Jaguaribe *et al.*, 1989 : 64).

En dernière instance, les attributs des sociétés bloquées comme le Guatemala, le Pérou et, bien sûr, Haïti, peuvent être le maintien généralisé (par l'État oligarchique) du système de rente foncière non capitaliste libre en faveur des grands et moyens propriétaires terriens et des négociants exportateurs de denrées, donc du capital commercial, la baisse chronique de la production agro-pastorale, la contestation paysanne intermittente du dix-huitième au vingtième siècle des hégémonies de l'oligarchie nationale et étrangère, l'accroissement de la pauvreté campagnarde et les énormes dépenses militaires. Dans ces sociétés bloquées est absente, selon Cardoso, (1992 : 22), la « démocratie substantive » impliquant l'accès des masses à l'éducation, à la santé et au bien-être. Y règnent alors un État de non-droit, répressif et une crise sociale permanente due à la turbulence des luttes au sein de la classe dominante et des luttes entre les classes dominante et dominée (Laranjeira, 1983 : 89-97; Velho, 1985 : 41-51; Martine, 1987 : 9, 48, 55, 56, 262-263). Fernandes synthétise la faillite des classes dominantes et dirigeantes de plusieurs sociétés latino-américaines et des Caraïbes en crise permanente dans les propositions suivantes :

> « *Las clases sociales fallan en las situaciones latino-americanas porque operan unilateralmente, en el sentido de preservar e intensificar los privilegios de pocos y de excluir a los demás.* No pueden ofrecer y canalizar socialmente transiciones viables, porque la « revolución dentro del orden » está bloqueada por las clases ricas y privilegia-das, porque las masas desposeidas intentan aprender como realizar la « revolución contra el orden », y porque el entendimiento entre las clases se ha hecho imposible sin medidas concretas de innovaciones... Asi, estructuras de clases en formación y dinamismos de clases ineficientes favorecen la obliteración de la « historia posible ». *En el caso en que surge una sociedad de clases que no logra absorber y orientar las fuerzas de transformación del orden social, nace condenada a la crisis permanente* ». (Fernandes *et al.*, 1983 : 194 et 200)[12].

1. 4 *École brésilienne et question agraire saint-dominguoise-haïtienne*

Le double apport théorique fondamental de l'École brésilienne au débroussaillement de la problématique du blocage structurel agraire haïtien réside dans ses concepts d'État national fort (bonapartisme) et de crise permanente. Le bonapartisme français consiste en la prise illégale du pouvoir par une minorité de « partisans-amis »[13] grâce à un coup d'État militarisé. Il se dote d'abord de la Constitution consulaire de 1802, puis de la Constitution impériale de 1804, pour se légitimer parce qu'au

12. C'est nous qui soulignons.

13. Si, pour Schmitt (1992 : 64, 86 et 218), l'État peut définir l'ennemi public, les régimes politiques militarisés le font en dehors de la Constitution et du droit, par la force des armes.

départ il est sans base populaire réelle. Le bonapartisme est un système oligarchique et autocratique. Dans le cas d'Haïti, au lieu de bonapartisme, il est préférable de parler de césarisme à légitimation restreinte qui traduit mieux, en tant que régime militaro-policier, le mode d'existence et de reproduction de l'État oligarchique et autocratique (Michelet, 1918 : 308-311 ; Touraine, 1981 : 51 ; Salama et Valier, 1990 : 188-194). Comme Jules César[14], les chefs d'État haïtiens se considèrent comme les représentants laïcs de Dieu sur terre, des « oints du Seigneur » par le Te Deum chanté dans toutes les paroisses lors de leur prestation de serment comme président, roi ou empereur, et les maîtres de vies et de biens privés et publics dont ils disposent volontiers : le pouvoir oligarchique et autocratique se sacralise[15] et s'endurcit sous la protection du « paternalisme chrétien anti-progressiste » (Samedy, 1992 ; Fischer, 1992 : 87-95 et 129). Comme Napoléon Bonaparte, les chefs d'État haïtiens, en général sans appui populaire concret, pratiquent la « démocratie de l'oligarchie » (Crow, 1992 : 640-648) en élaborant de nouvelles Constitutions pour se légitimer, après la montée au pouvoir par un coup d'État militaire ou des élections parlementaires (jusqu'en 1950) et populaires (en 1957 et 1988) frauduleuses : le pouvoir oligarchique et autocratique se légalise par et dans le discours constitutionnel qui, de 1801 à 1994[16], constitue le fondement par excellence de la légitimité restreinte, conservatrice du statu quo hégémonique (Duverger, 1982 : 381-414).

Or, justement le concept de crise permanente, second apport théorique de l'École brésilienne à la compréhension du blocage structurel agraire haïtien, renferme les principaux éléments explicatifs de ce dernier. En effet, la crise sociale permanente signifie l'incapacité historique du bloc économico-politique à utiliser, maîtriser les forces économiques, techniques et « démocratiques substantives » de changement agro-pastoral global. La crise sociale permanente connaît deux poussées importantes lorsque la conjonction des luttes entre les classes dominante et dominée et au sein de la classe dominante tombe dans une impasse, dans un arrêt du fonctionnement même de la démocratie de l'oligarchie « dans une inefficacité totale des hégémonies économique, idéologique et politique « cuirassées de coercition » (Gramsci, 1975 : 522). La première poussée mène à l'occupation américaine de 1915 à 1934, la deuxième à l'intervention d'une Commission civile de l'OEA et de l'ONU, en 1993, suivie, le 19 septembre 1994, d'une « occupation paci-

14. César, dans l'éloge funèbre de sa tante Julia, prétend descendre de Vénus (Michelet, 1918 : 308).

15. Le Te Deum consacre l'alliance séculaire de l'État et de l'église.

16. L'unique gouvernement, depuis 1804, démocratiquement élu le 16 décembre 1990, fait exception à cette règle générale.

fique », de 22.000 soldats américains en application de la Résolution 841 de l'ONU pour chasser du pouvoir les auteurs militaires du coup d'État du 30 septembre 1991 contre l'unique gouvernement démocratiquement élu d'Haïti (Leogrande, 1994 ; Ramonet, 1994). La crise permanente, son déploiement structurel, diachronique[17] et sa phase aiguë conjoncturelle, synchronique (sa poussée importante), reflètent le mouvement pendulaire d'une « société agraire bloquée », non réglée par les principes juridiques des pouvoirs civil, législatif et judiciaire, mais bien essentiellement par la coercition du pouvoir martial (Staven-hagen, 1982 : 64-108 ; Rouquié, 1982 : 94-231 ; Torres Rivas, 1985 : 291-323 ; Saint-Gérard, 1986 : 87 et 92; voir tableau I suivant).

Thèses fondamentales des dépendantistes argentins et brésiliens

A) *Thèses communes aux deux Écoles :*

i) Différentes formes de dépendance : économique, politique, technologique, idéologique du colonialisme européen et des impérialismes européens et nord-américain.

ii) État périphérique : oligarchique et militarisé, lieu de création et de reproduction de la classe dominante et de la classe dominée par l'hégémonie et la coercition (surtout).

iii) Clientélisme étatique chronique.

B) Thèses particulières à :

I) École argentine	II) École brésilienne
1) Changement ou blocage structurel global ou partiel à partir d'alliances de classes	1) État national périphérique : autocratique et militarisé.
2) Bloc traditionaliste au pouvoir avec ses idéologies et hégémonie correspondantes.	2) Répression comme mode essentiel de régulation de la domination classiste.
3) Modes d'accumulation de capital commercial et de capital productif de plus-values absolue et relative.	3) Ritualisation des coups d'État militaires.
4) Développement inégal, limité et combiné	4) Crise sociale permanente comme expression de l'incapacité de certaines classes dirigeantes et dominantes périphériques à réaliser « la démocratie substantive ».

17. Le développement diachronique de la crise permanente se manifeste dans la chute continue de l'économie d'exportation, la rusticité des connaissances et des instruments agricoles et le rituel des guerres civiles et des coups d'État militaires.

C'est qu'en fait, écrivent Joseph et Victor (1988 : 15) :

> « La politique de la dictature haïtienne est basée sur l'exclusion systématique des masses populaires. En Haïti, la démocratie a eu (et continue d'avoir) de la difficulté à s'établir. Les aspirations démocratiques des forces sociales n'ont jamais trouvé en Haïti un contexte politique favorable à leur épanouissement... Cette pratique dictatoriale relie l'individu au pouvoir qui est omniprésent et omnipotent. La transition démocratique haïtienne est ainsi handicapée et difficile. *Il s'agit, sur le plan politique, d'un pouvoir autocratique qui se caractérise par une absence totale de politique* »[18].

18. C'est nous qui soulignons.

Chapitre 4

Autre perspective de la sociologie économique : écologie sociale et économie mondiale

1. *Écologie sociale et concepts fondamentaux*

1.1 *Environnement*

Nous considérons l'environnement comme la totalité des choses et des phénomènes naturels et artificiels qui sont situés dans un espace déterminé où se développent les activités humaines.

Cette brève définition de l'environnement nous conduit au coeur même des relations complexes entre les êtres humains et leur milieu naturel de vie, c'est-à-dire à la problématique de l'écologie sociale. Cette problématique tourne principalement autour de trois contraintes majeures qui pèsent lourdement sur l'environnement (Ramade : 1999 : 7-19). La première —et non la moindre— provient de la « dénaturation de la nature » et de sa « profanation » par la fausse conscience des capitalistes internationaux qui la considèrent à tort comme un vaste réservoir de marchandises renouvelables. La deuxième, tout aussi importante, tire son origine dans le centre du capitalisme mondial de la croissance matérielle du standard de vie qui augmente démesurément les besoins en biens économiques utilisant des ressources naturelles limitées et pourtant surexploitées avec une voracité supérieure à leur rythme biologique de reproduction/ renouvellement. La troisième, non moins grave dans ses effets pervers sur le monde vivant, est causée par la prolifération anarchique des populations des pays de la périphérie du capitalisme mondial qui exigent pour leur subsistance des terres arables et de l'eau. Celles-ci leur font déjà défaut pour deux raisons essentielles : l'une, qui est la mauvaise répartition de la propriété foncière concentrée entre les mains de l'État, de sa clientèle, des latifondiaires traditionnels et des multinationales, et l'autre, qui est l'insuffisance quantitative de ces deux ressources environnementales pour satisfaire les nécessités primaires (biologiques), c'est-à-dire le minimum vital de ces populations supplémentaires.

« En définitive, note judicieusement Ramade (1999 : 9), au travers d'une exploitation irrationnelle, voire d'une authentique dilapidation de la nature et de ses ressources biologiques, les populations humaines, des pays industrialisés comme du Tiers-Monde, représentent l'unique cause de cette crise globale de l'environnement »[1].

1.2 *Définition de « Écologie sociale » et de ses principaux concepts*

Dans les liens historiques entre les êtres humains et la nature (l'environnement physico-chimique) nous observons cinq grandes visions, à savoir : mystique, religieuse (théologique), philosophico-idéaliste ou matérialiste et scientifico-technique. Les visions mystique, religieuse et philosophico-idéaliste peuvent se considérer comme « enchantées », c'est-à-dire habitées et dominées par des modalités diverses de spiritualité. Les visions philosophico-matérialiste et scientifico-technique sont « désenchantées » dans le sens de Max Weber de rationalisation et d'intellectualisation des relations entre les êtres humains et la nature. Quant à la vision mystique sur laquelle nous voulons attirer une attention toute particulière parce qu'entièrement antagonique à la nôtre, scientifico-technique moderne, donc utilitariste des ressources naturelles limitées et parfois non renouvelables, elle obéit, note Lucien Lévy-Bruhl (1928), à la « loi de la participation » selon laquelle les objets, les êtres, les phénomènes peuvent être à la fois eux-mêmes et autre chose qu'eux-mêmes. Ils émettent et reçoivent des forces, des vertus, des qualités, des actions mystiques (mystérieuses, tenues cachées, secrètes), qui se font sentir hors d'eux, sans cesser d'être où elles sont. En d'autres termes, les rapports naturels de causalité entre les phénomènes revêtent une importance minime. Dans cette représentation primitive l'opposition, la contradiction entre l'un et le plusieurs, le même et l'autre, etc. n'impose pas le besoin d'affirmer l'un des termes si l'on nie l'autre ou réciproquement. Dans la vie quotidienne les participations mystiques prédominent et souvent occupent toute la place...En somme, dans ce monde « enchanté » des trois visions mystique, religieuse et philosophico-idéaliste la nature vit en quelque sorte en symbiose avec les êtres humains qui en général la respectent, la vénèrent et/ou la sacralisent. Mais dans le monde « désenchanté » des deux visions philosophico-matérialiste et scientifico- technique qui est nôtre, la nature est « dénaturée » parce que dichotomisée d'avec les êtres humains : elle est désacralisée, pillée (dévorée) et gaspillée (épuisée). Aussi comprenons-nous que ce pillage et ce gaspillage modernes, produits par le processus rapide et sauvage de désacralisation /profanation de la nature, puissent attirer l'attention de plus en plus soutenue des scientifiques dès le dix-neuvième, des écologistes de Green Peace depuis 1971 et de la Com-

---

[1]C'est nous qui soulignons.

mission Mondiale sur l'Environnement et le Développement formée en 1983 par une proposition de l'Assemblée Générale des Nations-Unies. En effet, l'un des plus importants cris d'alarme scientifique contre « la dénaturation de la nature » est poussé en premier lieu par le biologiste allemand Ernst Haeckel (1834-1919) qui crée en 1866 le concept d'écologie pour rendre compte de l'ensemble des sciences qui étudient les interactions des êtres vivants et de leur milieu.

Comment définissons-nous l'Écologie Sociale ? Étymologiquement le concept d'écologie vient de deux vocables grecs, *oïkos*, habitat, et *logos*, étude, science. Quant à l'attribut « sociale », il signifie « qui a rapport à la société ». Par conséquent, l'écologie sociale est la science qui étudie les relations ordonnées et/ou désordonnées qui s'établissent entre les êtres humains et les différents milieux naturels (faune, flore, air, terre, sous-sol, lacs, rivières, fleuves, mer) dans lesquels ils vivent et évoluent.

Dans leur action réciproque avec l'environnement physico-chimique, en vue de satisfaire leurs nécessités biologiques, socioculturelles et artificielles, les êtres humains inventent des instruments et des appareils techniques (artefacts, du latin artis facta, effets de l'art, du talent, du travail humain créateur) de toutes sortes pour exploiter, surexploiter, piller et/ou gaspiller les ressources naturelles limitées dans l'espace et dans le temps et parfois non renouvelables. L'écologie sociale jette une vive lumière sur les influences réciproques, d'une part, entre le milieu ambiant (physico-chimique) et les organismes vivants, et, d'autre part, entre les êtres vivants eux-mêmes, végétaux, animaux et humains.

1.3 *Écosystème, réseau et chaîne trophiques*

Dans un premier temps, nous considérons l'écosystème (du grec *oïkos*, habitat, et sustêma, ensemble, signifiant un ensemble formé par une communauté d'êtres vivants, végétaux et animaux et des éléments minéraux) d'un étang (étendue d'eau peu profonde, stagnante, naturelle ou artificielle), nous y observons les composantes suivantes :

1) les *producteurs de l'étang* : les végétaux aquatiques et le phytoplancton (du grec, *phuton*, plante, et *plankton*, qui erre, êtres microscopiques ou de petite taille en suspension dans la mer ou eau douce). Ils saisissent, captent l'énergie solaire et synthétisent leur matière organique à partir des éléments minéraux (phosphore, P, et azote, N) et du gaz carbonique, $CO2$, dissous dans l'eau. Ils sont au commencement de la « chaîne trophique (du grec, *trophê*, nourriture) » ;

2) les *consommateurs primaires* (le zooplancton, du grec, *zôon*, animal, *plancton*, qui erre; les têtards, c'est-à-dire, des grenouilles, des crapauds, etc.) qui mangent les producteurs ;

3) les *consommateurs secondaires* (poissons) qui mangent les consommateurs primaires ;

4) les *consommateurs tertiaires* (gros carnivores comme les brochets, les oiseaux) qui mangent à leur tour les consommateurs secondaires;

5) les *décomposeurs* (vers, micro-organismes) qui minéralisent les composés organiques (animaux ou végétaux morts) et libèrent en solution des éléments minéraux comme l'azote et le phosphore.

Il est nécessaire de noter que ces cinq composantes de l'écosystème se classifient en trois catégories majeures, à savoir : les producteurs, les consommateurs et les décomposeurs.

Dans un deuxième temps, les êtres humains constituent les consommateurs (en fait les plus grands prédateurs) quaternaires dans la « chaîne trophique ». Ils dévorent à belles dents les brochets et les oiseaux de l'étang, après un processus économique (production, échange ou circulation et consommation massives de marchandises fétichisées) intégré par la chasse (oiseaux) ou la pêche (brochets) qui l'amène dans les sociétés modernes à l'accumulation du capital (dont la loi d'airain de deux pôles, l'un de richesse et l'autre de pauvreté) à laquelle nous allons revenir lors de l'examen du processus de mondialisation du capital. Il faut se rappeler que la « fétichisation de la marchandise » implique simultanément la personnification des choses, c'est-à-dire des biens économiques (doués de valeur, de valeur d'usage et de valeur d'échange et rares) et la chosification ou réification des personnes. Dans cette vision désacralisée, désenchantée, matérialiste vulgaire, utilitariste et mercantiliste de la nature et de la société, les ressources naturelles et la force de travail humain, manuel et intellectuel (par exemple, en Grèce aux Vème et VIème siècles avant J.-C. le philosophe qui se faisait payer ses Leçons de philosophie par ses disciples est considéré comme mercenaire)deviennent essentiellement des marchandises. Cette perspective renvoie à l'analyse économique des ressources naturelles et de l'environnement (Troisième Rapport National sur l'état de l'environnement au Canada, Gouvernement du Canada, 1996 ; Crognier, 1994 ; Clément, 1986).

En d'autres termes, l'écosystème comprend une totalité intégrée par le milieu (biotope) et les populations vivant dans ce milieu (*biocénose).* Dans un écosystème la chaîne trophique est un rapport d'ordre alimentaire, d'après lequel l'énergie et les éléments nutritifs sont transférés d'un maillon à l'autre, les organismes d'un maillon se nourrissant des organismes du maillon précédent et servant de nourriture à ceux du maillon suivant. Chaque niveau de la chaîne alimentaire s'appelle également niveau trophique. Donc la chaîne alimentaire décrit très simplement le flux de la matière ou de l'énergie entre différents niveaux trophiques. Si l'écosystème est formé par une grande variété d'espèces à cause de leur dimension, de leurs caractéristiques biologiques, de leurs besoins et de leurs fonctions écologiques, ces espèces entrent en compétition dans une complexité de liens entre les proies et les prédateurs. Cet ensemble de liens se dénomme *réseau trophique* au sein duquel la matière et l'énergie s'échangent continuellement des producteurs primaires vers les herbivores, puis les carnivores. Le réseau trophique est considéré comme un complexe de chaînes alimentaires distinctes dans un écosystème (Lévêque, 1997 : 30-37).

Réseau trophique = Complexe de *chaînes alimentaires* composées de différents *niveaux trophiques.*

Pour sa part, le *biotope* est un milieu physique (terrestre ou aquatique), délimité par des caractéristiques écologiques déterminées. Quant à la biomasse, elle désigne la quantité de matière vivante dans une zone déterminée, exprimée en unités de masse vivante (kg vif/ha) ou morte (kg sec/ha). Elle est donc constituée en général par le poids de toute la matière organique dans un endroit précis d'un écosystème donné.

De son côté, la biocénose englobe l'ensemble des êtres vivants que l'on trouve dans un espace homogène et bien délimité appelé biotope. Par conséquent, un écosystème offre une certaine homogénéité du point de vue des conditions physiques, climatiques, chimiques, botaniques et zoologiques. Il peut recouvrir des aires comme un désert, une forêt, une mer ou un étang.

En d'autres termes, la matière organique se synthétise en assimilant (par photosynthèse ou par chimiosynthèse) des composants chimiques et de l'énergie. La *photosynthèse* est la formation de substances organiques (glucides, par exemple) à l'aide de l'énergie solaire par les plantes et bactéries à chlorophylle (du grec, *khlôros*, vert, et *phullon*, feuille). Cette dernière est un pigment vert qui est établi dans les chloroplastes (corpuscules de cellules colorés par la chlorophylle et sièges de la photosynthèse) et qui se forme à la lumière. La chimiosynthèse est l'énergie produite par l'oxidation de composés minéraux par des organismes tels que des bactéries qui oxydent le soufre ou le fer du milieu. Alors les substances chimiques et l'énergie sont véhiculés tout au long des réseaux trophiques et sont ensuite restitués au milieu : les composants chimiques sous une forme recyclable et l'énergie sous forme de chaleur non recyclable (Frontier, 1999 : 30-37).

En somme, les recherches en écologie sociale se développent à deux niveaux, à savoir : le premier qui est l'observation directe de l'écosystème et le deuxième qui est constitué par l'action des êtres humains sur l'écosystème. L'étude écologique adéquate d'un écosystème couvre l'examen du biotope et des facteurs écologiques qui le définissent, le caractérisent, ensuite celui de la biocénose, avec la description et l'analyse évolutive des populations vivantes (dynamique des populations, c'est-à-dire l'étude de l'évolution des multiples relations entre les êtres vivants, l'environnement physique et les espèces considérées).

1. 4 *Biodiversité et spécificité : principes écologiques majeurs*

Quant à la richesse et à la fécondité des espèces vivantes, elles se traduisent par la biodiversité, concept créé par les naturalistes au milieu des années 1980. D'après la Convention sur la diversité biologique signée en 1992 à la Conférence de Rio de Janeiro ou Sommet de la Terre, la biodiversité se définit comme « la variabilité des organismes vivants de toute origine y compris, entre autres, les écosystèmes terrestres, marins et autres écosystèmes aquatiques, et des complexes écologiques dont ils font partie. Cela comprend la diversité au sein des espèces et entre espèces ainsi que celle des écosystèmes ». En termes plus simples, la biodiversité est formée par la totalité des êtres vivants, de leur matériel génétique et des réseaux écologiques complexes dont ils sont partie intégrante. Dans ce cas, elle s'applique à trois instances imbriquées de la hiérarchie biologique (Lévêque, op. cit.). La première est la diversité des espèces dont l'identification et le dénombrement représentent la façon la plus simple d'évaluer la diversité biologique dans une aire géographique. Par exemple, en Amazonie brésilienne un hectare comprend 500 espèces végétales et animales tandis qu'en Europe occidentale un hectare ne possède que 10 espèces végétales et animales. La deuxième est la diversité génétique. Elle indique non seulement que chaque espèce est différente des autres en raison de sa constitution génétique (gènes[2], chromosomes[3]), mais encore qu'il existe « une variabilité génétique entre des populations isolées appartenant à une même espèce ainsi qu'entre individus au sein d'une population » (Lévêque, ibidem). La troisième est la diversité écologique. Elle stipule que les écosystèmes se composent de complexes d'espèces (*biocénoses)* et de leur environnement physico-chimique. Se différencient plusieurs catégories d'écosystèmes naturels comme les forêts tropicales, les savanes, les prairies, les récifs

---

[2]Ce sont des éléments du chromosome qui conditionnent la transmission et l'expression d'un caractère héréditaire. Ils constituent les supports matériels de l'hérédité.

[3]Ce sont des éléments caractéristiques du noyau au moment de la division cellulaire. En forme de grains, de filaments arqués ou de bâtonnets, ils sont en nombre constant (et pair) dans toutes les cellules d'un même individu et chez tous les individus de la même espèce.

coralliens, les agrosystèmes (écosystèmes agricoles), etc. Ces écosystèmes donnent naissance à une combinaison particulière de plantes et/ou d'animaux.

La phase suprême de cette particularité peut déboucher sur la spécificité de plantes ou d'animaux qui existent originellement et évoluent dans des régions déterminées. Pour ce qui est de l'origine spécifique des plantes, Nikolaj Vavilov (1887-1943), fondateur à Leningrad de l'Institut pan-soviétique dédié à l'étude des productions végétales et appelé aujourd'hui Institut Vavilov, crée en 1926 la théorie des centres d'origine. D'après sa méthodologie, il est d'abord nécessaire d'identifier les variétés des principales espèces cultivées à partir des critères morphologiques, cytologiques, génétiques, de résistance aux pathologies (maladies) et d'adaptation à l'environnement. Ensuite ces variétés sont territorialisées sur une carte. Les régions phytogéographiques qui présentent la plus grande concentration de points constituent les centres d'origine spécifique des variétés des espèces cultivées. Selon cette théorie, les centres d'origine spécifique représentent aussi des berceaux de l'agriculture (dans le néolithique).

Nous choisissons, comme exemples de spécificité, respectivement les aires d'origine de plantes cultivées et d'animaux domestiques.

Tableau I : ***Aires d'origine de plantes cultivées***

Aire d'Origine	Plantes Cultivées
Pourtour méditerranéen[4]	Avoine, blé, choux, olives
Éthiopie	Café, orge, riz, sorgho
Afrique de l'Ouest	Millet
Asie centrale	Lentilles, pommes, pois chiches
Asie mineure	Avoine, blé
Inde-Birmanie	Aubergine, citron, patate douce
Indochine-Malaisie	Banane, canne-à-sucre, noix de coco
Chine	Pêche, abricot, soja, thé, kiwi, gingembre
Brésil	Arachide
Pérou	Pomme de terre
Amérique centrale	Cacao, haricot, maïs, tabac, manioc, tomate, courge, avocatier
Amérique du Nord	Tournesol

Sources : Lévêque (op. cit.); Clément (op. cit.).

[4] La méditerranée est la grande mer intérieure comprise entre l'Europe méridionale, l'Afrique du Nord et l'Asie occidentale (2 966 000 kms2).

Tableau II: ***Aires d'origine d'animaux domestiques***

Aire d'Origine	Animaux domestiques
Afrique	Pintade
Amérique du Sud	Cochon d'Inde, dindon
Asie	Faisan
Asie Mineure	Mouton
Europe	Boeuf
Inde	Paon, poule
Moyen-Orient	Chien, cheval, chèvre

Sources : Lévêque (op. cit..) ; Clément (ibidem).

2. *Situation des écosystèmes mondiaux : cas concrets*

Dans son ouvrage intitulé : *Lettres ouvertes aux assassins de la nature* Pellerin (1972) écrit aux industriels en ces termes véhéments :

> « Messieurs les assassins de la nature,
>
> Nous demandions une prise de conscience générale devant les lourdes menaces qui pèsent sur ce patrimoine commun: la Nature. Et nous invoquions l'intérêt de tous, pour aujourd'hui déjà, pour demain plus encore, pour l'an 2000 à plus forte raison. Afin d'arracher votre adhésion, nous insistions sur le fait qu'un capital, si fabuleux soit-il, ne se gaspille pas impunément. Ce sont là des arguments qui portent. Ils ne s'adressent pas seulement au coeur ou à la notion du beau, puisqu'ils s'accompagnent d'une référence vénale, digne *d'assagir des êtres pour lesquels la considération matérielle prime évidemment toutes les autres.*
>
> Nous espérions que vous nourririez des craintes salutaires quant à vos aises de demain. En mettant l'accent sur l'aggravation de plus en plus préoccupante de la pollution des rivières et des lacs, nous tenions à vous rappeler que vous aviez absolument besoin de cette matière première essentielle, ce sang de la terre de plus en plus vicié : l'eau ».
>
> Vingt huit ans après cette forte dénonciation contre les industriels, « assassins de la nature », pouvons-nous observer une diminution de la pollution de l'environnement et une exploitation rationnelle, « sage » des ressources naturelles ? Non. Au contraire l'état de l'environnement mondial se dégrade davantage chaque année et les espèces végétales et animales continuent à baisser dangereusement en nombre, selon tous les experts mondiaux en écologie, en agronomie, en biologie, en zootechnie, etc.

2.1 *Dénaturation des écosystèmes planétaires*

Pour illustrer le haut degré de dénaturation des écosystèmes planétaires, nous allons nous contenter de citer certaines situations alarmantes de dégradation de l'environnement mondial qui arrivent parfois à détériorer la santé humaine. Même si les causes de la sécheresse et de l'extension de la désertification sont multidimensionnelles, c'est-à-dire d'ordre technico-chimique (absence d'encadrement technique des agriculteurs et surutilisation d'engrais azotés, phosphatés, etc. menant à la salinisation du sol), hydrique (mauvaise gestion de l'eau) et politique (absence de lois précises régulant la mise en exploitation rationnelle des terres et des pâturages), il n'en demeure pas moins vrai que le cycle hydrologique est la préoccupation majeure de toute exploitation agricole. L'irrigation est l'épine dorsale de la sécurité alimentaire internationale (Dumont, 1997 : 29-32 ; Brown, 1990 : 61-93 et 1989 : 45-64). En effet, sans un volume suffisant d'eau, les récoltes sont maigres, peu importe la fertilité et la profondeur de la couche arable, la performance de la variété de semence employée et le travail assidu des semeurs et des agriculteurs.

2.2 *Déboisement intensif et dégradation des sols et des habitats aquatiques*

Des investigations entreprises au Brésil dans les années 1980 montrent que si le rythme du déboisement intensif (entre 1984 et 1985 1 million d'hectares défrichées dans l'État du Rondonia) continue, la moitié des forêts cet État aura disparu au début du XXIe siècle. En outre, dans la région amazonienne en 1981 2 millions d'hectares sont défrichées et en 1987 8 millions le sont. Si le déboisement[5] se maintient ainsi, la tragédie suivante menace le Brésil : le remplacement de forêts pluviales productives par des terres de culture et de pâtures qui manqueraient de fertilité et seraient délaissées après quelques années *et une baisse de précipitations,* non seulement dans le bassin amazonien, mais encore sur les agricoles du plateau central, puisque le bassin exporte de la vapeur d'eau vers le sud. Même s'il est prouvé que le déboisement et la désertification provoquent une baisse des précipitations, l'équilibre hydrologique résulte d'une bonne gestion de la terre et de la végétation qui la couvre. Quand l'eau de pluie tombe sur le sol, une partie s'en va directement aux rivières et aux fleuves et revient à la mer, une autre partie pénètre sous la surface pour recomposer les réserves souterraines, et le reste

---

[5]Les inondations et "les torrents de boue" causés par l'ouragan Mitch en Honduras et au Nicaragua au début de novembre 1998 prennent justement leur origine dans le déboisement commencé depuis l'époque coloniale et poursuivi par la bourgeoisie nationale et les multinationales. Plus de vingt-cinq mille personnes en sont victimes.

s'évapore par la transpiration des plantes et rejoint l'atmosphère (évapotranspiration).

Mais la dégradation des sols transforme radicalement la proportion des eaux pluviales qui cherche chacune de ces issues. Quand la végétation est moins exubérante, moins dense et que les sols sont moins capables d'absorber l'eau, la terre dégradée augmente l'eau de ruissellement et diminue son infiltration dans le sous-sol. La diminution de l'eau d'infiltration provoque une baisse concomitante de l'humidité du sol et des réserves d'eaux souterraines et aggrave la sécheresse, tandis que l'augmentation de l'eau de ruissellement amplifie les crues qui aboutissent souvent aux inondations. Ces phénomènes sont de plus en plus nombreux sur la planète. Alors l'étiolement des cultures, la décroissance des eaux souterraines et le lit des fleuves à sec semblent provenir d'une sécheresse météorologique, alors qu'ils sont les effets pervers du déboisement, de la dégradation des sols. Car plus l'écosystème est déboisé, plus les eaux de pluie s'écoulent et moins grande est la quantité d'eau recyclée et renvoyée dans l'atmosphère par évapotranspiration pour donner naissance à de nouvelles pluies. La dégradation du sol et la sécheresse se renforcent mutuellement dans un cycle infernal. C'est qu'une bonne terre peut recouvrer son ancienne productivité après une sécheresse. Tel n'est pas la situation d'une terre délabrée Par conséquent, la dégradation des sols, qu'il soit question de déforestation, de surpâturage ou de développement urbain, modifie la proportion des eaux pluviales. En somme, la décroissance de la couverture végétale et la moindre quantité d'absorption et de rétention d'eau par les sols réduisent le renouvellement des nappes aquifères. Ces phénomènes entraînent un *déficit hydrique* durant la saison sèche et une *érosion* plus accentuée des sols à cause de l'écoulement plus rapide des eaux pendant la saison des pluies.

Tableau III: Déboisement dans les pays à grande diversité biologique (1980-1991)

Pays	Taux de déboisement annuel (kms2)
Inde	10.000
Équateur	3.400
Mexique	7.000
Malaisie	3.100
Pérou	2.700
Colombie	6.000

Indonésie	10.000
Brésil	13.820
République démocratique du Congo	4.000

Source : Brown(1992 : 21).

En outre, le déboisement intensif[6] et la dégradation des habitats aquatiques (celle-ci due à la surpêche[7]) contribuent à la décroissance et à la menace d'extinction d'espèces animales terrestres et/ou aquatiques. Le tableau suivant est hautement significatif du déclin de certaines espèces à l'aurore des années 1990 à la dimension de la planète.

Tableau IV : Décroissance de quelques espèces animales au commencement des années 1990

Types d'espèces	Déclin ou menace d'extinction
Amphibies (crapauds, grenouilles et salamandres, alligator, par exemple)	Leur décroissance mondiale est en cours. Le drainage des terres humides cause l'extinction de près de la moitié des grenouilles et de leur faune unique en Nouvelle-Zélande. La consommation européenne de cuisses de grenouilles est regardée par les biologistes comme l'une des causes du décroissement des deux espèces de grenouilles les plus abondantes en Inde. En Amérique du Nord les alligators sont en déclin.

[6]Le déboisement voue à l'extinction plus de 50.000 espèces végétales et animales par an, près de 140 par jour dans la forêt tropicale humide. En 1990 17 millions d'hectares de forêt tropicale sont déboisées. Au Bénin, en Équateur, en Haïti, au Salvador, au Ghana, en Côte d'Ivoire, au Nigéria et au Togo les forêts n'existent presque pas (Brown, 1992 : 19-21).

[7]Par exemple, les 4.000 plongeurs autochtones (Misquitos) du Honduras effectuent, pour le compte d'une compagnie multinationale, 20 plongées quotidiennes (de 30-50ms de profondeur) durant 8 mois par an pour "surpêcher" des langoustes qui, à cause de cette surpêche, deviennent de plus en plus rares. Leur salaire de misère de $ 7 US le kilo fait vivre (ou mieux végéter) 50 mille des leurs. En outre, ils ne bénéficient d'aucune assurance-maladie de la part de la compagnie ni de l'État. (Source : Émission "Thalassa", TV5, vendredi 19 septembre 1998).

Oiseaux	Les trois quarts des 9.000 espèces d'oiseaux du monde deviennent rares ou sont en voie de disparition. En Amérique du Nord l'aigle aux pattes et au cou blancs est en voie d'extinction.
Poissons	Un tiers des poissons d'eau douce en Amérique du Nord se raréfient ou sont menacés d'extinction. Depuis 1975 un tiers des poissons côtiers des États-Unis baisse dangereusement. La morue et le hareng de l'Atlantique, la sardine d'Afrique du Sud, la perche de l'Océan Pacifique, le crabe royal et les anchois du Pérou déclinent depuis vingt ans. « Dans les fleuves et dans les mers du Sud de l'ex URSS- la mer Noire, la Caspienne, la mer d'Aral(qui à elle seule fournissait 40.000 tonnes de poissons par an) et la mer d'Azov-, plus de 90 % des principales espèces de poissons commercialisées sont éteintes » (Brown, 1992:25).
Invertébrés	Cent mille espèces s'éteignent chaque année en raison du déboisement. En Allemagne un quart des 40.000 invertébrés sont en voie de disparition. La moitié des limaces d'eau douce du Sud-Est des États-Unis n'existent plus.
Mammifères	La moitié des mammifères d'Australie sont en voie d'extinction. La France, le Portugal, les Pays-Bas et l'Allemagne possèdent plus de 40 % de mammifères menacés de disparition.
Carnivores	Toutes les espèces de chats sauvages et la majorité des ours sont en décroissance permanente.
Primates (ordre de mammifères onguiculés à encéphale compliqué comprenant les singes, les lémuriens(makis) et les êtres humains)	Plus des deux tiers des 150 espèces du monde sont en voie d'extinction.
Reptiles	Des 270 espèces de tortue dans le monde entier 42 % deviennent rares ou sont menacés de disparition.

Sources : Dumont (1997:31) et Brown (1993 2-10 et 1992 :24-25).

Par exemple, dans une douzaine de pays européens la surface boisée se réduit à 22,5 % en 1991 contre 20,8% en 1990. Durant les vingt dernières années 500 milliards de tonnes de couche arable sont emportées par l'érosion. Le déboisement est à l'origine d'une pénurie d'eau dans certains États de l'Inde. En 1965 dans l'État de Uttar Pradesh 17 000 villages souffrent de quantité insuffisante d'eau ; en 1985 70 000 villages en manquent. En 1980 dans le Madya Pradesh 36 400 villages ne disposent pas suffisamment d'eau ; en 1985 leur nombre dépasse 64 500. Aux États-Unis la nappe phréatique de l'Ogala, une masse immense d'eau fossile (accumulée de longue date et non renouvelée), qui dessert une grande partie de l'agriculture américaine est en recul. Son niveau baisse d'un mètre par an. Elle disparaît lentement et avec elle se perdent d'énormes possibilités agricoles américaines. Plus de 2 milliards d'êtres humains ne disposent pas d'eau potable et sa qualité est déficiente pour la majorité de l'humanité. Déficience qui cause des maladies intestinales comme la gastro-entérite, la fièvre intestinale et le choléra (Dumont, op. cit.).

Cependant depuis le dix-neuvième siècle jusqu'à nos jours des sociétés s'efforcent également de protéger des écosystèmes pour sauvegarder une partie de leur habitat naturel et donc de leur diversité biologique. Par exemple, des recherches, au niveau biologique, confirment qu'au Canada 149 espèces végétales et animales sont en voie de disparition. Alors dans une perspective de conservation de la biodiversité s'inscrivent les 7.000 parcs nationaux dans le monde: ils couvrent à peu près 651 millions d'hectares et représentent 4,9 % de la surface de la terre (Brown, 1993 et 1992). Une « goutte d'eau de conservation » de certains écosystèmes dans « l'océan de la dégradation et du déclin » des ressources naturelles mondiales !

2.3 *Réchauffement de la planète ou « effet de serre »*

Une autre situation alarmante comme le réchauffement de la planète dénommé aussi « effet de serre » retient notre attention. L'effet de serre est un phénomène naturel qui remplit une fonction décisive dans la mise en oeuvre et la sauvegarde d'un climat terrestre favorable à la biosphère (la vie). Car des rayons du soleil qui traversent l'atmosphère, 31 % est réfléchi vers l'espace, 46 % réchauffe les continents et les océans et 23 % est absorbé dans l'atmosphère(Lanoie et al., 1995 : 8). Si cette absorption de l'énergie solaire ne s'opérait pas, la température moyenne de la terre baisserait à –18 °C à la surface du globe, tandis qu'elle est présentement de 15 °C. En d'autres termes, les rayons solaires, notre grande source d'énergie par la photosynthèse des végétaux, pénètrent l'atmosphère. Au contact du sol, ils laissent une large part de leur énergie, supportant la végétation qui ne saurait se passer de leur absence. Une partie des rayons réfléchis retourne dans l'atmosphère, sous une nouvelle forme, celle de rayons infrarouges. Plus l'atmosphère est remplie de dérivés du carbone (surtout en gaz carbonique, CO2, ou, dans le pire des cas, en méthane, CH4), plus les rayons infrarouges sont retenus et plus ils réchauffent l'atmosphère. C'est l'effet de serre qui change et détériore les climats du globe (Dumont, 1997:33).

Les récentes inquiétudes mondiales relatives à *l'effet de serre* sont provoquées par la concentration sans cesse grandissante de gaz qui ont justement pour *effet pervers* de retenir, au-delà des « normes naturelles », l'énergie solaire au sein de l'atmosphère. Quatre principaux gaz contribuent à augmenter l'effet de serre : le dioxyde de carbone ou CO_2, les chlorofluorocarbures ou CFC, le méthane, CH_4 et l'oxyde nitreux ou N_2O. De trois facteurs découle la faculté de ces produits chimiques à exercer un effet de serre :

1) la capacité du gaz à retenir l'énergie solaire dans l'atmosphère terrestre;

2) sa durée de vie;

3) sa concentration dans l'atmosphère.

Pour ce qui a trait à la capacité du gaz à conserver l'énergie solaire dans l'atmosphère, il est indispensable de se rappeler que la molécule de méthane est de 20 à 30 fois supérieure à la molécule de dioxyde de carbone, que l'oxyde nitreux l'est plus de 200 fois et les CFC le sont jusqu'à 15.000 fois. En outre, on évalue à 10 ans la durée de vie du méthane dans l'atmosphère, celle du dioxyde de carbone entre 40 et 120 ans, celle des CFC jusqu'à 130 et celle de l'oxyde nitreux à plus de 150 ans. Eu égard aux deux premiers attributs, ce sont les CFC qui l'emportent comme le gaz à effet de serre le plus inquiétant. Cependant ce sont les dioxydes de carbone que nous produisons le plus. Au Canada les émissions de CO_2 équivalent à 67 % des émanations totales de gaz à effet de serre. Il en est de même au niveau mondial. Eu égard à ce fort pourcentage du CO_2, il est admis que ce dernier contribue dans une proportion de 55 % au réchauffement du globe et les CFC dans une mesure de 24 %.

Les forêts et les océans sont à la fois productrices et consommatrices de la plus grande partie du volume et des échanges de *dioxyde de carbone* (CO_2). On évalue à plus ou moins 38 000 milliards de tonnes la quantité de carbone conservée dans les océans et à plus de 75 000 000 milliards de tonnes celle retenue dans le sol, les combustibles fossiles et les roches. On calcule à 102 milliards de tonnes le volume de carbone absorbé (par les plantes) au cours de la photosynthèse et à 100 milliards de tonnes celui libéré par la respiration des plantes. Alors la biosphère est en équilibre plus ou moins stable, dans la mesure où la quantité relâchée de CO_2 correspond à la quantité absorbé. Cependant on estime par an à 6 milliards de tonnes de carbone la pollution atmosphérique par le charbon, le pétrole et le gaz naturel, dans les secteurs du transport et de la production d'énergie. Dix pays possèdent le plus haut niveau d'émission de dioxyde de carbone en millions de tonnes par année. Ce sont, par ordre décroissant, les États-Unis, l'ex URSS, la Chine, le Japon, l'ex Allemagne de l'Ouest, l'Angleterre, la Pologne, la France, le Canada et l'Inde.

Toutes les émanations de CFC sont anthropiques. Ces gaz inodores, incolores et non toxiques, ne sont pas produits par la nature: créés depuis les années 1930 ils sont employés dans des réfrigérants de réfrigérateurs et de climatiseurs, dans les propulseurs d'aérosols et les solvants. Les réfrigérateurs renferment près de 0,25 kg de CFC, les congélateurs environ 0,4 kg, les climatiseurs résidentiels centraux et les thermopompes 13 kg et les climatiseurs d'automobiles près de 2 kg. L'Amérique du Nord et l'Europe de l'Ouest détiennent le record de la consommation mondiale de CFC, soit 68 % en 1988.

Quant au méthane (CH4) et à l'oxyde nitreux (N2O), ils sont d'origine naturelle et anthropique. Selon des données statistiques de 1992, au Canada on estime par année à:

1) 3-12 milliards de kilogrammes d'oxyde nitreux d'origine anthropique (engrais, augmentation de la superficie cultivée, combustion de combustibles fossiles, brûlage de la biomasse) ;
2) 7-22 milliards de kilogrammes d'oxyde nitreux d'origine naturelle (eaux salée et douce, sols naturels, foudre) ;
3) 255-535 milliards de kilogrammes de méthane de source anthropique (ruminants, rizières, brûlage de la biomasse, décharges, exploitation de charbon et torchage du gaz naturel) ;
4) 361-780 milliards de kilogrammes de méthane de source naturelle (marais, marécages, lacs, océans) (Source: Lanoie et al., 1995:8-17).

La faiblesse d'émission d'oxyde nitreux est la raison pour laquelle aucun contrôle important ne lui est consacré, du moins pour le moment.

Ces cas concrets de dégradation de l'environnement du globe, de dénaturation des écosystèmes de la planète nous introduisent au cœur même de la problématique de la mondialisation du travail salarié et du capital en cette fin de siècle tourmentée. Un cycle infernal se développe et se reproduit d'année en année: l'augmentation des investissements provoque le défrichement de forêts naturelles, le déboisement, l'urbanisation effrénée, l'établissement d'industries polluantes et une certaine croissance économique. Dans la prochaine section nous allons essayer de jeter un peu de lumière sur les relations entre la croissance économique et la détérioration des écosystèmes dans le processus de mondialisation du capital.

3. *Processus de mondialisation du capital*

3.1. *De la croissance économique du capitalisme*

Avant d'aborder le processus de mondialisation du capital, il est nécessaire de situer historiquement la logique d'expansion mondiale du capitalisme moderne, quitte à revenir dans les deux points suivants respectivement sur la *périodisation globale* de ce dernier depuis le XIe siècle et à établir sa relation avec la société civile et la société politique. Cette logique effrénée d'expansion se concrétise dans le phénomène de la *croissance*. Parmi une série d'études sur ce phénomène, nous allons examiner l'une des plus célèbres, celle de W.W. Rostow intitulée: Les étapes de la croissance économique (1960). Il faut se rappeler que cet ouvrage apparaît à un moment de relative prospérité industrielle (1960-1968), donc de progrès économique, dans la plupart des sociétés capitalistes avancées. Une certaine répartition des bénéfices, par l'intermédiaire des services sociaux de l'État-providence (né justement dans cette poussée économique et en crise à partir de 1980), calme un peu les conflits de travail qui recommencent pourtant surtout entre 1969 et 1974 : surgissent alors l'inflation et une pénurie de main-d'oeuvre qui débouchent sur la montée du chômage et la recrudescence de grèves rompant ainsi la fragile paix sociale (Renaud, 1982).

3.2. *Des cinq stades de la croissance, selon W.W. Rostow*

L'auteur analyse les cinq stades par lesquels passent certaines sociétés pour se moderniser, c'est-à-dire se capitaliser. Le premier stade est celui de la société traditionnelle. Ses caractéristiques sont les suivantes :

a) la prépondérance de l'agriculture où la grande propriété foncière est réservée à un nombre réduit de familles : 75% ou plus de la main-d'oeuvre oeuvrent dans des activités rurales) ;

b) la stagnation de la productivité qui ne peut dépasser un niveau maximum, en l'absence des immenses possibilités de la science et de la technique modernes;

c) la suprématie des liens de famille et de clan dans le système d'organisation sociale: remplit une fonction importante l'hérédité, celle-ci entendue dans le sens du mode de transmission des droits de propriété et de pouvoir d'après les relations de parenté;

c) le double caractère régional et héréditaire du pouvoir politique sous forme d'empire ou de royauté avec leur hiérarchisation aristocratique correspondante toujours basée sur le lignage. Sous la notion de sociétés traditionnelles Rostow regroupe les dynasties chinoises, la civilisation du Moyen-Orient et du bassin méditerranéen (la Méditerranée étant une mer intérieure comprise entre l'Europe méridionale, l'Afrique du Nord et l'Asie occidentale)et le monde de l'Europe médiévale;

d) la dominance du savoir non-scientifique, c'est-à-dire magique, animiste, religieux, philosophique ou théologique, selon le degré d'évolution des connaissances dans les différentes cultures (culture = société + histoire).

Le second stade est celui de la transition ou de la production des conditions préalables au démarrage. Au départ, l'auteur souligne la nature de ce stade intermédiaire en quelques traits importants et nécessaires. Les activités industrielles et commerciales, les voies de communication et les services doivent être organisés et remodelés dans un cadre national et international plus large (donc non régional). La conception familiale qui implique la propriété de biens insaisissables et l'assurance de l'immortalité, à partir d'une longue progéniture, doit se transformer au profit d'une baisse du taux de natalité, au fur et à mesure que le progrès économico-technique et l'amoindrissement des besoins en main-d'œuvre non qualifiée poussent les individus à réfléchir d'une façon plus rationnelle. Les richesses matérielles, concentrées en grande partie aux mains des grands propriétaires fonciers, doivent être accaparées par les individus qui vont les employer à la construction de routes et de chemins de fer, d'écoles et d'usines, en lieu et place de la construction de maisons de campagne et d'édifices de culte, de paiement de domestiques et de dépenses somptuaires (ou purement destinées au luxe personnel). La valeur des agents sociaux doit dépendre non de leur appartenance à un clan, à un groupe ou à une corporation, mais de leur capacité à remplir des fonctions particulières de plus en plus spécialisées. Et, ajoute l'auteur, « surtout l'individu ne devra plus nécessairement considérer le milieu matériel dans lequel il vit comme une donnée transcendante et un présent de la nature et de la Providence, mais comme un monde ordonné qu'il peut, s'il le comprend rationnellement, manipuler de façon à le modifier dans son intérêt et à susciter le progrès, sur un plan ou moins. Cette idée devra se répandre de plus en plus largement » (Rostow, op. cit. : 36-37).

Toutefois l'analyse de Rostow des conditions préalables au démarrage est menée à deux niveaux, l'un économique et l'autre non-économique. Au niveau économique, l'auteur soutient que si, par exemple, le rapport du capital national au produit national est d'environ 3%, un taux d'investissement de 10% débordera n'importe quel taux plausible d'accroissement de la population et dans cette situation se déploie un accroissement régulier de la production par habitant. Mais pour que le taux d'investissement monte, il faut qu'existent :

i) des individus aptes à créer et à appliquer la science moderne et les découvertes qui permettent de diminuer les coûts de production;

ii) d'autres individus habiles à gérer les Affaires de l'État en vue d'employer de manière efficace les nouvelles inventions de telle façon qu'elles haussent le capital national;

iii) d'autres individus encore disposés à prêter de l'argent à long terme et à accepter de gros risques pour appuyer uniquement les entrepreneurs innovateurs dans l'industrie moderne, non ceux qui s'adonnent au commerçe de l'argent, au jeu des taux de change, au commerce extérieur ou à la spéculation immobilière;

iv) et enfin une population qui désire être formée dans le but de faire fonctionner un système économique dont les mécanismes changeront continuellement et qui les embrigadera dans des organisations disciplinées et très spécialisées. En raccourci, l'élévation du taux d'investissement (capable de déclencher la transition proprement dite)exige une transformation définitive, totale de l'attitude des agents sociaux face à la science et à ses applications(ses techniques), vis-à-vis de l'adoption de changements dans le processus de production et d'échange, à l'égard des risques financiers et de la modernisation des conditions et des méthodes de travail dans les secteurs primaire (agro-minier), secondaire (industriel) et tertiaire (de services) à la fois privés et publics.

Cependant, toujours au niveau économique, pour que la transition s'opère, il est indispensable aussi que les inventions valorisent non seulement la terre, le bétail et les ressources naturelles en général qui font augmenter rapidement la production agro-pastorale, mais également les voies de communication. Dans ce cas, l'agriculture et l'élevage jouent un triple rôle dans le passage « de la société traditionnelle à la société qui réussit son démarrage ». D'abord ils doivent produire beaucoup plus de denrées alimentaires pour éviter et la sous-alimentation d'une population en croissance probable et le gaspillage des devises étrangères en importations de marchandises comestibles. Ensuite ils permettent, de par leur haute productivité, au gouvernement de percevoir différents impôts, donc de disposer de plus de recettes fiscales qui financent les opérations étatiques de cette phase de transition modernisatrice, sans exposer les masses rurales à la sous-alimentation ou les habitants des villes à la flambée des prix. Enfin l'agriculture et l'élevage en produisant continuellement des excédents alimentaires desservent de plus vastes marchés et surélèvent les capitaux qu'ils mettent alors à la disposition des secteurs modernes de l'économie (qui d'ailleurs contribuent à leur tour à la fabrication industrielle de biens d'équipement nécessaires à la modernisation de la production et des plantes et légumes et des bestiaux). Quant aux voies de communication (l'infrastructure routière), leur construction relève des travaux de l'État national et des municipalités. Le développement même de l'agriculture, de l'élevage, de l'industrie et du commerce est dû en majeure partie à des réseaux de transports adéquats, rapides et bien entretenus. Les bonnes recettes fiscales provenant de l'imposition des denrées alimentaires facilitent ces dépenses d'infrastructure.

Au niveau non-économique, Rostow signale les aspects suivants des conditions préalables au démarrage:

a) une élite nouvelle;
b) le nationalisme;
c) les intellectuels;
d) et l'armée.

Les membres de la nouvelle élite doivent être convaincus de la nécessité, de la faisabilité et des gros avantages de l'entreprise de la modernisation tant sur le plan moral que sur d'autres plans technique, professionnel, humain, etc. L'histoire fait voir que le nationalisme en Allemagne, en Chine, en Russie, au Japon, au Mexique et en Argentine, pour ne citer que ces simples exemples, est un mobile politique puissant dans la transition. L'auteur écrit:

> « Le nationalisme peut tirer vengeance d'humiliations réelles ou imaginaires dont le pays a souffert sur la scène mondiale. Ou encore, il peut être orienté vers l'effort de modernisation économique, sociale et politique, longtemps entravé par l'ancienne structure sociale du cadre régional, et généralement aristocratique, ou par l'ancienne puissance coloniale, ou par la coalition de l'une et de l'autre »(Rostow, op. cit. : 52).

Pour leur part, les intellectuels conçoivent la modernisation comme un mécanisme de revalorisation/rehaussement de la vie et de la dignité de leurs compatriotes tant au point de vue individuel que national : ici s'enchevêtrent les arguments en faveur du sentiment nationaliste et de l'humanisme abstrait. Quant à l'armée, le redressement économique de la nation lui fait oublier les humiliations et « la haine de la domination étrangère » tout en lui créant « des rêves de gloire future que la nation gagnerait sur les champs de bataille étrangers » : au nationalisme militaire blessé (et pourtant vivifié involontairement par l'envahisseur étranger) s'ajoute ici une volonté de conquête territoriale ou de revanche historique contre un ancien ennemi oppresseur.

Le troisième stade de la croissance est le démarrage proprement dit. L'auteur entend par démarrage la phase durant laquelle la société arrive à surmonter tous les obstacles et les barrages qui alourdissaient sa croissance régulière. Les composantes du progrès économiques qui jusqu'à présent n'ont effectué qu'une action sporadique et avec une efficacité réduite, donnent leur plein rendement et deviennent des forces dominantes. La croissance est la dynamique normale de la société : la recherche du profit et la rationalité capitalistes imprègnent alors les coutumes et la structure des institutions privées et publiques. Dans le cas le plus général, et en vue d'une synthèse rapide, trois conditions essentielles doivent se réunir pour que se produise le démarrage :

1) la constitution d'un capital social important (« l'action de l'État et des institutions privées sur l'offre de capitaux ou mieux le transfert des masses de revenus vers des secteurs modernes plus productifs » (Rostow, ibidem);
2) l'introduction d'innovations techniques dans l'industrie et l'agriculture;
3) la détention du pouvoir d'État par un groupe d'individus modernisateurs, c'est-à-dire des dirigeants qui regardent la modernisation de l'économie comme un programme politique très important. Dans cette perspective modernisatrice les nouvelles industries prolifèrent rapidement. Elles rapportent de gros profits dont une grande partie est investie dans de nouvelles installations, parce qu'elles font appel à une main-d'oeuvre de plus en plus nombreuse. Elles favorisent l'essor des services dont elles ont besoin. Elles augmentent la demande d'autres biens manufacturés et causent ainsi un nouvel accroissement des régions urbaines[8] et des autres industries modernes.

En résumé, Rostow affirme : « Pour que le démarrage réussisse, il faut absolument que la productivité de l'agriculture se modifie de façon radicale, car la société qui se modernise devient davantage tributaire de la production agricole. En l'espace d'une ou deux décennies, la structure fondamentale de l'économie et la structure sociale et politique de la société se transforment de telle façon que le taux de croissance pourra par la suite rester constant. » À titre d'exemples historiques l'auteur rapporte treize pays dans le tableau suivant.

Tableau No 5 **:** Dates approximatives de démarrage

Pays	Dates de démarrage
Grande-Bretagne	1783-1802
France	1830-1860
Belgique	1833-1860
États-Unis	1843-1860
Allemagne	1850-1873
Suède	1868-1890
Japon	1878-1900
Russie	1890-1914
Canada	1896-1914
Argentine	1935

[8]En l'an 2000 il existe 37 mégalopoles de plus de 5 millions d'habitants avec tous les problèmes environnementaux de pollution, de promiscuité éprouvante et de misère humaine que cette"monstruosité urbaine" comporte.

Turquie	1937
Inde	1952
Chine	1952

Source : Rostow (op. cit. : 65).

Dans les cas de la révolution de 1848 en Allemagne, de la restauration des Meiji au Japon en 1868, de l'Indépendance de l'Inde en 1947 et de la victoire communiste en Chine à la fin de 1949, le démarrage est provoqué par un bouleversement politique qui change directement l'équilibre des pouvoirs, les valeurs morales, la nature des institutions économiques, la répartition des revenus et la structure des dépenses en biens d'équipement, et qui modifie également la quantité des inventions potentielles qui sont acceptées. Dans d'autres situations, le stimulus progressiste est une heureuse transformation de la conjoncture internationale comme l'ouverture des marchés anglais et français aux bois de la Suède vers 1860, ou une soudaine hausse des prix à l'exportation, par rapport aux prix à l'importation, jointe éventuellement à un immense « apport de capitaux frais », comme c'était le cas aux États-Unis un peu avant 1850, au Canada et en Russie vers 1895. Toutefois dans d'autres circonstances, le progrès économique relève d'une planification pour réagir face au danger d'un renversement de la conjoncture internationale, comme une forte diminution des termes de l'échange (ou un arrêt du commerce extérieur en période de guerre) qui pousse un Étatisation à développer automatiquement ses fabriques d'articles manufacturés jusque-là importés : il s'agit de l'Argentine et de l'Australie entre 1930 et 1945 dans le processus de substitution d'importations.

Le quatrième stade de la croissance est la marche vers la maturité. Il se définit comme l'étape durant laquelle l'économie applique réellement la panoplie de ses techniques modernes momentanées à la totalité de ses ressources. D'une manière générale, dans cette période les industries subissent une différenciation, de nouvelles usines prennent leur élan et remplacent les secteurs qui auparavant ont rempli une fonction dominante pendant le démarrage et dont la lenteur ralentit le rythme de l'expansion. Par exemple, immédiatement après le démarrage des chemins de fer entre 1850 et 1875 (où l'action principale est menée par l'industrie du charbon, la sidérurgie et la mécanique lourde), ce sont l'acier, les constructions navales, les produits chimiques, l'électricité et les produits de la machine-outil moderne qui deviennent prépondérants économiquement et maintiennent le mouvement général de la croissance. Mais, dans le cas de la Suède, c'est l'industrie de la pâte de bois et du papier qui occupe la place primordiale par rapport aux ventes de bois; c'est également le passage de l'extraction du minerai à la production d'acier de haute qualité et à la mécanique de précision. Rostow, à titre d'échantillon, retient dans le tableau ci-dessous des dates symboliques approximatives auxquelles des sociétés parviennent à la maturité technologique.

Tableau No 6 : Dates approximatives de maturité technologique

Pays	Dates
Grande-Bretagne	1850
États-Unis	1900
Allemagne	1910
France	1910
Suède	1930
Japon	1940
Russie	1950
Canada	1950.

Source: Rostow (ibidem : 97).

Le cinquième et dernier stade est *l'ère de la consommation de masse.* Il est la phase où la fabrication de biens de consommation durables et les services se changent petit à petit en principales activités de l'économie. À ce niveau, la société ne considère plus l'avancement continu de la technique moderne comme l'objectif prioritaire. Dans cette période émerge la décision, en employant des mesures politiques, d'attribuer une plus large part des ressources nationales à la prévoyance et à la Sécurité sociale. C'est au sein d'une société qui traverse l'étape de la maturité technique que naît *l'État- providence.* Dans cette étape se propage progressivement l'usage de la machine à coudre, de la bicyclette, et, plus tard, des différents appareils électriques ménagers. Cependant, au point de vue historique, la composante décisive de ce cinquième stade est l'arrivée de l'automobile populaire à bon marché, qui a diversifié « la vie de la société et ses perspectives d'avenir. »

Cette ère de la consommation de masse nous situe au coeur même de la problématique de mondialisation du capital dont les deux moments préliminaires sont l'internationalisation et la transnationalisation (Paulet, 1998). *L'internationalisation* est le véritable moment(la seconde moitié du XIXe siècle) où les échanges commerciaux doublent tous les vingt ans. L'Angleterre, par l'adoption du libre-échange entre 1848 et 1875, crée la diversification géographique des marchés. Quant à la *transnationalisation,* elle signifie le développement des investissements directs à l'étranger. C'est qu'à partir des années mil neuf cent-soixante les pays industrialisés font fabriquer une partie de plus en plus grande de leur production à l'étranger et les firmes multinationales sont les championnes de cette mondialisation des investissements directs.

3.3. *Périodisation du développement capitaliste*

Dans la précédente section nous établissons une *circularité constante* entre la dégradation de l'environnement mondial, la dénaturation des écosystèmes planétaires, la disparition et/ou la menace d'extinction de certaines espèces naturelles et le processus concomitant de mondialisation du capital. Nous qualifions cette circularité constante de cycle infernal. Aussi pouvons-nous affirmer que plus les investissements de capitaux augmentent dans l'exploitation des ressources naturelles, plus à court et à moyen terme l'économie nationale tend à prospérer. Mais si cette proposition est valide, son contraire l'est aussi : plus les capitaux exploitent et surexploitent les ressources écosystémiques, plus elles se raréfient et moins l'économie nationale prospère à long terme. Les mers du Sud de l'ex URSS, Noire, Caspienne, Aral et Azov sont les exemples les plus poignants, puisqu'elles produisaient pour le commerce des milliers de tonnes de poissons par année (Aral à elle seule en fournissait 40.000) et que maintenant 90% de leurs espèces de poissons ont disparu, à cause de la surpêche. Cependant après 25 ans de recherche à l'Institut de la Mer en Ukraine, la muge (ou le mulet) est implantée en 1998 dans la Mer d'Azov : la pêche à la muge commence en 1999.

Dans la présente Leçon nous argumentons que la double logique économique moderne d'accumulation du capital et d'utilisation effrénée des ressources naturelles non seulement contredit la logique écologique d'équilibre écosystémique (basée sur les trois principes fondamentaux de la biodiversité, d'auto-régulation et de spécificité), mais encore et surtout, de par le développement historique du capital, elle est condamnée à la contredire s'il ne se produit pas une prise de conscience internationale effective, réelle d'une catastrophe écologique mondiale imminente.

En ce qui concerne le processus de mondialisation de capital, il est nécessaire de signaler qu'il représente la plus récente phase de développement de ce dernier, un moment historique particulier de la reproduction élargie du capital. En effet, d'autres moments caractérisent la dynamique évolutive du capitalisme depuis le XIe siècle jusqu'à nos jours (Samedy, 1997b: 66-71 :

1) le capitalisme commercial « bourgeois » ou « villageois » (XIème-XIIIème siècle), à la faveur des Huit Croisades (1093-1270). Durant cette période le commerce de la soie et des épices avec l'Orient désigne la base de sustentation de la classe capitaliste à vocation d'hégémonie sociale.

2) le capitalisme manufacturier urbain (XIIIème siècle-deuxième moitié du XVIIIème siècle). Sous l'influence de ces activités commerciales, le troc féodal commence à diminuer en importance : la circulation monétaire s'améliore; le crédit emprunte diverses modalités et son extension soutient celle du capital manufacturier. Le premier facteur, d'ordre économique, de l'origine historique du capitalisme européen est constitué par l'enrichissement de la bourgeoisie marchande urbaine.

L'ouvrier reçoit un salaire de l'entrepreneur et c'est par l'entremise de celui-ci que les produits de son travail entrent dans le processus d'échange de marchandises et se vendent aux consommateurs (trices), selon les formules suivantes :

3) A1 – P – M - A2 ;

4) A1 – M – A2, où : A2 = A1+A' ; A' = profit ; A = argent ; P = production et M = marchandise.

Dans cette phase manufacturière se situe le processus de colonisation de l'Amérique, de l'Afrique et de l'Asie à travers le Pacte Colonial ou Exclusif entre l'Europe, Afrique, Amérique et l'Asie. Commerce et surexploitation d'esclaves, africains (« bois d'ébène ») et américains (« bois d'acajou »), qui débouchent sur le défrichement intensif et la mise en valeur des meilleurs terres et bestiaux et le génocide d'environ 40 millions d'Africains et 30 millions d'autochtones américains...Dès leur accumulation primitive (coloniale) les capitaux portugais, espagnol, anglais, français, allemand, belge, hollandais, italien « suent sang et mort humains et dégradation des écosystèmes » pour donner naissance au capitalisme industriel d'abord dans des villes portuaires européennes. Car le déploiement des capitaux manufacturier et marchand rend insignifiants les petits métiers féodaux des artisans de la campagne et de la ville (décomposition graduelle de l'économie domestique, familiale). En outre, au fur et à mesure que se développent les manufactures (surtout entre le XVe et la deuxième moitié du XVIIIe siècle), le nombre d'ouvriers augmente par milliers et devient de plus en plus pressante la nécessité de nouveaux marchés régionaux, nationaux et coloniaux. En ce sens, l'élargissement des capitaux manufacturier et marchand exige l'éclatement des frontières féodales, prépare la voie à la centralisation administrative nationale (unification du pouvoir étatique, unité territoriale, unité du marché national, unité monétaire) de la monarchie absolue des XVIe, XVIIe, XVIIIe siècles et participe activement au processus de colonisation des trois continents susmentionnés. D'urbain, municipal du XIIIe au XVe siècle le capital devient nationaliste et colonialiste à partir du XVIe siècle jusqu'à la deuxième moitié du XIXe siècle;

5) *le capitalisme industriel* de type concurrentiel ou libre-échangiste(deuxième moitié du XIXème siècle-1910) : règne de l'exportation des marchandises;

6) *le capitalisme financier* (fusion du capital industriel et du capital bancaire) avec la dominance des banques (1910-1980) : impérialisme (commencement du partage du monde entre les grandes puissances) *ou règne de l'exportation des capitaux;*

7) *la mondialisation du capital* ou internationalisation des rapports économiques, idéologiques et politiques capitalistes (1980 à nos jours) : règne des multinationales alliées au Fond Monétaire International et à la Banque Mondiale (Plan d'Ajustement Structurel ou PAS imposé à tous les États du monde) au nom de la rationalité et de l'efficacité néolibérales.

3.4. *Société civile et société politique modernes et écologie sociale*

« Accumulation du capital » et « mondialisation du capital », ces deux concepts importants que nous venons d'employer méritent un certain débroussaillement analytique qui nous introduit dans les causes médiates et immédiates des rapports complexes entre le processus de satisfaction des besoins biologiques, socio-culturels et artificiels des sociétés humaines, les exigences de la production et de la commercialisation des marchandises pour une maximisation capitaliste de profit et la recherche par l'État-nation du bien-être matériel collectif. En effet, dans la mesure où les sociétés civile et politique modernes fondent leur prospérité matérielle sur l'accaparement (l'appropriation privée avec le droit d'user et d'abuser) et la transformation physico-chimique continue (depuis l'industrialisation progressive et incessante du XIXe siècle jusqu'à l'ère contemporaine du nucléaire et de l'électronique) des ressources épuisables et marchandes (sol et sous-sol fournissant charbon, pétrole, or, platine, argent, diamant, cuivre, bauxite, etc.) et libres (plages, paysages, air et eau des mers, fleuves, rivières, lacs et ruisseaux), il est impossible d'évaluer l'ampleur des dégâts causés à l'environnement, par suite de l'occultation de certaines données relevant de la sécurité de l'État ou des entreprises publiques et privées. Car le capital, en tant que rapport social global, subsume réellement toutes les activités économiques, idéologiques et politiques, les motive et donc leur donne sens, une signification particulière en tant que vision moderne du monde social. Le capital arrive à son apogée en attribuant de l'estime, une valeur humaine extraordinaire à ceux et à celles qui le possèdent. Il remplace de plus en plus, à notre époque, les qualités morales les plus recherchées dans les sociétés antérieures comme la sagesse, la sainteté, la bravoure, l'honnêteté, la justice, l'honneur, etc. L'avoir devient, est être. Cette « auri sacra fames » parvient au comble, en ce moment historique précis où, selon Ignacio Ramonet (Source : Le monde diplomatique, novembre 1998), les 3 personnes les plus riches de la planète détiennent une fortune supérieure à la somme des PIB (Valeur de la production globale des biens matériels et des services sociaux) des 48 pays les plus pauvres, c'est-à-dire le quart de la totalité des États du monde. En outre, d'après le Rapport mondial sur le développement humain PNUD, alors qu'en 1960 les 20% de la population mondiale qui vivent dans les pays capitalistes avancés, donc les plus riches, possédaient un revenu 30 fois supérieur à celui des 20% pays les plus pauvres, en 1995 leur revenu devenait 82 fois supérieur. Ce double phénomène de polarisation de la richesse et de la pauvreté exprime la loi d'airain d'accumulation du capitalisme mondial. Dialectiquement la quantité d'argent et de biens matériels accumulés se transforme sous l'égide, la protection du capital en qualité individuelle voire humaine dans certains pays et milieux sociaux, selon cette devise : « Tout par et pour le Capital !».

Qu'est-ce que le Capital ? Historiquement c'est une totalité organique de rapports qui se nouent et évoluent dans la société civile et dans la société politique. Ces rapports naquirent en Europe Occidentale avec l'émergence d'un groupe d'individus dénommés « bourgeois » ou « mercanter » jusqu'au début du XIIe siècle. Donc économiquement ces bourgeois commencent par être des marchands pour se transformer progressivement en manufacturiers, industriels, banquiers, propriétaires terriens, grands armateurs, juristes, intellectuels et hommes d'État (d'abord municipaux et ensuite nationaux). La société civile bourgeoise, capitaliste crée de toutes pièces la société politique municipale (entre le XIIIe et la fin du XVIIIe siècle) et nationale (à partir de la Révolution Bourgeoise de 1789 en France en passant par les différentes révolutions nationales européennes et mondiales qui adoptent le modèle français jusqu'à nos jours). Dans la perspective de l'écologie sociale, la base de sustentation de la société civile capitaliste (ensemble des relations économiques et idéologiques) est caractérisée par sept éléments majeurs, à savoir :

1) l'existence et la reproduction simple et élargie du capital en tant qu'organisateur du travail salarié ;
2) la généralisation du salariat comme l'essence de la division sociale du travail ;
3) la vision marchande de la société et de la nature qui débouche sur la « fétichisation de la marchandise » ;
4) l'appropriation privée des moyens de production et d'échange avec comme corollaire l'héritage individuel (donc non collectif ni familial) ;
5) la séparation du (de la) travailleur(euse) de ses moyens de production et sa mobilité spatio-temporelle ;
6) *l'espace urbain* comme lieu privilégié de développement du capital (l'éclatement progressif de l'ancienne dichotomie ville-campagne avec d'ailleurs un processus accéléré d'urbanisation au détriment de l'existence même de la ruralité, de la campagne qui s'urbanise de plus en plus). Les trois signes de développement économique capitaliste d'une nation sont son faible pourcentage de population active rurale et son fort pourcentage de population active urbaine dans les industries et dans le secteur tertiaire (Lorenzi et al., 1980 : 255-273). Par exemple, cette progressive concentration de population active dans l'industrie et les services urbains peuvent être observés en France (entre 1866 et 1975), en Angleterre (entre 1871 et 1975), en Allemagne (entre 1882 et 1975), en Italie (entre 1871 et 1975), aux États-Unis (entre 1929 et 1972) et au Canada (entre 1926 et 1972), au détriment de la structure de la population active dans l'agriculture qui en France décroît de 47,0% en 1866 à 11,3% en 1975, en Angleterre de 22,2% en 1871 à 2,7% en 1975, en Allemagne de 46,7% en 1882 à 7,4% en 1975, en Italie de 61,0% en 1871 à 15,8% en 1975, aux États-Unis de 25,2 % en 1929 à 4,2% en 1972 et enfin au Canada de 38,0% en 1926 à 6,8% en 1972 (Lorenzi et al., op. cit. : 256).

Par conséquent, du point de vue écologique, le capitalisme accorde plus d'importance aux secteurs industriel et tertiaire urbains qu'au secteur agraire. La banalisation/sous-estimation des activités agro-pastorales pourrait être regardée comme l'une des causes de l'indifférence collective et médiatique primaire vis-à-vis de la dégradation de l'environnement rural. D'ailleurs, au niveau social et mondain, le capitaliste industriel jouit de plus de prestige que le capitaliste agraire;

1) et le processus de rationalisation instrumentale de la science et de la technique qui se muent en idéologie capitaliste (Habermas, 1987, 1981 et 1973).

Quant à la société politique moderne (dans son sens restreint de bloc de relations entre les gouvernants et les gouvernés), elle comprend, toujours dans le cadre de l'écologie sociale, trois composantes essentielles :

1) l'appropriation étatique du sol et du sous-sol de la société nationale par l'État (d'où la pertinence juridico-politique de l'impôt foncier). L'État est le plus grand et l'unique propriétaire foncier (rural et aquatique) et aérien effectif qui peut disposer à son gré de l'usage du sol, du sous-sol, de l'air et des eaux nationaux sous forme de plan d'urbanisation et/ou d'aménagement du territoire, de contrats de permis de déforestation, de défrichement, de pêche et d'utilisation des espaces aérien, maritime, fluvial et/ou lacustre accordés aux entreprises capitalistes nationales ou internationales dans le Domaine public.

2) l'organisation légale-bureaucratique, donc démocratique bourgeoise et impersonnelle, de l'État moderne. Qui connaît réellement les motivations à l'action politique des « Richelieu non-élus », c'est-à-dire des grands décideurs qui sont les chefs de cabinet des Premiers Ministres, des Ministres et des Maires ?

3) le respect des droits et libertés fondamentaux des individus « atomisés », « nus », pourtant (flagrante contradiction) dotés de pouvoir souverain par le vote électoral périodique ou le Référendum, selon la Constitution Nationale qui est l'essence du Contrat Social. Cependant (suprême antagonisme)les individus ne peuvent contrôler les actions du gouvernement qui parfois menacent la survie même d'une partie de la collectivité, comme dans le cas des contrats passés entre l'État et certaines compagnies à l'encontre des principes de la biodiversité et de l'autorégulation. Nous allons y revenir à la Quatrième Leçon.

3.5 *Mondialisation, accumulation et croissance capitalistes et environnement*

Il est maintenant clair que la société civile bourgeoise domine et organise encore en son essence la société politique, à travers l'organisation du travail salarié public et les codes qui, en dernière instance, tendent à défendre avant tout la propriété privée dont les taxes et les impôts alimentent le Trésor Public. L'existence et la reproduction de l'État moderne passe obligatoirement par l'existence et la reproduction du Capital .

Nous esquissons deux remarques indispensables pour saisir le processus de mondialisation. La première concerne le salariat et la deuxième les traits essentiels de la mondialisation du capital. Dans les sociétés capitalistes avancées comme les États-Unis d'Amérique, le Canada, la France, l'Angleterre, le Japon, l'Italie, l'Allemagne, pour ne citer que celles-ci, la généralisation graduelle du salariat est un moyen déterminant de la régulation économique. Si elle assure, dans un premier temps, une demande de biens de consommation à la fois stable et soutenue, elle ne peut, dans un deuxième temps, ni diminuer ni bloquer la surproduction de plusieurs produits manufacturés, industrialisés et/ou électroniques. Alors la saturation périodique du marché (1930, 1960 et 1980) par beaucoup de ces marchandises crée un besoin pressant de recherche de nouveaux débouchés commerciaux et industriels qui dans les années 1980 et 1990 conduisent non seulement à une augmentation d'investissements directs à l'étranger, mais aussi à des traités de libre-échange régionaux (entre le Canada et les États-Unis, entre les États-Unis et le Mexique, entre certains pays membres de la Communauté Économique Européenne, entre des pays de l'Amérique Latine du Pacte Andin, etc.).

Selon Chesnais(1994), ces caractéristiques résument la mondialisation de l'économie néolibérale :

1) Domination des « Investissements Directs à l'Étranger » (IDE) (profitant des bas coûts salariaux) sur les échanges dans l'internationalisation(aussi dans les services que dans le secteur manufacturier) ;
2) Haut degré de concentration des IDE au sein des pays développés spécialement dans la Triade(Amérique du Nord, Europe et Japon), au détriment des autres pays ;
3) Domination des échanges intra-firmes (Entreprises Multinationales ou EMN) dans le commerce international ;
4) Libéralisation des échanges ;
5) Adoption de nouvelles technologies et formes de gestion de la production (toyotisme) ;
6) Appel à des modalités complexes de sous-traitance par les nouvelles formes de gestion et de contrôle ;
7) Augmentation de l'interpénétration entre les capitaux de diverses nationalités ;
8) Et forte tendance à la marginalisation croissante des pays en voie de développement et sous-développés par les pays de la Triade.

À la faveur de la déterritorialisation du centre de certaines activités productrices, dans la périphérie au cours des années 1980 les industries polluantes des multinationales commencent à pulluler et elles intensifient le défrichement, le déboisement et l'exploitation de la force de travail et des matières premières à bon marché: les relations capitalistes et l'urbanisation concomitante s'installent progressivement dans les campagnes les plus reculées de la planète. Deux phénomènes classiques, inhérents à tout type d'industrialisation, sont observés : l'émigration (l'exode) des ruraux vers la ville en quête de meilleures conditions de travail et de vie et l'urbanisation de la campagne. De 1980 à nos jours s'internationalisent les deux pôles du capitalisme libéral sauvage né dans la deuxième moitié du XIXe siècle en Europe Occidentale, la pauvreté et la richesse : c'est le règne du néolibéralisme dont l'influence traverse de part en part les États nationaux sous la contrainte du PAS (Plan d'Ajustement Structurel) imposé par la Banque Mondiale et le Fonds Monétaire International. C'est le prix historique à payer pour un certain niveau de croissance capitaliste dont les équations suivantes traduisent l'essence (Labicas, 1982) :

1) P = f (T, C, Ter., Te.), où : P = production; T= travail ; C = capital; Ter.= terre; Te = technologie et f = fonction.

Donc la production est fonction de ces quatre variables ;

2) Te = f (I), où la technologie est fonction de l'investissement(I) ;

3) $I = f(p') = f\left(\frac{s}{c+v}\right)$, où l'investissement est conditionné par le taux de profit ;

Le capitaliste évalue le taux de profit en rapportant la masse de profit à l'ensemble du capital engagé dans l'achat de la force de travail (v) et dans l'acquisition des moyens de production dont une partie (C') se trouve utilisée durant chaque cycle de production. En dernière analyse, nous pouvons soutenir, d'une part, que la production engendre deux types de revenus : les profits et les salaires, et que, d'autre part, seul un rythme d'accumulation du capital suffisant peut faire croître l'emploi rémunéré. Mais comme la consommation est fonction des salaires (emplois rémunérés), la sous-consommation est capable de provoquer la crise économique. En d'autres termes, le montant des profits est lié à la fois à la force de travail employée et au niveau de la technologie. Par conséquent, la croissance capitaliste se définit comme l'augmentation continue et soutenue des principales variables de l'économie (du Produit Intérieur Brut ou PIB)comme la masse des salaires et des profits et particulièrement du volume de la production des biens matériels et des services sociaux dans une période déterminée, en général au cours d'une année. Elle implique donc :

a) une augmentation constante des profits pour donner naissance à de plus amples investissements productifs;

b) l'emploi continu de plus de salariés ;

c) une consommation de plus en plus volumineuse de biens matériels et de services sociaux rares.

Cependant cette représentation de la croissance capitaliste est utopique, puisqu'en 150 ans de capitalisme plusieurs crises ont affecté et affectent encore ce système, aussi bien au centre qu'à la périphérie et que la dite croissance en général touche simplement des secteurs de production et d'échange de biens et de services et non la société toute entière.

4. *Écologie, économies nationales et États*

Dans cette Leçon nous concentrons notre attention sur trois points essentiels, à savoir :

1) la dépendance de nos sociétés des substances chimiques et de l'énergie nucléaire ;

2) la gestion étatique de l'environnement national ;

3) le Sommet de la Terre de Rio (1992).

4.1 *Dépendance sociale des substances chimiques et de l'énergie nucléaire*

Cette dépendance est un phénomène relativement récent. L'industrie chimique à l'échelle mondiale manipule un chiffre d'affaire de 1.150 milliards de dollars des États-Unis : c'est le quadruple de ce qu'elle brasse depuis à peine 30 ans. Elle emploie 12 millions de salariés. Le volume de la production des industries chimiques des pays de l'OCDE (Organisation de Coopération et de Développement Économique) représente à lui seul 76 % de la production mondiale : ce sont en général des sociétés hautement industrialisées (Potier et al., 1997). Aussi sont-elles les plus significatives de la pollution au niveau chimique. Les substances chimiques et leurs dérivés constituent 14 % du total des importations et des de biens industrialisés des pays de l'OCDE et arrivent à symboliser 12 % du PIB de certains pays. La croissance rapide de cette industrie qui englobe les produits pharmaceutiques, les pesticides, les herbicides, les fongicides, les engrais, etc., remplit une fonction majeure dans l'évolution des politiques de l'OCDE (dont font partie l'Angleterre, la France, le Japon, l'Italie, le Canada, les États-Unis d'Amérique, etc.) en matière de protection de l'environnement.

Pour sa part, l'énergie nucléaire est utilisée dans 32 pays, particulièrement dans 16 pays de l'OCDE qui encore une fois disposent 85 % de la puissance nucléaire installée dans le monde. Par exemple, en 40 ans la Suisse a accumulé 3000 tonnes de déchets nucléaires. Toutes les sociétés capitalistes avancées disposent d'abris nucléaires « secrets » en cas de guerre nucléaire. Les États-Unis, sous la présidence d'Eisenhower (1953-1961), est le premier pays à en construire un (1958). Ce bunker servirait, selon le secret dévoilé pour la première fois par le National Post du 1er mai 1992, de « refuge exclusif » aux membres du Congrès et de la Maison Blanche... Pour leur part, les pays en voie de développement capitaliste ne possèdent que 6 % de la capacité mondiale de production d'électricité nucléaire, et beaucoup de programmes, notamment ceux de l'Argentine, du Brésil et de l'Inde, débordent leur Budget National, sont en retard et souffrent de difficultés techniques (Brown, 1993 : 179). En 1995 les réacteurs nucléaires fournissent 17 % de la production mondiale d'électricité. Ils assurent alors 7 % de l'énergie primaire totale employée dans le secteur énergétique commercial mondial.

La ressource fondamentale de l'énergie nucléaire est l'uranium dont il n'y a pas d'autre utilisation remarquable. Les ressources mondiales prospectées montent à 4.61 millions de tonnes. Au rythme d'usage actuel, elles peuvent satisfaire les nécessités durant 220 ans, bien entendu avec des réacteurs dotés de la technologie de notre début de siècle. Cependant les ressources totales en uranium, estimées par le Conseil Mondial de l'Énergie et situées dans la croûte terrestre et dans l'eau de mer, s'élèvent à plus de 4 milliards de tonnes qui permettent d'envisager une utilisation à très long terme de l'énergie de fission nucléaire.

En somme, le déploiement de l'industrie chimique et des réacteurs nucléaires montre la dépendance réelle des sociétés capitalistes des substances chimiques et de l'énergie nucléaire. Cette dépendance nous amène à poser le problème de la gestion des écosystèmes par l'État-nation.

4.2 *Gestion étatique de l'environnement*

Pour les besoins de notre analyse, nous distinguons, à l'intérieur des politiques consacrées à l'environnement, des moyens non économiques et des moyens économiques, sans entrer dans la subtilité de leur emploi parfois simultané par l'État (Faucheux et Noël, 1995 : 177-209). Par moyens non économiques de la gestion étatique nous entendons les interdictions ou les autorisations et les normes qui sont d'ordre administratif ou juridique. Quant aux moyens économiques, ils renvoient directement à l'activité économique qu'ils essaient de changer dans le sens de la protection de l'environnement. Il s'agit des taxes, des subventions, des marchés de droits ou de permis, etc.

Dans le cadre des moyens non économiques, le contrôle direct s'exerce sous la forme de définition de normes nationales qui comprennent quatre catégories :

1) des normes de qualité d'environnement. Elles exigent des « qualités » auxquelles les écosystèmes doivent répondre : le taux admissible de nitrate dans l'eau ou de dioxyde d'azote (N02) dans l'air. Par exemple, la directive du Conseil 85/203 de la CEE, qui fixe les normes de qualité de l'air, a pour objectif de protéger la santé humaine et aussi de contribuer à la sauvegarde à long terme de l'environnement. Elle est adoptée en 1980 par tous les États membres de la CEE. L'article 3 contient la disposition fondamentale de cette directive : « Les États membres prennent les mesures nécessaires pour qu'à partir du 1er juillet 1987 les concentrations de dioxyde d'azote dans l'atmosphère ne soient pas supérieures à la valeur limite figurant à l'Annexe 1 ». Les États membres doivent développer et mettre en œuvre des plans d'amélioration de la qualité de l'air afin que la valeur limite soit respectée le plus rapidement possible et au plus tard le 1er janvier 1994 », etc. ;
2) des normes d'émission qui réglementent les quantités rejetées maxima d'un polluant donné (poids de matière oxydable pouvant être rejetées dans l'eau, limite d'émission de bruit des véhicules, etc.). Ce sont des obligations de résultat ;
3) des normes de produit fixant les caractéristiques particulières des produits (teneur en plomb d'une essence, présence ou non de phosphates dans les lessives, teneur en souffre d'un combustible) ;
4) des normes de procédé définissant les techniques de production à utiliser, les équipements antipollution à installer (hauteur des cheminées, type de dépoussiéreurs). Il est question d'une obligation de moyens.

Dans le cas des moyens économiques, la taxation (mesure réelle et appliquée dans les pays de l'OCDE) impose à l'industrie polluante une indemnité égale aux dommages de la pollution. Donc le profit du pollueur se trouve réduit du montant de la taxe. Un autre instrument économique, « purement théorique » (Faucheux et Noël, 1995 : 201-205), est le marché de droits à polluer. L'État ou l'organisme de tutelle de ce marché décide auparavant de la quantité de pollution acceptable dans l'environnement (par fixation d'une norme de qualité de l'environnement) et vend sur le marché des bons dont le principe est « pas de pollution sans titre ». Chaque détenteur de ces bons a le droit de déverser une quantité de pollution qui correspond au montant possédé.

Cependant peu d'industriels ont tendance à respecter strictement les normes de protection de l'environnement. Par exemple, théoriquement (sur le papier) la législation mexicaine sur les écosystèmes peut se comparer à celle des États-Unis, et quelquefois même plus sévère, mais son application est faible, flexible. Dans la région frontalière entre les

États-Unis et le Mexique, d'après les fabricants de meubles de Los Angeles (11 à 28 firmes), ce sont les mesures peu rigides en matière de défense des écosystèmes, qui les motivent à s'installer au Mexique entre 1988 et 1990.

Dans le cas du Canada, bien que le Règlement sur la production, l'exportation et l'importation des marchandises dangereuses, la Loi sur les ressources en eau du Canada, la Loi sur les pêches et la Loi sur le contrôle de l'énergie atomique, pour ne citer que ces réglementations, témoignent d'une volonté étatique de gestion des produits toxiques et radioactifs, les normes de protection de l'environnement ne sont pas toujours strictement observées par les particuliers et les entreprises industrielles (Gouvernement du Canada, 1996). Si nous prenons l'application de la Loi sur les ressources en eau au Canada, dans un premier temps, nous observons son irrespect, en ce qui concerne l'eau souterraine. En effet, cette dernière qui forme un maillon critique du cycle hydrologique et de la circulation des contaminants subit des impuretés provenant à la fois du passé (des réservoirs de stockage d'essence, des solvants chlorés, etc.) et de risques plus récents (du sel de voirie, des nitrates, des agents pathogènes, etc.). Dans un deuxième temps, il se produit une nette amélioration de son application, pour ce qui est des débris marins. Car les employés du Parc National Pacific Rim, sur la côte ouest de l'île de Vancouver, ramassent des déchets sauvages depuis 1989 et remarquent une diminution de la quantité recueillie. En 1993, ils ramassent 1.360 kg, comparativement à 1.800 kg en 1992 et à 2.270 kg en 1991. Environ 77 % des débris sont constitués de mousse de polystyrène et de plastique. Les articles qu'ils rencontrent ordinairement englobent des sacs d'appât, des contenants d'huile à moteur hors-bord, des cruchons à eau et des emballages de nourritures.

4.2.1 *Écotaxes et survie de la planète: mesures fiscales de dissuasion*

Il est important de réfléchir sur l'aggravation de la dégradation de l'environnement de la Terre. Car il y va de la reproduction biologique (la biosphère étant les 80 kilomètres au-dessus de nos têtes, la région tripartite composée de l'atmosphère, de la troposphère et de la stratosphère) de l'espèce humaine dans la longue durée, c'est-à-dire dans un avenir dangereusement menacé par les pollutions industrielles (Hulot, Barbault et Bourg, 1999). La question de l'effet de serre est au coeur de cette problématique environnementale. La Terre, âgée de 4 milliards cinq cent millions d'années, n'a vu l'apparition des formes de vie qu'à la formation, il y a 800 millions d'années, d'une couche gazeuse. Cette enveloppe gazeuse est constituée naturellement du dioxyde de carbone, de la vapeur d'eau et de certains gaz rares qui ont la capacité de filtrer la lumière visible. Celle-ci représente la plus grande partie de l'énergie solaire. Cette couche gazeuse protège les êtres vivants des rayons ultra violets et absorbe le rayonnement infrarouge émis depuis la surface terrestre (Hulot et al. : ibidem).

Il faut se rappeler que le réchauffement de la planète est le résultat des émissions exagérées de gaz à effet de serre comme le dioxyde de carbone, le méthane, les oxydes nitreux, l'ozone, les CFC (chloro-fluorocarbone) disséminés dans l'atmosphère. L'augmentation de la concentration de ces gaz fait croître cet effet de serre qui se produit naturellement en agrandissant la quantité de vapeur d'eau dans l'atmosphère. La « paroi de verre » qu'elle constitue alors retient la chaleur solaire dans la « serre » terrestre où la température s'accroît, d'où le réchauffement de la planète, affirment Hulot, Barbault et Bourg (op. cit.). Ces émissions exagérées de gaz sont dûes en majeure partie à la croissance des dommages liés au développement technique et aux mauvaises politiques de gestion étatique des risques technologiques au cours des cent cinquante dernières années. Car depuis dix-huit mille ans(date de la dernière glaciation) et jusqu'à la moitié du XIXe siècle la quantité de gaz à effet de serre demeure constante dans l'atmosphère. Concrètement parlant, le dioxyde de carbone durant cette période n'a jamais excédé 280 parties par million en volume (soit 0, 028 %). Or, aujourd'hui le C02 atteint 360 parties par million en volume et dans les prochaines décennies si le même rythme de pollution se maintient, ce gaz arrivera à 600 parties.

L'espèce humaine peut faire face à trois situations qui sont des projections, basées sur une élévation de la température et du niveau des mers (Hulot et al. : ibidem). La première possibilité implique un réchauffement de la température de 1 degré et une élévation du niveau des mers de 15 centimètres. La deuxième, qui semble aussi la plus proche de la réalité, est celle respectivement de 2 degrés et de 50 centimètres et la troisième celle de 3,5 degrés et 95 centimètres. Si nous retenons la seconde possibilité comme la plausible, elle provoquerait une élévation de 50 centimètres du niveau des mers. Elle supposerait des plages submergées, des nappes phréatiques polluées par l'eau salée, des estuaires où le taux de salinité s'accroît, une érosion grandissante des côtes, une émigration mondiale de plusieurs millions d'individus. Cependant cette élévation du niveau des mers serait due fondamentalement non à la fonte des glaces, mais bien à l'augmentation du volume d'eau, en raison de la chaleur.

Malgré ces scénarios catastrophiques connus les pollueurs technologiques continuent « leur ronde » mondiale infernale. Deux exemples illustrent leur détermination. Le nombre des composants chimiques nécessaires à la fabrication industrielle des pesticides augmente de plus de 100 par année, tandis que l'usage de beaucoup de ces produits est interdit par divers États-nations. Le Bureau d'Analyse des Risques et des Pollutions Industrielles (BARPI), domicilié à Lyon, dénombre pour la seule année 1992 en France 710 cas de pollution dont 57 % relèvent des installations industrielles et artisanales et 17 % du transport des matières dangereuses.

Face cette menace de mort de la Planète par les polluants de toutes catégories, ce sont les stratégies de mises en application des écotaxes d'une vingtaine de pays de l'OCDE (Organisation de Coopération et de Développement Économiques) qui constituent l'un des moyens de mettre un frein à la fureur polluante. Il s'agit du rôle de la fiscalité dans le cadre de la politique d'environnement.

La mise en oeuvre des mesures fiscales contre les pollueurs se présentent sous deux formules : la première de la catégorisation(des appellations différentes) des écotaxes et la seconde du pourcentage de celles-ci à la consommation, les deux variant d'un État-nation à l'autre. Par exemple, au Danemark les taxes et droits d'accise appliqués à des fins environnementales comprennent

a) les droits sur l'essence, sur certains produits pétroliers, sur les automobiles, en fonction du poids, à la charge des ménages ou en fonction du poids, à la charge d'autres agents, sur l'électricité, le gaz, le charbon, les déchets, les CFC, le CO2, les insecticides, les herbicides, les pesticides, etc. vendus en petits contenants, certains récipients utilisés pour la vente au détail et l'extraction et l'importation de matières premières.;

b) les droits d'immatriculation des véhicules à moteur;

c) et la délivrance des plaques d'immatriculation. En Finlande ces taxes et droits se distribuent en :

1) taxes sur les carburants liquides, l'électricité, les véhicules à moteur à la charge des ménages et les véhicules à moteur à la charge d'autres agents;

2) droits d'accise sur les véhicules à moteur;

3) et les prélèvements pour les pollutions pétrolières, les déchets pétroliers et les liquides pour la constitution de réserve. En ce qui concerne le pourcentage des écotaxes prélevées à la consommation, les cas suivants montrent leur variation d'un Étatisation à l'autre en 1994.

Tableau 7 : taxes à la consommation des sources d'énergie

Pays	Taux général
Allemagne	15
Autriche	20
Belgique	20.5
Canada	7
Danemark	25

Espagne	15
Finlande	22
France	18.5
Grèce	18
Irlande	12.5
Islande	24.5
Italie	19
Japon	3
Luxembourg	15
Mexique	10
Norvège	22
Nouvelle-Zélande	12.5
Pays-Bas	17.5
Portugal	5
Royaume-Uni	17.5
Suède	25
Suisse	5.84
Turquie	15

(Source : OCDE, 1995).

Les États-Unis et l'Australie sont les seuls pays de l'OCDE où les écotaxes ne sont pas appliquées.

4.3 *Le Sommet de la Terre de Rio (1992)*

À Stockholm en 1972 se déroule la première Conférence mondiale des Nations Unies sur l'environnement. Elle se propose comme objectif d'élaborer un partenariat mondial sur une base nouvelle et équitable en établissant des instances de coopération nouvelles entre les États, les secteurs clés de la société et les peuples. Elle veut travailler pour créer des accords internationaux qui sauvegardent les intérêts de tous les pays et protègent l'intégrité du système mondial de l'environnement et du développement. En somme, elle reconnaît que la Terre, berceau de l'humanité, forme une totalité particulièrement empreinte d'interdépendance.

L'ONU décide en décembre 1988 que la seconde se tiendra en 1992 au Brésil. Du 3 au 14 juin 1992 se tient à Rio de Janeiro la Conférence des Nations Unies sur l'environnement et le développement. La *Déclaration de Rio* formule, par l'entremise fondamentale des organisations internationales présentes, 27 principes généralement dans des instruments juridiquement non obligatoires. Ces principes sont ensuite repris par d'autres instruments, souvent obligatoires. En effet, l'exigence d'une pratique internationale est essentiellement comblée par la répétition de règles dans différents textes, soit sous forme de résolutions émanant d'institutions ou de conférences intergouvernementales, soit sous celle de traités. Le texte de la *Déclaration de Rio* est très important, parce que tous les États du monde y sont représentés. Nous nous contentons de citer certains principes qui reconnaissent la connexité, l'interaction entre le développement durable, la protection de l'environnement et l'élimination de la pauvreté.

Principe 1 :
Les êtres humains sont au centre des préoccupations relatives au développement durable. Ils ont droit à une vie saine et productive en harmonie avec la nature.

Principe 2 :
Conformément à la Charte des Nations Unies et aux principes du Droit International, les États ont le droit souverain d'exploiter leurs propres ressources selon leur politique d'environnement et de développement, et ils ont le devoir de faire en sorte que les activités exercées dans les limites de leur juridiction ou sous leur contrôle ne causent pas de dommages à l'environnement dans d'autres États ou dans des zones ne relevant d'aucune juridiction nationale.

Principe 3 :
Le droit au développement doit être réalisé de façon à satisfaire équitablement les besoins relatifs au développement et à l'environnement des générations présentes et futures.

Principe 4 :
Pour parvenir à un développement durable, la protection de l'environnement doit faire partie intégrante du processus de développement et ne peut être considérée isolément.

Principe 5 :
Tous les États et tous les peuples doivent coopérer à la tâche essentielle de l'élimination de la pauvreté, qui constitue une condition indispensable du développement durable, afin de réduire les différences de niveaux de vie et de mieux répondre aux besoins de la majorité des peuples du monde[9].

Principe 6 :
La situation et les besoins particuliers des pays en développement, en particulier des pays les moins avancés et des pays les plus vulnérables sur le plan de l'envi-

---

[9]Dans cette perspective de considérer la pauvreté comme un malaise mondial, l'Assemblée Générale des Nations Unies dans une de ses réunions extraordinaires, tenue à Genève du 26 au 30 juin 2000, discute de deux projets, à savoir : i) donner un visage humain à la mondialisation du capital ; ii) diminuer de moitié la pauvreté dans le monde en 15 ans.

ronnement, doivent se voir accorder une priorité spéciale. Les actions internationales entreprises en matière d'environnement devraient également prendre en considération les intérêts et les besoins de tous les pays.

Principe 7 :
Les États doivent coopérer dans un esprit de partenariat mondial en vue de conserver, de protéger et de rétablir l'intégrité de l'écosystème terrestre. Étant donné la diversité des rôles joués dans la dégradation de l'environnement mondial, les États ont des responsabilités communes, mais différenciées. Les pays développés admettent la responsabilité qui leur incombe dans l'effort international en faveur du développement durable, compte tenu des pressions que leurs sociétés exercent sur l'environnement mondial et des techniques et des ressources financières dont ils disposent.

Principe 8 :
Afin de parvenir à un développement durable et à une meilleure qualité de vie pour tous les peuples, les États devraient réduire et éliminer les modes de production et de consommation non viables et promouvoir des politiques démographiques appropriées.

Principe 9 :
Les États devraient coopérer ou intensifier le renforcement des capacités endogènes en matière de développement durable en améliorant la compréhension scientifique par des échanges de connaissances scientifiques et techniques et en facilitant la mise au point, l'adaptation, la diffusion et le transfert de techniques, y compris de techniques nouvelles et novatrices.

Principe 10 :
La meilleure façon de traiter les questions d'environnement est d'assurer la participation de tous les citoyens concernés, au niveau qui convient. Au niveau national, chaque individu doit avoir dûment accès aux informations relatives à l'environnement que détiennent les autorités publiques, y compris aux informations relatives aux substances et activités dangereuses dans leurs collectivités, et avoir la possibilité de participer aux processus de prise de décision. Les États doivent faciliter et encourager la sensibilisation et la participation du public en mettant les informations à la disposition de celui-ci. Un accès effectif à des actions judiciaires et administratives, notamment des réparations et des recours, doit être assuré.

Principe 11 :
Les États doivent promulguer des mesures législatives efficaces en matière d'environnement. Les normes écologiques et les objectifs et priorités devraient être adaptés à la situation en matière d'environnement pour la gestion de l'environnement et de développement à laquelle ils s'appliquent. Les normes appliquées par certains pays peuvent ne pas convenir à d'autres pays, en particulier à des pays en développement, et leur imposer un coût économique et social injustifié.

Principe 12 :
Les États devraient coopérer pour promouvoir un système économique international ouvert et favorable, propre à engendrer une croissance économique et un développement durable dans tous les pays, qui permettrait de mieux lutter contre les problèmes de dégradation de l'environnement. Les mesures de politique commerciale motivées par des considérations relatives à l'environnement ne devraient pas constituer un moyen de discrimination arbitraire ou injustifiable, ni une restriction déguisée aux échanges internationaux. Toute action unilatérale visant à résoudre les grands problèmes écologiques au-delà de la juridiction du pays importateur devrait être évitée. Les mesures de lutte contre les problèmes écologiques transfrontières ou mondiaux devraient, autant que possible, être fondées sur un consensus international.

Principe 13 :
Les États doivent élaborer une législation nationale concernant la responsabilité de la pollution et d'autres dommages à l'environnement et l'indemnisation de leurs victimes. Ils doivent aussi coopérer diligemment et plus résolument pour développer davantage le droit international concernant la responsabilité et l'indemnisation en cas d'effets néfastes de dommages causés à l'environnement dans des zones situées au-delà des limites de leur juridiction par des activités menées dans les limites de leur juridiction ou sous leur contrôle.

Principe 14 :
Les États devraient concerter efficacement leurs efforts pour décourager ou prévenir les déplacements et les transferts dans d'autres États de toutes activités et substances qui provoquent une grave détérioration de l'environnement ou dont on a constaté qu'elles étaient novices pour la santé de l'homme.

Principe 15 :
Pour protéger l'environnement, des mesures de précaution doivent être largement appliquées par les États selon leurs capacités. En cas de risque de dommages graves ou irréversibles, l'absence de certitude scientifique absolue ne doit pas servir de prétexte pour remettre à plus tard l'adoption de mesures effectives visant à prévenir la dégradation de l'environnement.

Principe 16 :
Les autorités nationales devraient s'efforcer de promouvoir l'internationalisation des coûts de protection de l'environnement et l'utilisation d'instruments économiques, en vertu du principe selon lequel c'est le pollueur qui doit, en principe, assumer le coût de la pollution, dans le souci de l'intérêt public et sans fausser le jeu du commerce international et de l'investissement.

Principe 17 :
Une étude d'impact sur l'environnement, en tant qu'instrument national, doit être entreprise dans le cas des activités envisagées qui risquent d'avoir des effets nocifs importants sur l'environnement et dépendent de la décision d'une autorité nationale compétente.

Principe 20 :
Les femmes ont un rôle vital dans la gestion de l'environnement et le développement. Leur pleine participation est donc essentielle à la réalisation d'un développement durable.

Principe 21 :
Il faut mobiliser la créativité, les idéaux et le courage des jeunes du monde entier afin de forger un partenariat mondial, de manière à assurer un développement durable et à garantir à chacun un avenir meilleur.

Principe 25 :
La paix, le développement et la protection de l'environnement sont interdépendants et indissociables.

Principe 27 :
Les États et les peuples doivent coopérer de bonne foi et dans un esprit de solidarité à l'application des principes consacrés dans la présente *Déclaration* et au développement du Droit International dans le domaine du développement durable.

5. *Crise structurelle de l'économie mondiale et/ou crise des écosystèmes planétaires*

La question de la crise économique mondiale en rapport avec la crise des écosystèmes planétaires pose au départ la problématique de la production capitaliste dans sa phase ultime d'internationalisation de l'accumulation. Cependant elle soulève en même temps la discussion autour de la croissance et de la répartition du surplus aussi bien au centre qu'à la périphérie du système capitaliste. Mais avant d'aller plus loin dans notre examen de cette triple problématique (d'accumulation, de croissance et de répartition de l'excédent), il est indispensable de définir ce que nous entendons par « crise ». Le mot « crise » vient du grec *krisis* qui signifie phase décisive, moment périlleux dans le développement d'une réalité.

Dans cette perspective, la « crise structurelle de l'économie mondiale capitaliste » est un moment difficile par et dans lequel la croissance non seulement n'est pas soutenue, mais est rompue *en général* dans les groupes et les institutions capitalistes du centre, aux États-Unis, en France, en Angleterre, en République Fédérale d'Allemagne, au Japon, en Italie et au Canada (le G7), à partir des années 1970 (Généreux, 1993; Lorenzi et al., op. cit.) : le taux de profit :

$$p' = \frac{s}{c+v},$$

qui est le rapport du profit au capital employé dans la production d'une marchandise baisse dans toutes ces économies nationales. Depuis cette rupture la dégradation de l'activité économique continue sensiblement tant au centre qu'à la périphérie (pays « en voie de développement capitaliste » et « sous-développés »). En gros, quatre causes médiates et/ou immédiates contribuent à retarder la mise en oeuvre des mécanismes stabilisateurs pour une reproduction élargie du système capitaliste mondial :

1) la baisse des gains de productivité(de plus-value) se traduisant, entre autre, par de nombreuses banqueroutes d'usines et d'entreprises commerciales et financières et donc par une diminution de l'emploi(ou une augmentation du taux de chômage y compris du chômage technologique) ;
2) le développement du travail dans le secteur tertiaire privé (des services) au détriment des secteurs industriel, manufacturier et agricole ;
3) le développement du travail improductif de la bureaucratie d'État ;
4) et l'essoufflement et la décroissance de la consommation des biens et des services dus aussi bien à la réduction du pouvoir d'achat de la population (taux de chômage étant en hausse) qu'à la saturation du marché de certains produits.

Ces quatre causes aboutissent à une baisse globale d'accumulation du capital mondial, à une réduction dans la répartition des profits dans certaines branches de la production, en somme, à une insuffisance du surplus(ou excédent) économique. Telles sont les manifestations de la crise structurelle de l'économie capitaliste mondiale. Pour illustrer cette crise nous retenons des données de certains pays de l'OCDE (qui constitueraient des tendances générales) sur la diminution de l'emploi dans les secteurs industriels, manufacturier et agricoles, l'augmentation du travail dans le tertiaire et la hausse du taux de chômage.

Tableau No 8

Baisse de la part de l'agriculture dans l'emploi civil total (1960-1990)

Pays	1960-1967	1968-1973	1974-1979	1980-1990
États-Unis	6,9	4,6	3,9	3,2
Japon	25,6	16,7	12,1	8,8
Allemagne de l'Ouest	11,9	8,5	6,2	4,5
France	19,3	13,3	9,8	7,5
Angleterre	4,2	3,2	2,8	2,5

Italie	27,7	20,4	16,1	11,4
Canada	11,1	7,5	5,9	5,0
Espagne	33,4	26,7	21,5	16,6
Belgique	7,1	4,7	3,6	3,0

Tableau No 9

Décroissance de la part des industries dans l'emploi civil total (1960-1990)

Pays	1960-1967	1968-1973	1974-1979	1980-1990
États-Unis	35,2	34,0	31,2	28,0
Japon	31,5	35,8	35,7	34,6
Allemagne	47,7	48,0	45,0	41,2
France	38,6	39,2	37,8	32,4
Angleterre	46,7	44,0	39,9	32,2
Italie	36,4	39,1	38,5	34,5
Canada	32,8	31,0	29,3	26,0
Australie	37,9	36,5	32,9	27,9
Belgique	45,1	42,4	38,2	30,6

Source: Généreux, op. cit.

Tableau No 10

Diminution de la part des manufactures dans l'emploi civil total (1960-1990)

Pays	1960-1967	1968-1973	1974-1979	1980-1990
États-Unis	26,8	25,8	23,0	19,7
Japon	23,7	26,9	25,4	24,5
Allemagne	35,3	36,5	34,5	32,3
France	27,6	27,6	27,2	23,3
Angleterre	37,4	36,1	32,6	25,3

Italie	26,0	27,9	27,5	24,0
Canada	25,0	22,8	20,2	17,7
Australie	29,2	26,4	23,1	19,2
Espagne	25,1	26,8	26,1	23,3
Belgique	31,7	31,3	28,3	22,8

Source: Généreux, ibidem.

Tableau No 11

Augmentation de la part du tertiaire dans l'emploi civil total (1960-1990)

Pays	1960-1967	1968-1973	1974-1979	1980-1990
États-Unis	57,9	61,5	64,9	68,8
Japon	42,9	47,5	52,3	56,6
Allemagne	40,4	43,5	48,8	54,3
France	42,1	47,6	52,5	60,1
Angleterre	49,1	52,8	57,4	65,3
Italie	35,9	40,4	45,3	54,1
Canada	56,1	61,5	64,8	69,0
Australie	52,0	55,5	60,5	65,9
Espagne	33,9	37,7	41,2	50,1
Belgique	47,8	52,9	58,3	66,4

Source: Généreux, op. cit.

Tableau No 12
Hausse du taux de chômage (1960-1993)

Pays	1960-1967	1968-1973	1974-1979	1980-1990	1991	1992	1993
États-Unis	5,0	4,6	6,7	7,0	5,6	6,7	7,4
Japon	1,3	1,2	1,9	2,5	2,1	2,2	2,5
Allemagne	0,8	0,8	3,4	6,7	6,7	7,7	10,1
France	1,5	3,5	4,5	9,0	9,5	10,2	11,2

Angleterre	1,5	2,4	4,2	9,2	11,0	10,7	11,2
Italie	4,9	5,7	6,6	10,0	8,3	10,1	10,7
Canada	4,8	5,4	7,2	9,2	10,3	11,3	11,1
Australie	1,9	2,0	5,0	7,4	9,6	10,8	10,9
Espagne	2,3	2,7	5,3	17,4	16,3	18,4	22,5
Belgique	2,1	2,3	5,7	10,9	9,3	10,3	11,9

Source : Généreux, op. cit.

Cependant en ce qui concerne « la crise des écosystèmes planétaires », elle consiste dans le moment périlleux par et dans lequel se développe ou mieux se dégrade la biosphère sous les coups répétés des contraintes physiques imposées aux écosystèmes par les investissements intensifs de capitaux à la recherche de nouveaux profits. Ces contraintes physiques débouchent naturellement sur différentes formes de pollution (atmosphérique, aérienne par le vacarme des avions, terrestre, aquatique, etc.) et de dégradation des sols (déforestation[10], sécheresse, inondations, etc.). Par conséquent, cette crise est consubstantielle à la crise économique mondiale du capitalisme aussi bien au centre qu'à la périphérie, dans cette phase ultime d'internationalisation effrénée d'accumulation. Car la baisse du surplus économique du centre qui provoque justement la décroissance pousse ce dernier à des « investissements directs à l'étranger » (Chesnais, op. cit.) et à globaliser ainsi la détérioration des écosystèmes.

Dans ce processus de mondialisation du capital, la plupart des zones de cultures de rente, de plantations industrielles, de pâturages, de fleuves, de rivières et de mers naturels du globe sont exploitées au maximum de leur capacité de production (Nonjon, 1999 ; Brown et al., 1993). Alors il est compréhensible que les stocks de céréales, de bétail et de poissons et le cycle hydrologique atteignent une limite menaçante, « périlleuse », « critique » pour la satisfaction de besoins alimentaires. Aussi toute la future croissance va-t-elle se fonder sur la production intensive de plantes nourries aux engrais chimiques (contaminant la nappe phréatique) et plus assoiffées d'eau (dévorant ainsi à un rythme trépidant la nappe phréatique) que les plantes naturelles, sur l'aquaculture (source de certaines pathologies pisciculturales) et sur les ani-

[10]En Indonésie 70 % des forêts sont dégradées par les compagnies des magnats du bois dont font partie l'ex-président Suharto (dévoreur des deniers publics et jouissant d'une fortune estimée à 40 milliards de dollards U.S.) et son bras droit, Mohamad Ben Hassan.

maux nourris industriellement (à base d'aliments truffés, bourrés d'hormones).

Par exemple, dans le monde entier, l'élevage de poissons dans des enclos océaniques ou dans des réserves d'eau douce passe de 9,2 millions de tonnes en 1984 à 14,2 millions de tonnes en 1990, soit 14 % du volume total des prises naturelles. Cependant l'aquaculture souffre de problèmes particuliers. En effet, les épizooties (du grec, *epi*, sur, et *zôotês*, nature animale) affectent beaucoup plus aisément les poissons confinés dans des enclos et se propagent dans la faune des espèces libres par l'entremise d'individus qui s'échappent. Les réserves irlandaises de truites de mer sauvages se sont écroulées en 1989, s'abaissant à 10 % de leur niveau normal à cause de la propagation du pou de mer, un parasite inconnu qui se développe avec l'élevage du saumon à partir du milieu des années mille neuf cent quatre-vingt (Brown et al., 1993). Car les déjections polluent l'eau et le manque de croisement conduit à un affaiblissement génétique, alors que le croisement crée « la vigueur hybride » qui renforce la résistance à certaines maladies et à des dures conditions climatiques.

En Chine, dans le sous-continent indien et dans les régions semiarides de l'Afrique (ces deux dernières zones exploitées depuis la colonisation européenne), aires qui font vivre la moitié de l'humanité, la demande de bois de brûlage et de construction outrepasse largement la capacité régénérative des forêts. De la même façon, au niveau mondial la production de viande bovine et ovine se heurte contre les limites de reproduction biologique des pâturages. Pour ce qui a trait à la pêche les investigateur(trice)s en biologie marine de la FAO soutiennent que les 100 millions de tonnes de poissons pêchées annuellement expriment le maximum soutenable. La consommation de poissons excède celles de la viande de boeuf et de poulet prises ensemble.

Enfin dans plusieurs pays les bilans hydriques sont déficitaires et constituent des obstacles à la croissance agricole, voire quelquefois industrielle. Aux États-Unis un système aquifère important des hautes plaines, qui comprend la formation appelée d'Ogallala, dans le Nebraska, est en voie d'épuisement depuis des décennies. C'est au nordouest du Texas, où le pompage intense pour servir à l'irrigation se développe rapidement dans les années mille neuf cent quarante, que le problème du stress hydrique est le plus grave (Brown et al., 1993). En 1990, 24 % de la part texane de la réserve d'Ogallala sont épuisés : il s'agit d'une perte de 164 milliards de mètres cubes d'eau, c'est-à-dire la consommation totale d'eau pour six années dans le Texas tout entier. La Chine, abritant 22 % de la population mondiale et disposant simplement de 8 % des ressources d'eau douce, souffre de pénurie d'eau. La situation est singulièrement alarmante autour de Pékin, de la grande ville industrielle de Tianjin et d'autres régions de la plaine septentrionale, une immense étendue de terre fertile qui produit le quart des céréales du pays. Les nappes phréatiques, situées en dessous de la capitale, diminuent de 1 à 2 mètres par an, et le tiers de ses puits sont asséchés. Près d'une centaine de villes et d'agglomérations chinoises, particulièrement dans le Nord et les zones côtières, sont affectées par des pénuries d'eau pendant les dix dernières années. Dans quelques cas, le déficit hydrique est causé directement par la mauvaise gestion et la détérioration des sols, comme nous l'avons vu plus haut. Dans la prochaine section nous examinons la question de la domination de la nature en rapport avec la domination du capital toujours au niveau mondial.

6. *Domination de la nature et/ou domination du capital*

Dans la perspective de l'écologie sociale, la base de sustentation de la société civile bourgeoise est caractérisée, entre autre, par la vision marchande de la nature et de la société qui aboutit à la « fétichisation de la marchandise », c'est-à-dire le double processus de personnification des choses et de réification des personnes. En d'autres termes, dans l'optique mercantiliste du capitalisme mondial, et la nature est considérée comme un ensemble de ressources biologiques qui, par et dans le processus de production et d'échange, se transforment en marchandises et la société est regardée comme une source et une réserve de force de travail et de technologie qui sont destinées à la production de marchandises. Toujours dans le cadre de l'écologie sociale, l'une des trois composantes de la société politique bourgeoise est l'appropriation par l'État du territoire national (air, terre, mer, fleuves, rivières, lacs, ruisseaux, étangs).

6.1 *Mécanismes économiques de domination capitaliste de la nature, selon David Ricardo*[11]

Seul l'État national moderne peut disposer à son gré de l'usage, du sol, du sous-sol, de l'air et des eaux nationaux sous forme de plan d'urbanisation et/ou d'aménagement du territoire et de contrats de permis de défo-

[11]David Ricardo (1772-1823), Adam Smith (1723-1790), Thomas Robert Malthus (1766-1834), Claude Henri de Saint-Simon (1760-1825), Pierre Joseph Proudhon (1809-1865), Karl Marx (1818-1883) et Frédéric Engels (1820-1895), pour ne citer que ceux-là, peuvent être qualifiés de fondateurs de "l'économie politique", discipline qui intègre *fondamentalement* la philosophie, l'histoire, l'économie, la politique et le droit.

restation, de défrichement, de pêche et d'utilisation des espaces aérien, maritime, fluvial et lacustre. Mais il accorde aux entreprises capitalistes nationales ou internationales la faculté de dénaturer anarchiquement les écosystèmes dans le but d'accumuler du capital. Alors la domination de la nature passe nécessairement par la création d'agrosystèmes, c'est-à-dire des écosystèmes dénaturés par les activités économiques de toutes les catégories. Dans le monde moderne la domination de la nature par les êtres humains n'est autre que la domination de la nature par le capital national et international avec la « bénédiction » de l'État national. Car les différents Codes Ruraux nationaux soutiennent l'accumulation du capital agraire, sans des prescriptions précises sur la gestion soutenable des ressources naturelles. Les lois nationales de protection de l'environnement sont à leurs balbutiements juridiques (Lanoie et al., 1995 : 415-541 ; Cadoret, Fromageau et al., 1985).

Dans le célèbre chapitre « De la rente de la terre » de son ouvrage intitulé *Des principes de l'économie politique et de l'impôt* (1817) David Ricardo nous dévoile le fondement historique de l'appropriation juridique et économique de la terre ou de la domination capitaliste (par des bourgeois terriens et des fermiers capitalistes) de la nature.

Nous citons les points qui nous semblent les plus forts de son argumentation. Oyez plutôt:

> Rien n'est plus commun que d'entendre parler des avantages que possède la terre sur toute autre source de production utile, et cela, en raison du surplus qu'on en tire sous la forme de rente. Et cependant, à l'époque où les terrains sont le plus fertiles, le plus abondants, le plus productifs, ils ne donnent point de rente; et ce n'est qu'au moment où ils s'appauvrissent, —le même travail donnant moins de produits,— qu'on détache une partie du produit primitif des terrains de premier ordre, pour le paiement de la rente. Il est assez singulier que cette qualité de la terre, qui aurait dû être regardée comme un désavantage, si on la compare aux agents naturels qui secondent le manufacturier, ait été considérée au contraire comme ce qui lui donnait une prééminence marquée. Si l'air, l'eau, l'élasticité de la vapeur et la pression de l'atmosphère pouvaient avoir des qualités variables et limitées ; si l'on pouvait, de plus, se les approprier, tous ces agents donneraient une rente, qui se développerait à mesure que l'on utiliserait leurs différentes qualités. Plus on descendrait dans l'échelle des qualités, et plus hausserait la valeur des produits fabriqués avec ces agents... L'homme travaillerait plus de son corps, la nature ferait moins, et la terre ne jouirait plus d'une prééminence fondée sur la limitation de ses forces...

La hausse des rentes est toujours l'effet de l'accroissement de la richesse nationale, et de la difficulté de se procurer des subsistances pour le surcroît de population: c'est un signe, mais ce n'est jamais une cause de la richesse; car la richesse s'accroît souvent très rapidement pendant que la rente reste stationnaire, ou même pendant qu'elle baisse. La rente hausse d'autant plus rapidement, que les terrains disponibles diminuent de facultés productives[12]. Là où la richesse augmente avec le plus de vitesse, c'est dans les pays où les terres disponibles sont le plus fertiles, où il y a le moins de restrictions à l'importation, où, par des améliorations dans l'agriculture, on peut multiplier les produits sans aucune augmentation proportionnelle dans la quantité de travail, et où, par conséquent, l'accroissement des rentes est lent. Les améliorations en agriculture sont de deux espèces : les unes (rotation, meilleurs engrais) augmentent la force productive de la terre, et les autres (perfection-nements dans les instruments agricoles comme « une moissonneuse–batteuse » et une « moissonneuse-lieuse »[13]) nous font obtenir ses produits avec moins de travail. Toutes deux tendent à faire baisser le prix des matières premières. Il est hors de doute que la baisse du prix relatif des produits naturels par suite d'améliorations agricoles ou d'une économie dans la production, doit naturellement conduire à une plus forte accumulation de capital. Car les profits du capital doivent s'être accrus de beaucoup. Cette accumulation de capital fera naître une plus forte demande d'ouvriers, fera hausser leurs salaires, et augmentera la population; il y aura ainsi, demande croissante de produits agricoles, et, augmentation de culture » (Ricardo, 1977 : 64-71).

L'argumentation de Ricardo dont nous retenons seulement les points forts, se déploie en trois temps sur l'appropriation progressive du surplus (rente) des écosystèmes naturels et sur l'accumulation du capital, au détriment de la biodiversité et de l'autorégulation. Dans un premier temps, l'auteur signale non seulement un effet écologique (pervers) de dégradation du sol, avec plus d'un siècle d'avance, mais encore la cause économique de la valeur maximale de la terre qui est consubstantielle à cette dégradation. Dans cette situation, plus les terrains agricoles sont dégradés et donc de basse productivité, plus la rente hausse. Ce phénomène se produit à la fois sur des exploitations agricoles du centre et de la périphérie, après des décennies de culture et de pâturage intensifs.

Dans un deuxième temps, Ricardo souligne le désavantage des ressources naturelles d'entrer sur le marché, c'est-à-dire d'acquérir une valeur d'échange: elles deviennent rares, parce que surexploitées en vue du profit maximum, et sont alors en voie d'extinction. Commence et se développe le Cycle Infernal de la Dénaturation des Écosystèmes (CIDÉ), au

---

[12]C'est nous qui écrivons en italique les mots ou les propositions pour les mettre en évidence.

[13]Ces deux exemples sont nôtres.

détriment des principes de la biodiversité et de l'autorégulation: Surexploitation—Surproduction—Extinction.

Dans un troisième temps, l'auteur analyse les causes fondamentales du processus d'accumulation du capital agricole au centre du système mondial (tout au long du XIXe siècle, au début du XXe siècle et encore dans certaines régions de la planète, c'est-à-dire dans quelques « pays en voie de développement »). Les innovations dans la force productive de la terre arable et dans les instruments agricoles engendrent une diminution du prix des matières premières, puisque les exploitations agricoles produisent une plus grande quantité de celles-là dans un temps plus court (c'est l'extraction de la plus-value relative due à l'amélioration de la technique de production). Cette baisse du prix des matières premières aboutit à une plus grosse vente de celles-ci: le taux de profit devient plus élevé, en raison de l'augmentation énorme de la masse de plus-value relative par rapport aux investissements de c et de v (Simple rappel : taux de profit : $p' = \frac{s}{c+v}$).

Cette forte accumulation du capital (C) provoque un besoin croissant de main-d'œuvre ouvrière, une hausse des salaires (v) et du pouvoir d'achat. Ce dernier cause une demande accrue de produits agricoles, laquelle demande débouche sur un accroissement de la production végétale. C'est une période de prospérité agricole dans certaines zones spécifiques de « pays en voie de développement capitaliste ». Ceux-ci comme l'Argentine, le Brésil, la Turquie, etc., sont encore essentiellement producteurs de matières premières, puisque l'agriculture représente encore 40 % à 55 % de leur PIB (Produit Intérieur Brut). Depuis les années 1980 jusqu'à nos jours l'exploitation ou mieux la domination des écosystèmes terrestres, aérien, maritime et fluvial des « pays en voie de développement » surtout, mais aussi des « pays sous-développés » s'effectue sous l'égide du capital national et international (Baudoux, et alii, 1998 ; Nyahoho et Proulx, 1997 ; Lipietz, 1999). Dans la deuxième section nous citons des données portant sur l'extension de la domination du capital sur la nature au niveau mondial.

6.2 Production *mondiale et capital*

Dans la perspective de la sociologie économique de Max Weber (1991 et 1977), le sens, l'orientation économique fondamentale de l'action capitaliste est la recherche renouvelée du profit grâce à l'exploitation des possibilités offertes par la production massive et l'échange accéléré des marchandises dans des entreprises rationnelles continues. Ces entreprises modernes disposent d'un capital monétaire permanent et d'une comptabilité régulière qui analyse minutieusement et périodiquement la relation entre le coût de production ou d'échange et le profit, (c'est-à-dire entre les investissements et le supéravit ou le déficit). La domination de la nature par le capital n'est autre que la production effrénée de marchandises dans des secteurs rentables, productifs de plus-value continue. La phase suprême de la domination de la nature par le capital est, en premier lieu, la création phytotechnique de variétés végétales de haut rendement réagissant à des doses de plus en plus fortes d'engrais et donc le recours croissant aux engrais chimiques, en deuxième lieu, l'extension de l'irrigation (les variétés améliorées nécessitent davantage d'eau) et, en troisième lieu, la production marchande et anarchique de millions de tonnes de matières premières au moyen d'instruments modernes de plus en plus sophistiqués comme les tracteurs, les moissonneuses-batteuses, les moissonneuses-lieuses et les grands filets mécaniques des navires pêcheurs, créant d'ailleurs du chômage technologique. Par exemple, l'augmentation annuelle de la consommation d'engrais devient entre 1950 et 1984 l'une des tendances les plus prévisibles de l'économie mondiale. Pendant cette période, chaque tonne supplémentaire d'engrais occasionne un accroissement de 9 tonnes de la production céréalière (Nohra, 1997 ; De Lavergnée, 1995 ; Gabas, 1990 ; Casanova et alii, 1994 ; Pigeon, 1994 ; Friedman, 1995 ; Brunelle et alii, 1998 ; Rostow, 1970 ; Brown et al., 1994 : 269 ; Lattès, 1972)). Plus les activités économiques sont rentables dans des secteurs déterminés, plus les investissements capitalistes y sont faramineux et mondialisés comme dans les cas des céréales, de la viande de boeuf et de mouton, de la pêche et de la consommation d'engrais entre 1950 et 1990.

Tableau 13
Comparaison des indicateurs planétaires essentiels (1950-1990)

Indicateur	Volume
Production de céréales	A triplé, passant de 631 à 1 780 millions de tonnes, soit 29 millions de tonnes par an
Production de viande de boeuf et de mouton	Est multipliée par 2,6, de 24 à 62 millions de tonnes
Pêche	Est passée de 22 à 100 millions de tonnes, soit une croissance par habitant de 9 à 19 kilogrammes.
Consommation d'engrais	Est multipliée par 10, de 14 à 140 millions de tonnes

Source : Brown et al. 1994 : 265 et 270).

Cette auri sacra fames (sainte soif de l'or) du capital devrait être adoucie, tempérée, rationalisée non seulement à cause des dommages irréversibles provoqués dans les écosystèmes planétaires, mais encore à cause de « l'éthique de l'environnement » qui est la base de sustentation de tout projet valide et sérieux de développement soutenable pour la Survie même de la Planète Terre, donc de L'ESPÈCE HUMAINE. Dans la prochaine section nous abordons les relations complexes, inextricables entre l'accumulation du capital, le développement soutenable et l'éthique de l'environnement.

7. *Éthique de l'environnement et développement durable Pour un humanisme biologique*

Dans son ouvrage intitulé *La nature dé-naturée* Jean Dorst (1965 : 11) souligne en quelques propositions lumineuses le triple problème historique de la reproduction, de la conservation et de la disponibilité des ressources naturelles. En effet, il note:

> Les civilisations de l'Antiquité classique ont dévasté le monde méditerranéen et les grands empires des deux hémisphères se sont écroulés en partie à cause de l'érosion des terres. Plus tard les grands découvreurs du XVIe siècle ont accumulé destructions et massacres, aggravés par ceux des siècles suivants, en dépit de la salutaire réaction qui s'est manifestée depuis une centaine d'années.
>
> À l'époque contemporaine la situation atteint un degré de gravité inégalé jusqu'à présent. L'homme de civilisation industrielle a maintenant pris possession de la totalité du globe. Nous assistons à une véritable explosion démographique, sans équivalent dans l'histoire de l'humanité. Tous les phénomènes auxquels l'homme est mêlé se déroulent à une vitesse accélérée et à un rythme qui les rend presque incontrôlables. L'homme se trouve aux prises avec des problèmes économiques insurmontables dont la sous-alimentation chronique d'une partie des populations n'est que le plus évident. L'homme moderne dilapide d'un cœur léger les ressources non renouvelables, combustibles naturels, minéraux, ce qui risque de provoquer la ruine de la civilisation actuelle. Les ressources naturelles, celles que nous tirons du monde vivant, sont gaspillées avec une prodigalité déconcertante, ce qui est encore plus grave, car cela peut provoquer l'extermination de la race humaine elle-même: l'homme peut se passer de tout sauf de manger.

Cette longue citation nous semble indispensable pour deux raisons essentielles. La première est la date de parution du livre auquel elle appartient : 1965, il y a exactement 35 ans. Justement depuis une trentaine d'années les spécialistes de l'agronomie, l'écologie sociale, de l'économie, de la démographie et de la politique jettent leur cri d'alarme contre le gaspillage éhonté (« gaspillage avec une prodigalité déconcertante ») des ressources naturelles, la dégradation de l'environnement (« érosion des sols »), des « problèmes économiques insurmontables » (« sous-alimentation chronique ») et démographiques (« véritable explosion démographique sans équivalent dans l'histoire de l'humanité »). Ces quatre difficultés sont en interaction, dans la mesure où la production marchande et anarchique entraîne des dommages irréversibles à l'environnement comme l'érosion des sols, la pollution atmosphérique, la contamination de la nappe phréatique et l'augmentation du taux de salinité des eaux d'irrigation à cause de la hausse rapide de la consommation d'engrais chimiques, la pénurie de certaines ressources comme l'eau en raison de l'irrigation intensive et de la haute consommation urbaine et la baisse de la production des céréales depuis 1990, parce que chaque tonne supplémentaire d'engrais n'amène qu'une augmentation de la production inférieure à 2 tonnes (au lieu des 9 tonnes). Alors pour un retour à une croissance rapide et soutenue de la production céréalière mondiale, le capital devrait non seulement inventer de nouvelles variétés de blé, de riz et de maïs qui réagiraient mieux aux engrais que celles qui existent actuellement, mais encore tenir compte de la capacité d'absorptivité de la terre arable et d'une quantité déterminée d'engrais chimiques et d'un taux de salinité des eaux d'irrigation.

Pourtant face à ces problèmes écologiques et économiques graves, déjà en 1972 les experts du *Club de Rome* disent : « Halte à la croissance » (Meadows, 1972). Même si ce Rapport est alarmiste, il n'en demeure pas moins vrai que sa problématique est encore actuelle. En effet, surtout à partir de 1985 à nos jours l'industrialisation accélérée de certains pays par le biais d'investissements directs à l'étranger, la décroissance économique d'autres pays, l'épuisement des ressources non renouvelables et limitées (eaux souterraines, mer d'Aral asséchée, poissons, etc.), les dommages causés à l'environnement (érosions hydrique et éolienne, salinisation de la nappe phréatique, pollution atmosphérique, effet de serre, etc.), la croissance rapide de la population mondiale, la propagation de la malnutrition et l'existence d'une « géographie de la faim » unissent les effets pervers pour conduire l'économie capitaliste mondiale à un moment de crise structurelle (Paulet, 1998 ; Dumont et Mottin, 1983 ; Renault, 1982). Dans l'optique de l'écologie sociale, que faudrait- il faire ?

7.1 *Éthique de l'environnement et développement durable: plaidoyer pour un humanisme biologique*

Herbert Marcuse qualifie la société capitaliste de « société carnivore », en ce sens qu'elle est une dévoreuse de vies humaines —de la sueur et du sang des travailleur(euse)s salarié(e)s sous-payé(e)s)— et de ressources naturelles. L'humanisme biologique est la négation même de la société capitaliste carnivore. Il se définit tout simplement comme l'amour et le respect de toutes les formes de vie, végétale, animale et humaine. Il implique l'utilisation rationnelle des plantes et des animaux dans un but de satisfaire d'abord des besoins biologiques et socioculturels, tout en dénonçant l'abus que constituent pour la santé humaine les besoins artificiels. Le processus de satisfaction de ces deux premiers types de besoins, doit obéir à des normes de protection et de conservation des ressources naturelles. C'est pourquoi, dans la perspective de l'humanisme biologique l'éthique de l'environnement et le développement durable sont nécessairement imbriqués, liés (Sachs, 1993 ; Deraime, Dumont et al., 1993).

Car, pour sa part, l'éthique de l'environnement est considérée comme un ensemble de règles qu'il faut appliquer dans nos rapports avec le milieu physico-chimique, végétal et animal, pour ne pas trop bouleverser la biodiversité et l'autorégulation des écosystèmes naturels et ainsi permettre une régénération suffisante, adéquate et cyclique de la biomasse. En somme, elle renvoie à un système de valeurs (humanistes et écologiques) qui doit régir, diriger les conduites individuelles, groupales et institutionnelles dans le but de contribuer à un certain équilibre de la biosphère. De son côté, le développement durable, tel que défini pour la première fois par le Rapport Gro Harlem Brundtland de la Commission Mondiale sur l'Environnement et le Développement (1987), est le processus par et dans lequel toutes les activités économiques et politiques d'un État « maintiennent des écosystèmes essentiels au fonctionnement de la biosphère, préservent la diversité biologique et appliquent le principe d'une efficacité optimale soutenable dans l'emploi des ressources naturelles vivantes et des écosystèmes ». La pratique du développement durable « encourage les activités industrielles qui sont le plus efficaces du point de vue de l'utilisation des ressources, qui engendrent le moins de pollution et de déchets, qui font appel à des ressources renouvelables plutôt qu'à celles qui ne le sont pas et qui réduisent au minimum les impacts négatifs irréversibles sur la santé des populations et sur l'environnement » (Bundtland et al., ibidem). Les États et les industries, toujours d'après ce Rapport, ont intérêt à intégrer leurs efforts en vue de protéger les ressources naturelles et l'environnement dans leurs processus respectifs de planification industrielle et de prise de décisions. Cette intégration permet de diminuer progressivement la « quantité d'énergie et de ressources nécessaires à la croissance future, en augmentant l'efficacité de l'emploi des ressources, en réduisant le volume de déchets et en favorisant la récupération et le recyclage des ressources » (ibidem).

Sous l'angle du Rapport, les stratégies pour assurer un développement durable s'égrènent ainsi:

1) établir des objectifs, des règlements, des mesures incitatives et des normes en matière d'environnement:
2) utiliser plus efficacement les instruments économiques (par exemple, amener les industries à investir dans l'amélioration des produits en vue de réduire la pollution et les déchets);
3) élargir les évaluations environnementales (certains investissements majeurs doivent faire l'objet d'une évaluation du point de vue de leur impact sur l'environnement);
4) encourager les initiatives des compagnies (toutes les entreprises industrielles et les associations professionnelles et tous les syndicats devraient bâtir, au niveau social ou industriel, des politiques en matière de gestion des ressources et de l'environnement);
5) améliorer les capacités de faire face aux industriels (produits chimiques, déchets dangereux, accidents industriels);
6) renforcer les efforts internationaux pour aider les pays en voie de développement à lutter contre les industries polluantes à forte intensité de ressources, installées par des sociétés multinationales;
7) et faire face au défi urbain (le développement physique incontrôlé des villes a des répercussions très graves sur l'environnement et l'économie des agglomérations urbaines).

En dernière instance, il nous revient, dans la logique de l'humanisme biologique qui intègre en son sein l'éthique de l'environnement et le développement durable, de nous référer à des exemples de sources d'énergie alternative.

7.2 *Sources d'énergie alternative*

Les ventes de *piles photovoltaïques* (ou photopiles) qui sont des fines tranches de silicium transformant la lumière du soleil en électricité, progressent lentement à travers le monde en raison de son prix six fois plus élevé que celui de l'électricité produite par les combustibles fossiles. La production d'électricité à partir de photopiles ne cause pas de pollution atmosphérique. La fabrication de cellules de silicium standard ne produit que peu de déchets (Brown et al., 1993). Les ventes européennes en 1992 montent à 22 % de plus, grâce aux commandes publiques. L'Espagne, l'Allemagne et la Suisse investissent dans le solaire respectivement 17 %, 16 % et 14 % de leurs dépenses dans le domaine énergétique. Les États-Unis, l'Europe et le Japon, la Triade, représentent 92 % du marché mondial des piles photovoltaïques.

La géothermie avance. Le potentiel géothermique installé dans le monde passe de 8 777 mégawatts en 1990 à 10 000 mégawatts en 1992. Cette exploitation des fluides et des gaz à haute température d'origine souterraine approvisionne aujourd'hui l'équivalent de 6 millions de consommateurs. C'est une source d'énergie non carbonifère. Plusieurs pays utilisent la géothermie pour produire de l'électricité, pour faire fonctionner des usines et pour chauffer de l'eau et des bâtiments.

Enfin, quant à l'énergie hydroélectrique, elle progresse régulièrement (Brown et al., 1993). L'hydroélectricité est indispensable dans plusieurs sociétés en voie de développement qui fournissent 37 % de la production mondiale. Ce sont les États-Unis et le Canada qui occupent tous deux la première place avec 14 % de la production mondiale pour chacun. L'ex-URRS en génère 10 %, le Brésil 9 % et la Chine 5 %. La Norvège obtient 95 % de son électricité à partir de centrales hydroélectriques, et la Suède à peu près 50 %. Dans certaines installations récentes, l'on applique une technologie de pompage hydraulique qui se résume à aspirer l'eau d'abord vers des réservoirs en surplomb et ensuite à la relâcher pour fournir de l'électricité à partir de sa chute. Ce mécanisme régule la production d'électricité en fonction des variations de la demande, par exemple, entre le jour et la nuit. Dans les années 1990 aux États-Unis la flexibilité de cette technologie fait mettre en marche cinq nouvelles centrales hydroélectriques qui fournissent au moins 5 300 mégawatts. Il faut remarquer qu'une maintenance adéquate de ces installations pourra leur permettre de fonctionner pendant des siècles (Brown et al., 1993).

Conclusion

Au terme de notre recherche sur l'émergence, la nature et les perspectives de la sociologie économique, il est nécessaire de noter qu'en tant que discipline articulée à deux sciences elle répond davantage au programme d'étude de la société globale de la sociologie qu'à celui partiel de la mathématisation/quantification des phénomènes de subsistance ou de profit de l'économie. Ce faisant, elle apporte réellement dans le discours et les pratiques des sciences sociales un renouveau composé à la fois d'un élargissement quantitatif de son propre champ et d'une analyse sociale qualitative des phénomènes quantifiables de l'économie. En d'autres termes, la sociologie économique, est *sociologique* quand elle se penche sur la réalité sociale avec des concepts qui cherchent et découvrent les significations et le devenir des actions humaines. Elle est économique, dans la mesure où elle utilise une formulation mathématico-statistique pour évaluer le volume, la mesure, la croissance et l'ampleur d'un phénomène lié soit à la production et à la reproduction de la vie matérielle, financière, commerciale et biologique des êtres humains et de la nature, soit à la baisse des salaires ou à la hausse du chômage, pour ne citer que ces deux derniers faits qui dégradent les conditions et les valeurs, en un mot, la dignité des agents sociaux.

De Weber la sociologie économique hérite l'insistance sur la compréhension, la saisie du sens et des activités économiques (orientées vers le profit) et des actes juridiques (garantissant des intérêts économiques) et du monopole de l'utilisation de la violence légitime par l'État rationnel moderne et enfin la méthode d'analyse d'une morale religieuse (ascétique calviniste) en affinité élective avec une vision du monde économique (capitaliste). De Marx elle reçoit la démystification non seulement de la réification/chosification des personnes, mais encore de la personnification des marchandises pour occulter l'exploitation des êtres humains par d'autres êtres humains sous le couvert de rapports marchands. De Veblen elle s'inspire pour dénoncer le loisir ostentatoire, la consommation ostentatoire de services domestiques et d'objets-signe, les rivalités pécuniaires entre des fractions de la classe dominante, les règles pécuniaires du bon goût, l'incompétence industrielle des capitaines financiers et le conservatisme, etc. De Pareto elle acquiert la stigmatisation des impôts indirects, des privilèges des « nouvelles castes sociales » et de représentants du personnel des chemins de fer et de « l'aristocratie syndicale des ouvriers » et aussi la remise en question de l'augmentation croissante des dépenses publiques.

De la pensée de Durkheim elle s'alimente pour observer la nature et les types de solidarité sociale dus à la division du travail social et manifestés par les deux catégories de droit répressif et restitutif. À la solidarité mécanique correspond le droit répressif et à la solidarité organique le droit restitutif. La sociologie économique retient, par conséquent, cette forte critique de Durkheim de l'économie, à savoir que la division du travail ne doit pas être confinée dans la sphère simplement matérielle, c'est-à-dire dans les intérêts proprement économiques. Il est indispensable de regarder la division du travail comme le partage continu des tâches dans l'organisation sociale globale. À la suite de Durkheim la sociologie économique parle également des liens étroits qui unissent les individus à la collectivité où ils vivent.

De Simiand elle hérite l'emphase sur l'analyse des fluctuations cycliques des salaires, des mouvements de prix et de la quantité de monnaie mise en circulation. De Schumpeter elle emprunte la critique de la froide rationalisation capitaliste de toutes les activités de la vie humaine, donc du comportement et des idées d'où sont « chassées les croyances métaphysiques, les notions romantiques et mystiques de toute nature ». Toujours de Schumpeter elle reçoit « une alternative réaliste à la démocratie bourgeoise, industrielle et économique » : « la nouvelle démocratie, écrit l'auteur, fonctionnerait dans des conditions satisfaisantes, à moins que, dans chaque classe, la majorité des citoyens ne soit résolue à se plier aux règles du jeu démocratique, ce qui, à son tour, suppose que ces citoyens soient substantiellement d'accord sur les bases de leur structure institutionnelle » (Schumpeter, 1951).

De l'approche de l'écologie sociale elle emprunte la compréhension de tous les mécanismes de soumission réelle de la Terre par le capital mondialisé, l'explication de la dénaturation des écosystèmes planétaires, le respect de toutes les formes de vie et enfin la connaissance des moyens adéquats pour la survie de l'humanité à travers le triple concept d'humanisme biologique, d'éthique de l'environnement et de développement durable.

Enfin des Écoles argentine et brésilienne de la dépendance la sociologie économique hérite l'étude critique des déformations structurelles d'une économie extravertie, des compromis avec le capital multinational et des politiques de dépendance technologique et idéologique des sociétés de la périphérie du capitalisme, mesures qui proviennent de la domination des pays hautement industrialisés du centre.

En dernière instance, la sociologie économique, pour qu'elle soit à la hauteur de sa vocation critique de l'économie, est obligée de pratiquer constamment le programme initial de la sociologie qui consiste à investiguer la pluridimensionalité des phénomènes sociaux. Par conséquent, elle est condamnée, sous l'impulsion de la pensée rigoureuse de Max Weber et selon la terminologie de Georges Gurvitch, à construire ses investigations socio-économiques dans l'optique de la science des phénomènes sociaux totaux ou elle ne sera pas.

Bibliographie

Amin, S. et Vergopoulos, K., La question paysanne et le capitalisme, Paris, Antropos-Idep, 1980.

Andréani, T., *De la société à l'histoire*, Paris, Méridiens Klincksiech, 1989.

Andreff, W., *Profits et structures du capitalisme mondial*, Paris, Calmann-Lévy, 1977.

Ansart, P., *Les sociologies contemporaines*, Paris, Seuil, 1990.

1970 : *Sociologie de Saint-Simon*, Paris, P.U.F..

Archetti, E.P. et Stolen, K.A., *Explotación Familiar y Acumulación de Capital en el Campo Argentino*, Mexico, Buenos-Aires, Siglo XXI, 1983.

Aristide, A., *Problèmes Haïtiens. Essais sur la culture populaire, l'urbanisme et l'agriculture*, Port-au-Prince, Imprimerie de l'État, 1958,

Aristide, J.B., *Théologie et politique*, Montréal, CIDHICA, 1993.

____. *et al., Haïti. Un an après le coup d'État*, Montréal, CIDHICA, 1992.

____., *Allocution sur la réforme agraire*, 25 août 1991.

Aristote, 1983 : *Éthique à Nicomaque, Livres VIII et IX sur l'amitié*, Paris, Hatier.

____.1959 : *Éthique à Nicomaque*, Paris, Librairie Philosophique.

____.1950 : *Politique*, Paris, P.U.F.

Aron, R., *Dix-huit leçons sur la société industriellle*, Paris, Gallimard,1975.

Bacon, F., 1955 : *Instauratio magna*, Paris, Calmann-Lévy.

____.1956 : *Novum organum*, Paris, Calmann-Lévy.

Balandier, G., *Le désordre. Eloge du mouvement*, Paris, Fayard, 1989.

____. *Sociologie actuelle de l'Afrique noire*, Paris, P.U.F., 1963.

Baudoux, C., Chanlat, J.-F. et al., *Sociologie de l'économie, du travail et de l'entreprise*, Montréal, Paris, Casablanca, Gaëtan Morin Éditeur, 1998.

Bellamy, M. ET Greenshields, B. (eds), *Government Intervention in Agriculture. Cause and Effect*, IAAE, Newcastle, England, Athe-naeum Press Ltd, 1989.

Benakouche, R. *et al., Crise e Esta?*, São-Paulo, Editora Brasiliense, 1984.

Berger, P. et Luckmann, T., *La construction sociale de la réalité*, Paris, Méridiens, 1989.

Boglich, J., *La Cuetión Agraria en la Argentina*, Buenos-Aires, Editorial Panyra y Cielo, 1984.

Boismenu, G. et Gleizal, J.-J., *Les mécanismes de régulation sociale*, Montréal/Lyon, Boréal/Presses Universitaires de Lyon, 1988.

Bossuet, J.B., *Discours sur l'histoire universelle,* Paris, Flammarion, 1969.

Boudon, P., *La place du désordre,* Paris, Quadrige/P.U.F., 1991.

Bourdieu, P., *Réponses,* Paris, Seuil, 1992.

Bourdieu, P. et Passeron, J.C., *La reproduction,* Paris, Editions de minuit, 1970.

Braudel, F., 1987 : *Ecrits sur l'histoire,* Paris, Flammarion.

____.1985 : *La dynamique du capitalisme,* Paris, Arthaud.

Brax, J.P., *Haïti. Pour quoi faire ?,* Paris, L'Harmattan, 1987.

Brown, L.: *L'état de la planète,* Paris, Economica, 1989, 1990, 1992 et 1993.

____ et al., *L'état de la planète*, Paris, La Découverte, 1993 et 1994.

Brown, P. et Lauder, H., *Education for Economic Survival,* London and New York, Routledge, 1992.

Brunel, S. et al., Géopolitique de la faim, Paris, P.U. F., 1998.

Burt, R., *Toward a Structural Theory of Action,* New York, Academy Press, 1982.

Cardoso C.F.S. *et al., Haciendas, Latifundios y Plantaciones en America Latina,* Mexico, Buenos-Aires, Siglo XXI, 1983.

____. 1977, « La Brecha Campesina en el Sistema Esclavista », dans *II Encuentro de Historiadores Latinoamericanos,* Caracas, 20-26 mars.

Cardoso, F.H. et al. (1992), « Liberté et pénurie », dans *Le Courier de l'UNESCO.*

____. *et al., Las Clases Sociales en America Latina,* Mexico, Buenos-Aires, Siglo XXI, 1986.

____. *Les idées à leur place,* Paris, Éditions A.M. Métailié, 1984.

____. *Ideologias de la Burguesia Industrial en Sociedades Dependientes (Argentina y Brasil),* Mexico, Buenos-Aires, Siglo XXI, 1981.

____. *Politique et développement dans les sociétés dépendantes,* Paris, Anthropos, 1971.

____. et Faletto, E., *Dependencia y Desarrollo en America Latina,* Mexico, Buenos-Aires, Siglo XXI, 1974.

Casanova, P.G., AMIN, S. et al., État et politique dans le Tiers-Monde, Paris, L'Harmattan, 1994.

____. 1981, « La Crisis del Estado y la Lucha por la Democracia en America Latina », *Ponencia Inaugural, au 13e Congrès Latina-Americain de sociologie,* Panama.

Casimir, J., *La Caraïbe une et divisible,* Port-au-Prince, Éditions Henri Deschamps, 1991.

Castor, S., 1992, « Groupes de base et démocratie en Haïti », Compte rendu du Colloque des 24, 25 et 26 avril, Montréal, Fonds délégué AQOCI, Haïti, Montréal.

____. *L'Occupation Américaine*, Port-au-Prince, Imprimerie Henri Deschamps, 1988.

____. *La Estructura Agraria Postesclavista en Saint-Domingue*, Mexico, Centro de Estudios Latinoamericanos, 1978.

____, et Pierre-Charles, G., *Haïti, pouvoir oligarchique et alternative de changement*, sl., 1985.

Cavallo, D. *et al.*, *Agriculture and Economic Growth in Argentina, 1913-1984. Research Report 76*, International Food Policy Research Institute, November 1989.

Chesnais, F., *La mondialisation du capital*, Paris, Syros, 1994.

Chevallier, J., *Histoire de la pensée politique*, Paris, Payot, 1993.

_ *L'État de droit*, Paris, Montchrestien, 1992.

Chonchol, J. 1991, « Sur le néolibéralisme latino-américain », dans *El Correo*, No 89, Novembre.

____. *Paysans à venir*, Paris, La Découverte, 1986.

Ciseaux, J. 1991, « Les ruraux », dans *Haïti en marche*, Vol 5, No 3, 12 mars.

Clément, J.M., *Larousse agricole*, Paris, Librairie Larousse, 1986.

Code du travail haïtien, 1984.

Codes ruraux haïtien de 1826 à 1962, ce dernier étant encore en vigueur en 1994.

Cohen, A., *Las Clases Sociales. Los Programas Agrarios*, Buenos-Aires, Editorial Quipo, 1983.

Colleyn, J.P., *Éléments d'anthropologie sociale et culturelle*, 5e ed., Bruxelles, Éditions de l'Université de Bruxelles, 1990.

Comblin, J., *Le pouvoir militaire en Amérique Latine. L'Idéologie de la sécurité nationale*, Paris, Jean-Pierre Delarge Éditeur, 1984.

Commission des droits de l'homme en Haïti, *O.N.U./O.E.A., Rapport 1993.*

Commission mondiale sur l'environnement, *O.N.U., Rapport 1989.*

Commission mondiale sur l'environnement et le développement, *Rapport Gro Harlem Brundtland (1987)*, Québec, Éditions du Fleuve, 1988.

Comte, A., 1976 : *Discours sur l'esprit positif*, Paris, Collection 10/18.

____. 1975 : *Cours de philosophie positive*, Paris, Collection 10/18.

Comte, M.C. (1992), « L'Exode »dans *Revue de la FAO*, Cheres, No 137, Vol. 24, No 5, septembre et octobre.

Conférence des Nations Unies sur l'environnement et le développement, *Déclaration de Rio*, Préambule de l'Action 21, Sommet de la Terre, 3 au 14 juin 1992.

Constitution de 1801 de Saint-Domingue.

Constitution de la République d'Haïti de 1806 à 1987.

Contin, H. *et al.*, *Planificación y Manejo Integral de Empresas Agropecuarias en el Norte de Córdoba*, Argentina, ICA, 1985.

Cooper, A.J., *Slavery and the French Revolutionists (1788-1805)*, New York, The Edwin Mellen Press, 1988.

Coquery-Vidrovitch, C. *et al.*, *Décolonisations et nouvelles dépendances pour une histoire du développement*, Paris, Presses Universitaires de Lille, L'Harmattan, 1988.

____. *et al.*, *Sociétés paysannes du Tiers-Monde*, Presses Universitaires de Lille, 1980.

Copernic, N., *De revolutionibus orbium et coelestrium, libri VI*, Paris, Calmann-Lévy,1955.

Corten A. et Tahon, M.B., *L'État faible*, Montréal, CIDHICA, 1989.

Cousin, V., 1960 : *La société française au XVIIème siècle*, Paris, Flammarion.

____. 1958 : *Cours de l'histoire de la philosophie*, Paris, Flammarion.

Craan, A., *Un héritage à valoriser. Écologie, toxicologie et développement en Haïti*, Montréal, CIDHICA, 1988.

Crognier, É., *L'Écologie humaine*, Paris, P.U.F., 1994.

Crow, J.A., *The Epic of Latin America*, Berkeley, University of California Press, 1992.

Cuin, C.H. et Gresle, F., *Histoire de la sociologie*, Paris, La Découverte, Tomes 1 et 2, 1992.

Dabène, O., *L'Amérique latine au XXe siècle*, Paris. Armand Colin, 1999.

D'ans, A., *Haïti. Paysage et société*, Paris, Éditions Karthala, 1987.

De Bellaing, L.M., *L'empirisme en sociologie*, Paris, L'Harmattan, 1992.

De Andrade, R., *Militarisme et classes sociales en Amérique Latine*, Cahiers de recherche, Département de sociologie, Univerité d'Ottawa, 1983.

Debbasch, Y. , 1962, « Le marronage. Essai sur la désertion de l'esclave antillais », dans *L'Année sociologique*, 4e série, Fin.

____. 1961, « Le marronage. Essai sur la désertion de l'esclave antillais », dans *L'Année sociologique*, 3e série, Début.

Debien, G., *Plantations et esclaves à Saint-Domingue*, Université de Dakar, Dakar, 1962.

Déjan, P., *Haïti. Alerte, on tue!*, Montréal, CIDHICA, 1993.

Déléagé, P., *Haïti en 1886*, Paris, E. Dentu, 1887.

De la Perrière, R.A.B., dans *Le Monde diplomatique*, juillet 1991.

Delich, F., Germani, G. *et al.*, *Argentina Conflictiva. Estudios Sobre Problemas Sociales Argentinos*, Buenos-Aires, Paidos, 1980.

Delille, J. (1995), « Article 291 et/ou Commission Vérité », dans *Haïti en marche*, Vol. VIII, N° 51, février.

____. . dans *Haïti en marche*, Vol. VII, No 15, juin 1993b et Vol. VI, No 47, janvier 1993a.

De Lavergnée, N.B., Traité d'économie politique. Histoires, doctrines, théories, Paris, Ellipses, 1995.

Delince, K., Quelle armée pour Haïti ?, Paris, Karthala, 1994.

De Lauwe, C.J., Tirel, J.C. *et al.*, *Nouvelle gestion des exploitations agricoles*, Paris, Dunod, 1983.

Delorme, D., *La misère au sein des richesses*, Paris, F. Dentu, 1873.

Demolon, A., *Dynamique du sol*, Paris, Dunod, 1984.

Deraime, S. et Dumont, R. et al., *Économie et environnement*, Paris, Éd, Le Monde, 1993.

De Saint-Mery, M., *Description de la partie française de Saint-Domingue*, Vols. I, II et III, Paris, Éditions Société française d'histoire d'outre-mer, 1958.

Descartes, R., 1962 : *Les principes de la philosophie*, Paris, Albin Michel.

____. 1961 : *Discours de la méthode*, Paris, Albin Michel.

De Souza Martins, J., *A Militarização da Questã Agrãria no Brasil*, Petrópolis, Editora Vozes, 1985.

De Vaissière, *Saint-Domingue (1629-1789)*, Paris, Libraire Académique, 1909.

De Wind, J. et Kinley, D., *Aiding Migration. The Impact of International Development Assistance on Haiti*, Columbia University, Center for Social Sciences, 1986.

Dietrick, B. et Burt, A., *Papa Doc et les tontons macoutes*, Paris, Albin Michel, 1971.

Dilthey, W., *La construction du monde de l'histoire dans les sciences de l'esprit*, Paris, Gallimard, 1960.

Diry, J.P., Les espaces ruraux, Paris, Sedes, 1999.

Documentos ineditos, TI à XXXVII, Madrid, Imprenta de Manuel G. Hernandez, 1976 (1882).

Dominque, B. (1991), « Haïti, quelle agriculture? », dans *Haïti progrès*, Vol. 9 N° 8, 28 mai.

Dorsainvil, J.B., *Éléments de droit constitutionnel. Étude juridique et critique sur la Constitution de la République d'Haïti*, Paris, M. Giard et E. Brière (éds.), 1912.

Dorsainvil, J.C., *Histoire d'Haïti*, Port-au-Prince, Imprimerie Deschamps, 1930 et 1934.

Dorsinville, R., *Toussaint Louverture*, 1987.

____., *Marche arrière*, Montréal, Collectif paroles, 1986.

Dorst, J., *La nature dé-naturée*, Paris, Éd. Delachaux et Miestlé, 1965.

Dos Santos T. *et al.*, *La Dependencia Politico-Écónómica de America Latina*, Mexico, Buenos-Aires, Siglo XXI, 1984.

Dumont, R., *Famines, le retour*, Paris, Politis, Arléa, 1997.

____. et Mottin, M.-F., Le mal-développement en Amérique Latine, Paris, Seuil, 1983.

Dubar, C., *La socialisation*, Paris, Armand Colin, 1991.

Durkheim, E., 1988 : *Les règles de la méthode sociologique*, Paris, Flammarion.

____. 1977 : *Les règles de la méthode sociologique*, Paris, P.U.F.

____. 1981 : *Le suicide*, Paris, P.U.F.

____.1975 : *Textes*, Paris, P.U.F.

____. 1973 : *De la division du travail social*, Paris, P.U.F.

____. 1972 : *Le socialisme*, Paris, P.U.F.

____. 1970 : *La science sociale et l'action*, Paris, P.U.F.

____.1968 : *Les formes élémentaires de la vie religieuse*, Paris, P.U.F.

_.1955 : *Pragmatisme et sociologie*, Paris, Librairie Philosophique.

Duvalier, F., *Message à la nation du 22 octobre 1967.*

Duverger, M., *Droit, institutions et systèmes politiques en France*, Paris, P.U.F., 1987.

____., *Los Regímenes Politicos*, Barcelona, Salvat, 1985.

____. et al., *Dictature et légitimité*, Paris, P.U.F., 1982.

____., 1970 : *Sociologie de la politique*, Paris, P.U.F.

____.1969 : *Sociologie politique*, Paris, P.U.F.

Eaton, J., *Economia Politica*, Buenos-Aires, Amorrortu Editores, 1981.

Edouard, E., *La politique intérieure d'Haïti*, Paris, Challamel, 1890.

Eeuwen, D.van, *La transformation de l'État en Amérique Latine: légitimation et intégration*, Paris, Kartala/Crealc, 1994.

Ela, J.M., *Quand l'État pénètre en brousse... Les ripostes paysannes à la crise*, Paris, Karthala, 1990.

Ellul, J., *La technique*, Paris, Economica, 1990.

English, E.P., *Haïti. Enquête nord-sud*, Ottawa, 1984.

Erasme, R., 1960 : *Essai sur le libre-arbitre*, Paris, Albin Michel.

____,1959 : *Eloge de la folie*, Paris, Albin Michel.

Estrade, P. (1991), « Bannières révolutionnaires et projets nationaux dans les Antilles Hispaniques », dans *Les révolutions Ibériques et Ibéro-américaines à l'aube du XIXe siècle*, CNRS.

Exposés généraux de la situation de république de 1818 à 1991.

Fakkar, R., *Sociologie, socialisme et internationalisme prémarxistes,* Neuchâtel, Delachaux & Niestlé, 1968.

Falletto, E. (1989), « The Specificity of the Latin American State », dans *Cepal Review*, No 38, Santiago, Chile, December.

____. 1988, « Political Culture and Democracy conscience », dans *Cepal Review*, No 35, August.

Falloux, F. et Talbot, L., *Crise et opportunité. Environnement et développement en Afrique*, Paris, Éditions Maisonneuve et Larose, 1992.

Farmer, P., *The Uses of Haïti,*Monroe, Maine, Common Courage Press, 1994.

Faucheux, S. et Noël, J.F., *Économie des ressources naturelles et de l'environnement,* Paris, Armand Colin, 1995.

Ferguson, G., *Coup d'État*, Poole, Arms and Armour Press, 1987.

Ferguson, J., *Papa Doc, Baby Doc. Haïti and the Duvaliers,* Oxford, Basil Blackwell, 1987.

Fernandes, F. *et al., Las Clases Sociales en America Latina,* Mexico, Buenos-Aires, Siglo XXI, 3a Edición, 1983.

Fick, C.E., *The Making of Haiti*, Knoxville, The University of Tennessee Press, Férréol,G. et Noreck, J.P., *Introduction à la sociologie,* Paris, Armand Colin, 1989.

Fignolé, D., *Instruction publique en Haïti*, Vol. 1, Port-au-Prince, 1950.

____., *Conférence sur le gouvernement de Faustin Soulouque*, Port-au-Prince, Miméo, 1947.

Fischer, G.N., *La dynamique du social, violence, pouvoir, changement*, Paris, Dunod, 1992.

____., 1990 : *Les domaines de la psychologie sociale*, Paris, Dunod.

Flichman, G., *Renta del Suelo y Estructura Agraria Argentina*, Instituto de Ciencias Agronómica, Universidad Nacional de Cordoba, Argentina, 1984.

Florescano, E. *et al., Haciendas, Latifundios y Plantacionos en America Latina*, Mexico, Buenos-Aires, Siglo XXI, 1987.

Friedman, M., Essais d'économie positive, Paris, Librairie de la cour de cassation, 1995.

Fougeyrollas, P., *Vers la nouvelle pensée*, Paris, L'Harmat- tan, 1994.

Freud, S., *Sur la Weltanschauung* , Paris, Gallimard, 1987.

Freund, J., 1992 : *D'Auguste Comte à Max Weber*, Paris, Economica.

____. 1985 : *Sociologie du conflit*, Paris, P.U.F.

____. 1980 : *Max Weber*, Paris, P.U.F.

Frontier, S., *Les écosystèmes*, PUF, Paris, 1999.

____. et al., *Écosystèmes : structure, fonctionnement et évolution*, Paris, Masson, 1995. Généreux, J., *Chiffres clés de l'économie mondiale*, Paris, Seuil, 1993.

Fuma, S., *Une colonie. Île à sucre,* Océan Édition, La Réunion, Conseil régional, 1989.

Furtado, C., *Théorie du développement économique,* Paris, P.U.F., 1976

____., *El Mito del Desarrollo Económico y el Futuro del Tercer Mundo,* Buenos-Aires, Édiciones Periferia, 1970.

____., *Desenvolvimento e Subdesenvolvimento,* Rio de Janeiro, 1961.

Gabas, J.-J., L'aide au sous-développement, Paris, Économica et Liberté sans frontières, 1990.

Gaillard, R., *La République exterminatrice,* Vol. 1, Port-au-Prince, Imprimerie Le Natal, 1984.

____., *Charlemagne Péralte Le Caco,* Port-au-Prince, Imprimerie Le Natal, 1982.

____., *Premier écrasement du cacoïsme,* Vol. 1, Port-au-Prince, Imprimerie Le Natal, 1981.

Galeano, E. (1993), « Les maîtres du monde et l'impunité », dans *Le Monde diplomatique,* juin.

____., *Amérique. La découverte qui n'a pas eu lieu,* Paris, Messidor, 1992.

Gallimard, M., *Les sociétés civiles,* Paris, P.U.F., 1989.

Garcia, J.G. et Damas, G.M., *Coffee Boom, Government Expenditure and Agricultural Prices. The Colombian experience, Research Report 69,* International Food Policy Research Institute, August 1988.

Garcia, P. *et al., Révolutions, fin et suite,* Centre G. Pompidou, Paris, Espaces-Temps, 1991.

Garra, F., *Les blocages au développement de l'agriculture dans la région de La Pampa Argentina,* Thèse de doctorat de 3e cycle, École pratique des Hautes Études, Université de Paris, 1972.

Gastiazoro, E., *Argentina Hoy. Latifundio, Dependencia y Estructura de Clases,* Buenos-Aires, Ediciones Pueblo, 1987.

____., *et al., Acumulación y Centralizacion del Capital en la Industria Argentina,* Buenos-Aires, Editorial Tiempo Contemporaneo, 1986.

Gill, L., *Peasants, Entrepreneurs and Social Change,* Boulder and London, Westview Press, 1987.

Gilles, A. (1983), « Essai sur les clivages et les formations politiques haïtiennes », dans *Collectif Paroles,* No 26.

Giles, S., Verdieu, E. *et al., Haïti. Briser les chaînes,* Paris, Editions P.M. Favre, 1984.

Gillman, J.M., *La baisse du taux de profit,* Paris, Études et documentations internationales, 1983.

Girault, C.A., *Le commerce du café en Haïti. Habitants, spéculateurs et exportateurs,* Paris, C.N.R.S., 1981.

____. (1976), « Nouvelles données sur l'économie Haïtienne », dans *Problèmes d'Amérique Latine*, No XXXVI.

Girod, F., *De la société Créole Saint-Domingue au 18e siècle*, Paris, Hachette, 1983.

Gislain, J.-J. et Stein, P., *La sociologie économique*, Paris, P.U.F., 1995.

Giacobbi, M. et Rioux, J.P., *Initiation à la sociologie*, Paris, Hatier, 1990.

Gillman, J.M., *La baisse du taux de profit*, Paris, Études et Documentation Internationales, 1985.

Godard, A. et Rapp. A., *Processus et mesure de l'érosion*, Paris, C.N.R.S., 1989.

Godelier, M., *L'idéel et le matériel*, Paris, Fayard, 1984.

Godelier, M., Ordre, classes et État chez Marx, in *Actuel*, No 9, 1991, Paris, P.U.F,

____. 1990, « La théorie de la transition chez Marx », dans *Sociologie et sociétés*, Vol. XXII, No 1.

Goldmann, L., *Sciences humaines et philosophie*, Paris, Gonthier, 1981.

Gomes, P.I. (ED.), *Rural Development in the Caribbean St-Martin's*, New York, 1985.

Gomez, T., *L'invention de l'Amérique. Rêve et réalité de la conquête*, Paris, Aubier, 1992.

Gouvernement haïtien, *Lois sur le salaire minimum de 1948, 1963, 1976 et de 1980.*

Gouvernement du Canada, *L'état de l'environnement au Canada*, 1996.

Goy, J. *et al.*, *Évolution et éclatement du monde rural. Structure, fonctionnement et évolution différentielle des sociétés rurales française et québécoise au XVIIe et XXe siècles*, Presses de l'Université de Montréal, 1986.

Graciarena, J., *Poder Politico y Clases Sociales en America Latina*, Buenos-Aires, Paidos, 1984.

____., Boisier, S. *et al.* (1988), « A Hopeful View of Democracy », dans *Cepal Review*, No 35.

Gramsci, A., *Gramsci dans le texte*, Paris, Éditions sociales, 1975.

Grathoff, R. (Ed.), *The Theory of Social Action : The Correspondence of Alfred Schutz and Talcott Parsons*, Bloomington and London, Indiana University Press, 1978.

Guéhenno, J.M., *La fin de la démocratie*, Paris, Flammarion, 1993.

Guide économique de la république d'Haïti , 1977 et 1984.

Guillaume, P. et Delfaud, P., *Nouvelle histoire économique*, T2, le XXe s., Paris, Armand Colin, 1992.

Guillaumin, C. 1992, « Une société en ordre. De quelques-unes des formes de l'idéologie raciste », dans *Sociologie et sociétés*, Vol. XXIV, No 2, automne 1992.

____., *L'idéologie raciste, genèse et langage actuel*, Paris, 1972.

Gurvitch, G., *Les fondateurs de la sociologie contemporaine,* Paris, ronéo, 1955.

Gurvitch, G., et al., *Traité de sociologie,* Tome premier, Paris, P.U.F.,1958.

Habermas, J., 1987 et 1981 : *Théorie de l'agir communicationnel,* 2 volumes, Paris, Fayard.

____. 1985 : *Après Marx,* Paris, Fayard.

____. 1981 : *Connaissance et intérêt,* Paris, Gallimard.

____. 1973 : *La science et la technique comme idéologie,* Paris, Gonthier.

Haïti en marche, Vol. VIII, No 10, 20 avril 1994; Vol. VIII, No 16, 2 juin 1993; Vol. I, No 23, 4 août 1987.

Haïti-Observateur, Vol. XVIII, No 9, mars 1988.

Haïti Progrès, Vol. XIII, No 19, août 1995 ; Vol. VIII, No 2, avril 1990; Vol. VIII, No 7, mai 1990; Vol. III, No 34, novembre 1985.

Hamon, L. *et al., Le rôle extra-militaire de l'armée dans les pays du Tiers-monde,* Paris, P.U.F., 1980.

Hector, C., *Une quête du politique. Essais sur Haïti,* Montréal et Port-au-Prince, CIDHICA et Henri Deschamps, 1991.

____. et Léopold, M. (1981), « La bourgeoisie haïtienne : une classe en mal de devenir », dans *Amérique Latine,* No 5.

Hector, M., Uribe, J.J. *et al., Notre Amérique métisse,* Paris, La Découverte, 1992.

Hegel, F., 1973 : *Les principes de la philosophie du droit,* Paris, Gallimard.

____. 1972 : *La phénoménologie de l'esprit,* Paris, Gallimard.

____. 970 : *Leçons sur l'histoire de la philosophie,* 2 tomes, Paris, Gallimard.

____. 1968 : *La logique,* Paris, Gallimard.

Héraux, G. 1979a, « Quelques aspects du problème agricole, Première partie, dans *Bulletin Agricole,* No 6.

____. 1979b, « Quelques aspects du problème agricole », Deuxième partie, dans *Bulletin Agricole,* No 8.

Hilferding, R., *Le capital financier,* Paris, Editions Sociales, 1970.

Hirsch, J.P., *La nuit du 4 août 1789,* Paris, Gallimard, 1978.

Hirschorm, M., *Max Weber et la sociologie française,* Paris, L'Harmattan, 1988.

Hobbes, T., *Léviathan,* Paris, Gallimard, 1981.

Hobsbawm, E.J., *L'ére des Révolutions,* Paris, Fayart, 1970.

Honotat, J.J., *Discours du Premier Ministre de facto,* 7 janvier 1992.

____. 1980a, « Le paysan haïtien, hier et aujourd'hui », dans *Développement rural en Haïti et dans les Caraïbes,* Port-au- Prince, M. Rodriguez, Éditeur.

____. 1980b, « Haïti. La crise paysanne » dans *Collectif Paroles,* N° 8.

____., *Enquête sur le développement*, Port-au-Prince, Imprimerie Centrale, 1974.

Hulot, N., Barbault, R. et Bourg, D., *Pour que la terre reste humaine*, Paris, Seuil, 1999.

Ianni, O., *Classe e Nação*, Petrópolis, Vozes, 1986.

____., *Origens Agrárias do Estado Brasileiro*, São-Paulo, Editora Brasiliense, 1984a.

____., *Imperialismo y Cultura de la Violencia en America Latina*, Mexico, Siglo XXI, 1984b.

____., *Ditadura e Agricultura*, Rio de Janeiro, Editora Civilizaçã Brasileira, 1983.

Imaz, J.J., *Los que Mandan*, Buenos-Aires, EUDEBA, 1984.

Institut haïtien de promotion du café et des denrées d'exportation (I.H.P.C.A.D.E.), *Rapports de 1970 à 1992.*

Institut haïtien de statistique et d'informatique (I.H.S.I.), *Rapports de 1980 à 1993.*

Inter-American Development Bank (I.A.D.B.), *Rapports de 1981 à 1993.*

Isambert *et al.*, *Recueil général des anciennes lois françaises*, Tomes 18 à 28, Paris, Bélin-Leprieur, 1826-1830.

Jacobs, J., *Les villes et la richesse des nations*, Cap-Saint-Ignace, Boréal, 1992.

Jacquemont, P., *La firme multinationale : une introduction économique*, Paris, Economica, 1991.

____. ET Raffinot, M., *Accumulation et développement*, Paris, L'Harmattan, 1985.

Jaguaribe, H. *et al.* (1989), « America Latina Dentro del Contexto Internacional de la Actualidad », dans *Revista Mexicana de Sociologia*, Año L1, N° 3.

James, P.I.R., *Toussaint Louverture et la révolution de Saint-Domingue*, Paris, P.U.F., 1949.

Janvier, L.J., *Du gouvernement civil d'Haïti*, Paris, Flammarion, 1905.

____., *Constitution d'Haïti*, T1 et T2, sl, 1886.

____., *Les affaires d'Haïti*, Paris, Flammarion, 1885.

____., *Le vieux piquet*, Paris, A. Parent, 1884.

Jedlicka, A.D. *Organisation moderne du développement rural*, Abidjan, Nouvelles éditions africaines, 1987.

Jollivet, M. *et al.*, *Du rural à l'environnement. La question de la nature aujourd'hui*, Paris, L'Harmattan, 1990.

____. *et al.*, *Pour une agriculture diversifiée*, Paris, L'Harmattan, 1988.

Joseph, J. S. et Victor, E., *Haïti en péril*, Montréal, Kauss, 1988.

Julien E., *Sociologie des organisations paysannes.* Thèse pour la maîtrise en sociologie, École des études supérieures, Université d'Ottawa, 1984.

Justin, J., *Les réformes nécessaires,* Port-au-Prince, E. Chenet, 1915.

____., *Étude sur les institutions haïtiennes,* T1, Paris, Beaudelot, 1895.

____., *Étude sur les institutions haïtiennes,* T2, Paris, Beaudelot, 1894.

Juteau, D. et Mcandrew, M. (1992), « Projet national, immigration et intégration dans un Québec souverain », dans *Sociologie et sociétés,* Vol. XXIV, No 2, automne 1992.

Kapstein, E.B., *The Political Economy of National Security,* Boston, Harvard University Press, 1992.

Kassab, E. S., *The Theory of Social Action in the Sscutz-Parsons Debate,* Fribourg, ISES, Editions Universitaires, 1991.

Kayser, B., *La renaissance rurale. Sociologie des campagnes du monde occidental,* Paris, Armand Colin, 1990.

Kesselman, R., *Las Estrategias de desarrollo como Ideologias,* Mexico, Buenos-Aires, Siglo XXI, 1987.

Koscher, A. *et al.,* *Rapport sur l'Artibonite au ministère de l'agriculture,* Port-au-Prince, 1926.

Kossok, M. (1991), « El Factor Militar en la Independencia », dans *Les révolutions ibériques et ibéro-américaines à l'aube du XIXe siècle,* CNRS.

Kotscho, R., *Le massacre des posseiros,* Paris, Syros, 1982.

Labelle, M., *Idéologie de couleur et classes sociales en Haïti,* Montréal, Presses de l'Université de Montréal, 1978.

Labica, G. *et al.,* *Dictionnaire critique du marxisme,* Paris, P.U.F., 1982.

Labroye, J. (1985), « La légitimation », dans M. Grawitz et J. Leca, *Traité de sciences politiques,* Paris, P.U.F.

Laguerre, M., *Voodoo héritage,* London, Sage Publications, 1980.

____., *Migration et vie paysanne en Haïti,* Port-au-Prince, Institut interaméricain des sciences agricoles de l'OEA, 1978.

Lamarche, H.(sous la direction de), L'agriculture familiale, Paris, L'Harmattan, 1991.

Lamb, D., *Exploiting the Tropical Rain Forest,* Park Ridge, The Parthenon Publishing Group, 1990.

Lanoie, P. et al., *Environnement, économie et entreprise,* Sainte-Foy, Télé-Université, 1995.

Lanternari, V., *Les mouvements religieux de liberté et de salut des peuples opprimés,* Paris, Maspero, 1962.

Laranjeira, R., *Colonização E Reforma Agrária En Brasil,* Rio de Janeiro, Editora Civilização Brasileira, 1983.

Laraque, F., *Défi à la pauvreté*, Montréal, CIDHICA, 1987.

Laraque, P., *Conflit entre l'exécutif et le législatif*, Port-au-Prince, Miméo, 1918.

Large, C. (1940), « Goman et l'insurrection de la Grand'Anse », dans *Revue de la société d'histoire et de géographie d'Haïti*, Vol. 12, N° 36.

Larose, S. et Voltaire, F. (1984), « Structure agraire et tenure foncière en Haïti », dans *Anthropologie et sociétés*, Vol. 8 N° 2.

Larrain, J., *The Concept of Ideology*, London, Hutchinson, 1982.

Lattès, R., Pour une autre croissance, Paris, Seuil, 1972.Lefebvre, H., *Le retour de la dialectique*, Paris, Messidor/Editions Sociales, 1986.

Lebendinsky, M., *La Generación del Ochenta*, Buenos-Aires, Editorial Quipo, 1990.

Légitime, F.D., *Une année au ministère de l'agriculture et de l'intérieur,*, Paris, Challamel, 1883.

____., *La propriété foncière en Haïti*, Port-au-Prince, 1866.

Leipzig, *Energetische Kultur Theorien*, Berlin, 1909.

Lénine,V.I., 1970 : *L'État et la révolution*, Paris, Editions Sociales.

____.1968 : *L'impérialisme, phase suprême du capitalisme*, Paris, Editions Sociales.

____.1968 : *La maladie infantile du communisme : le gauchisme*, Paris, Editions Sociales.

____. 1967 : *La Révolution Bolchévique*, Paris, Editions Sociales.

____. 1967 : *Conclusions sur le progrès du parti, VIIIème Congrès du parti*, Paris, Editions Sociales.

Léogrande, W.M. (1994), « Washington et l'écueil haïtien », dans *Le monde diplomatique*, N° 487, 41e Année, octobre 1994

Lévêque, C., *La biodiversité*, Paris, P.U.F, 1997.

Lévesque, K. (1971), « L'interpellation mystique dans le discours duvalérien », dans *Nouvelle optique*, Vo. 1, No 4.

Lévy-Bruhl, L., *La mentalité primitive*, Paris, Gallimard, 1963.

Lévy-Bruhl, L., *Les fonctions mentales dans les sociétés inférieures*, Paris, Librairie Félix Alcan, 1928.

Lévi-Strauss, C., *Anthropologie structurale*, Paris, Plon, 1958.

Liautaud, A., *Rapport du commissaire général des colonies agricoles*, 1939.

Lipiertz, A., *Qu'est-ce que l'écologie politique ? la grande transformation du XXI e siècle*, Paris, La Découverte, 1999;

____. (1990), « La trame, la chaîne et la régulation, un outil pour les sciences sociales », dans *Économies et sociétés*, Série théorie de la régulation, No 5;

____. *Mirages et miracles*, Paris, La Découverte, 1986.

Little, P.D. *et al., Fertility Degradation in the Lowland Tropics*, North Carolina State University Press, 1987.

Locke, J., *Traité du gouvernement civil*, Paris, Flammarion, 1977.

Lois agraires haïtiennes de1807 à 1975, cette dernière étant la loi spéciale sur la Vallée de l'Artibonite.

Lorenzi, J.H., et al., *La crise du XXe siècle*, Paris, Économica, 1980.

Louis, R. 1992, « Leslie Manigat passe le gouvernement de Bazin au crible », dans *Haïti-observateur*, Vol. XXII, 30 décembre.

Lundahl, M., *The Haitian Economy. Man, Land and Markets*, New York, St-Martin's Press, 1983.

____., *Peasants and Poverty*, London, Crom Helm, 1979.

Luttwak, E., *Le coup d'État. Théorie et pratique*, Paris, Robert Laffont, 1983.

Lutz, B., *Le mirage de la croissance marchande*, Paris, Éditions de la maison des sciences de l'homme, 1991.

Luxemburg, R., *L'accumulation du capital*, 2 Tomes, Paris, Maspéro, 1967.

Madiou, T., *Histoire d'Haïti*, T1, T2, T3, Port-au-Prince, 1847.

Magloire, A., *Histoire d'Haïti. Les insurrections (1804-1909)*, T1, Port-au-Prince, Imprimerie du matin, 1912.

Manigat, L.F., *Évolutions et révolutions*, Paris, Seuil, 1992a.

____. 1992b, « Adresse à la nation », bilan de la gestion de Bazin, 18 décembre.

____. 1977, « The Relationship Between Marronage and Slave Revolts and Revolution in Saint-Domingue - Haiti », dans *Annals of the New York Academy of Sciences*, Vol. 292.

Marcelin, F., *Finances d'Haïti*, Paris, Imprimerie Kingelmann, 1911.

____., *Nos douanes*, Paris, Imprimerie Kingelmann, 1910.

Marcelin, L., *Haïti : ses guerres civiles*, T2, Paris, Arthur Rousseau, 1893.

____., *Haïti : ses guerres civiles*, T1, Paris, Arthur Rousseau, 1892.

Markler, H. M., Martinelli, A. et Smelser, N.J. (eds.), *The New International Economy*, Beverly Hills, California, Sage Publications Inc., 1982.

Martine, G. *et al., Os Impactos Socais de Modernização Agricola*, São-Paulo, Editora Caetés, 1987.

Mathurin, A. *et al., Implantation et impact des organisations non gouvernementales*, Contexte général et études de cas (Haïti), Genève, Société Haïtiano-Suisse, 1989.

Marx, K. et Engels, F., 1983 : *Textes sur la méthode de la science économique*, Paris, Editions Sociales.

____. 1977 : *L'idéologie allemande*, Paris, Editions Sociales.

____. 1972 : *Manifeste du parti communiste,* Paris, Editions Sociales.

Marx, K., 1977 : *Le capital,* 3 volumes, Paris, Editions Sociales.

____. 1976 : *Luttes de classes en France (1848-1850),* Paris, Editions Sociales.

____. 1976 : *Critique de l'Etat hégélien,* Paris, Collection 10/18.

____. 1969 : *Salaire, prix et profit,* Paris, Editions Sociales.

____. 1968 : *Idéologie allemande,* Paris, Editions Sociales.

____. 1964 : *Misère de la philosophie,* Paris, Collection 10/18.

____. 1964 : *Lettres sur le Capital,* Paris, Editions Sociales.

____. 1957 : *Contribution à la Critique de l'économie politique,* Paris, Editions Sociales.

____. 1946 : *Histoire des doctrines économiques,* 2 tomes, Paris, Alfred Costes.

Meadows, D.L., *Halte à la croissance,* Paris, Fayard, 1972.

Mclennan, G. *et al., On Ideology,* University of Birmingham, London, 1983.

Meier, G.M., *Leading Issues in Economic Development,* Oxford University Press, 1995.

Meillasoux, C. 1992, « À propos du blocage des économies africaines », dans *Le Monde diplomatique,* décembre.

____. 1974, « Développement ou exploitation », dans *L'Homme et la société,* Nos 33-34.

Memmi A., *Portrait du colonisé,* Paris, Gallimard, 1970.

Meynaud, J., *Introduction à la politique,* Paris, P.U.F., 1975.

Michalet, C. A., *Le capitalisme mondial,* Paris, P.U.F., 1985.

Michelena, H.S., *Economia Politica de la Democracia en America Latina,* Caracas, CEHA, 1988.

Michelet, J. *et al., Extraits des historiens français du XIXe siècle,* Paris, Hachette, 1918.

Michelet, J., *Histoire de France,* 3 volumes, Paris, Flammarion, 1967.

Miguelez, R., *L'analyse des formations sociales,* Ottawa, Legas, 1992.

Millet, K., *Les paysans haïtiens sous l'occupation américaine,* Montréal, Collectif paroles, 1979.

Ministère du plan, *Plan biennal 1984 à 1986; Rapports de la division des Synthèses Économiques, 1982 à 1992; Plans sectoriels du Conseil national de développement et de planification, 1976 à 1981.*

Mintz, S., *Carribean Transfromation,* Baltimore, The Johns Hopkins University Press, 1984.

____., Wolf, R.E. *et al, Haciendas, Latifundios y Plantaciones en America Latina,* Mexico, Buenos-Aires, Siglo XXI, 1983.

Montaigne, M. E., *Essais,* Paris, Flammarion, 1970.

Moore, B., *Les origines de la dictature et de la démocratie*, Paris, Maspéro, 1969.

Moïse, C., *Constitutions et luttes de pouvoir en Haïti*, T2, *De l'occupation étrangère à la dictature macoute (1915-1987)*, Montréal, CIDHICA, 1990.

____., *Constitutions et luttes de pouvoir en Haïti*, T1, *La faillite des classes dirigeantes (1804-1915)*, Montréal, CIDHICA, 1988.

____., et OLLIVER, E., *Repenser Haïti*, CIDHICA, 1992.

Monfils, M. (1934), « Considérations sur le développement agricole d'Haïti », dans *Bulletin Agricole*, No 3.

Moral, P., *Le paysan haïtien*, Paris, G.P. Maisonneuve et Larose, 1961.

____., *L'économie haïtienne*, Port-au-Prince, Imprimerie de l'État, 1959.

Murray, G., *Peasant Land Tenure: A Case Study in Agrarian Adaptation*, Columbia University Press, 1977.

Myers, D. et Lamarche, L., *La psychologie sociale*, Mac-Graw-Hill, 1992.

Myrthil, R., *The Role of Agriculture in the Economy of Haïti: Perspectives for a Better Development*, New York, 1988.

Nau E., *Agronomie et agriculture en Haïti*, Paris, A. Guyot, 1886.

Nicholls, D., *From Dessalines to Duvalier*, Cambridge, Cambridge University Press, 1980.

____., *Economic Dependence and Political Autonomy. The Haitian Experience*, Montreal, Occasional Paper Series, N° 9, McGill University, 1974.

Nicolas, S., *Bases essentielles d'un redressement économique*, Port-au-Prince, Imprimerie de l'État, 1941.

Nohra, F., Théories du capitalisme mondial, Paris, L'Harmattan, 1997.

Nonjon, A., *La mondialisation*, Paris, Sedes, 1999.

Norel, P., *Les banques aux pays endettés*, Paris, Siryos, 1990.

____., *Crises et Tiers-monde*, Paris, Syros, 1989.

____., *L'endettement du Tiers-monde*, Éditions Saint-Martin, 1988.

North, L., *Bitter Grounds. Roots of Revolt in El Salvador*, Toronto, Between the Lines, 1981.

____., *Civil-Military Relations in Argentina, Chile and Peru*, Berkeley, Institute of International Studies, University of California, 1966.

____. et Lefeber, L. (eds.), *Democracy and Development in Latin America*, Toronto, CERLAC-LARU, 1980.

Nyahoho, E. et al., Le commerce international. Théories, politiques et perspectives industrielles, Québec, Presses de l'Université du Québec, 1997.

O'Connor, J., *The Fiscal Crisis of the State*, New York, St-Martin's Press, 1973.

Offe, C., *Contradictions of the Welfare State*, Cambridge, The MIT Press, 1984.

Ortiz, F., *Contrapunto Cubano del Tabaco et del Azúcar*, Caracas, Biblioteca Ayacucho, 1987.

OCDE, Les écotaxes dans les pays de l'OCDE, Paris, 1995.

Pareto, V., *Traité de sociologie générale*, Œuvres complètes, Tome XII, Genève, Librairie Droz, 1964.

____. *Sommaire du cours de sociologie*, Oeuvres complètes, Tome XI, Genève, Librairie Droz, 1964.

____. *Mythes et idéologies*, Oeuvres complètes, Tome VI, Genève, Librairie Droz, 1964.

____. .Sales, A.et Bélanger, N., Décideurs et gestionnaires, Éditeur officiel, Conseil de la langue française, Québec, 1985.. Sales, A. et al.(1983)"Intervention de l'État et positions idéologiques des dirigeants des bureaucraties publiques et privées"in *Sociologie et sociétés*, Vol.XV, No1.

Parsons, T., 1978: *Action Theory and Human Condition*, New-York, The Free Press.

____. 1977 : *Social Systems and The Evolution of Action Theory*, New York, The Free Press.

____. 1974 : *Les sociétés*, 2 volumes, Paris, Dunod.

____. 1973 : *Sociétés*, 1 volume, Paris, Dunod.

Pasukanis, E.B., *La théorie générale du droit et le marxisme*, Paris, Etudes et Documentation Internationales, 1970.

Paul, E., *Étude politique*, Paris, Librairie, E. Bernard, 1895.

____., *Les causes de nos malheurs*, Kingston, Geo Anderson, 1882.

Paulet, J.P., La mondialisation, Paris, Armand Colin, 1998.

Peña, M., *Alberdi, Sarmiento, el 90. Limites del Nacionalismo Argentino en el siglo XIX*, Buenos-Aires, Ediciones Fichas, 1985.

Pellerin, P., *Lettres ouvertes aux assassins de la nature*, Paris, Éd. Stock, 1972.

Peralta Ramos, M., *Etapas de Acumulación y Alianzas de Clases en la Argentina (1930-1970)*, Mexico, Buenos-Aires, Siglo XXI, 1984.

Perusse, R. I., *Haïtian Democracy Restored (1991-1995)*, University Press of America,1995.

Piaser, A., *Epistémologie de la méthode : voir et faire la sociologie autrement*, Paris, Librairie philosophique J.Vrin, 1994.

Pierre-Charles, G., *L'économie haïtienne et sa voie de développement*, Paris, G.P. Maisonneuve et Larose, 1968.

____. et Brisson, G., *Relations Agraires dans l'Haïti contemporaine*, Mexico, Miméo, 1968.

Pigeon, P., Ville et environnement, Paris, Nathan, 1994.

Pillot, D. (1980), « Outils, expèces et techniques de culture, dynamique des systèmes haïtiens », dans *Développement rural en Haïti et dans la Caraïbe,* Port-au-Prince, Imprimerie, M. Rodriguez.

____. *et al*. (1983), « Systèmes agraires et développement en Haïti, »dans *Caribbean Seminar on Farming Systems: Research Methodology,* San José, Costa Rica, Imprenta IICPA.

Piñeiro, M. et Trigo, E., *Procesos Sociales et Innovación Technológica en la Agricultura de América Latina,* San José, Costa Rica, IICPA, 1985.

Pirenne, H., *Histoire économique de l'Occident médiéval,* Belgique, De Brouwer, 1991.

Pla, A., *América Latina Siglo XX. Economia, Sociedad y Revolución,* Buenos-Aires, Carlos Pérez, 1984.

Platon, 1987 : *La République,* Paris, Flammarion.

____. 1947 : *Le Banquet,* Paris, Albin Michel.

Potier, M., et al., *Le développement durable. Stratégies de l'OCDE pour le XXIe siècle,* Paris, Éd. de l'OCDE, 1997.

Pradayrol, E., *Desarrollismo y Crisis en Argentina,* Buenos-Aires, Centro Editor de América Latina, 1984.

Prebisch, R. (1976), »A Critique of Peripheral Capitalism », dans *Cepal Review,* N° 1.

____., *Hacia la Dinámica del Desarrollo Económico de América Latina,* Mexico, Fundo de Cultura Económica, 1963.

____., *Comentarios Sobre el Informe Preliminar,* Secretaria de Prensa de la Presidencia de la nación, 1955.

____., *Problemas Teóricos y Prácticos del Crecimiento Económico,* CEPAL Editor, 1950.

Price, R., Mintz, S. *et al., Esclave facteur de production. L'économie politique de l'esclavage,* Paris, Dunod, 1984.

Pricew-Mars J., *Lettre ouverte au Docteur René Piquion,* Port-au-Prince, Éditions des Antilles, 1967.

____., *La contribution haïtienne à la lutte des Amériques pour les libertés humaines,* Port-au-Prince, Imprimerie de l'État, 1942.

____., *Ainsi parla l'oncle,* Paris, Éditions de Compiègne, 1928.

Programme des nations unies pour le développement (PNUD), *Rapports de 1981 à 1995.*

Proudhon, P.J., *Œuvres Choisies,* Paris, Gallimard, 1967.

Quinet, E., *La Révolution Française,* Hachette, Paris, 1865.

Ramade, F., *Le grand massacre*, Paris, Librairie Hachette, 1999.

____. 1984 : *Éléments d'écologie. Écologie fondamantale*, Toronto, MacGraw-Hill.

Ramonet, I., Stratégies de la faim, in *Le monde diplomatique*, novembre 1998.

____. (1994), « Ouragan sur Haïti », dans *Le monde diplomatique*, No 485, 41e Année, août 1994.

Rancière, J., *La mésentente*, Paris, Galillée, 1995.

Recensements de 1971 ET DE 1979.

Reich, R., *L'économie mondialisée*, Paris, Dunod, 1993.

Rémond, R., I. *L'Ancien Régime et la Révolution : 1. 1750-1815* ; 2. *Le XIXème, 1815-1914*, Paris, Seuil, 1990.

Renaud, R., *Le régime foncier en Haïti*, Paris, Éditions Domat-Montchrestien, 1934.

Revue du Ciriec, Vol. 21, No 1, 1989-1990.

Rey, P.P., *L'alliance de classes*, Paris, Maspéro, 1976;

____. *Le capitalisme négrier*, Paris, Maspéro, 1972;

____. Colonialisme, néocolonialisme et transition au capitalisme, Paris Maspéro, 1971.

Ricardo, D., *Des principes de l'économie politique et de l'impôt*, Paris, Flammarion (1817), 1977.

Richet, D., *La France moderne : l'esprit des institutions*, Paris, Flammarion, 1973.

Ricux, J.P., *La révolution industrielle*, Paris, Seuil, 1989.

Robert, M., *Sociologie rurale. Que sais-je ?*, Paris, PUF, 1986.

Robin, L., La pensée grecque, Paris, Albin Michel, 1991.

Rocher, G., *Talcott Parsons et la sociologie américaine*, Paris, P.U.F., 1972.

Romulus, M. *et al.* (1987), « Transformations foncières et développement national », dans *Enjeux fonciers dans la Caraïbe*, Paris, Karthala.

Rosenfeld, D.D. *et al.* (1988), « Haïti : i) de la chute de Duvalier à la prestation de serment de Leslie Manigat (1986-1988), ii) Zone franche : les effets du commerce ouvert », dans *Problèmes d'Amérique Latine*, No 87.

Rosier, B. et Dockès P., *L'historie ambiguë. Croissance et développement en question*, Paris, PUF, 1988.

Rossi, M., *Introducción in Ensayos sobre metodologia sociológica*, Buenos-Aires, Amrrortu,1983.

Rostow,W.W., Les étapes de la croissance économique, Paris, Seuil, (1960)1970.

Rouquié, A., *Amérique Latine. Introduction à l'extrême occident*, Paris, Seuil, 1987.

____., *L'État militaire en Amérique Latine*, Paris, Seuil, 1982.

Rousseau, J.J., 1970 : *Discours sur l'origine de l'inégalité parmi les hommes*, Paris, Gallimard.

____. 1969 : *Contrat social*, Paris, Flammarion.

Rouzier, P., *En deux ans comme en deux siècles*, Port-au-Prince, Montréal, Éditions Deschamps et CIDHICA, 1989.

____., *Échange et développement*, Éditions de l'Université d'Ottawa, 1981.

Rovira, J., *Reproducción y Manejo de los Rodeos de Cria*, Editorial Hemisferio Sur, 1985.

Ruckebusch, Y. *et al.*, *Physiology of Small and Large Animals*, Philadelphia, St-Louis Mo, BC. Decker, 1991.

Sachs, I. et Dumont, R. et al., *L'écodéveloppement*, Paris, Syros, 1993.

Saint-Aman, J., *Le code rural d'Haïti*, Port-au-Prince, Imprimerie département de l'agriculture, 1890.

Saint-Gérard, Y., *Haïti. Sortir du cauchemar. Sur les décombres d'une dictature. L'éloge de l'humain*, Paris, L'Harmattan, 1988.

____., *Haïti. Mort d'une dictature*, Toulouse, Privat, 1986.

Saint-Simon, H., *L'industrie*, Paris, Albin Michel, 1960.

Saint-Simon, C.H. de, *Œuvres Choisies*, Vol. 2 et 3, Bruxelles, 1859.

Salama, P., *La dollarisation. Essai sur la monnaie, l'industrialisation et l'endettement*, Paris, La Découverte, 1989.

____. et Mathias, G., *L'État surdéveloppé*, Paris, La Découverte, 1983.

____. et Valier, J., *L'économie gangrénée*, Paris, La Découverte, 1990.

Sales, A. et Maheu, L. (éds.), *La recomposition du politique*, L'Harmattan/Presses Universitaires de Montréal, 1991.

____. et Bélanger, N., *Décideurs et gestionnaires*, Éditeur officiel du Québec, 1985.

____. *et al.* (1983), « Intervention de l'État et positions idéologiques des dirigeants des bureaucraties publiques et privées »dans *Sociologie et sociétés*, Vol. XV, No 1.

Salluste, G.C., *Catilina II*, Paris, Éditions des belles lettres, 1924.

Samedy, J.B. 1994, « Régime militaro-policier et populisme », Départements de Sociologie et de Science politique, Université d'Ottawa.

____. 1992, « État césarien à légitimation restreinte et développement en Amérique Latine et dans les Caraïbes », Congrès de ACELA, Université d'Ottawa.

____. 1991, « Blocage structurel agraire et processus de paupérisation », Congrès de ACELA, Université Laval.

____. 1983, « Discussion praxéologique sur la culture haïtienne. Vodou et classes sociales », dans *Cahiers de recherche*, Département de sociologie, Université d'Ottawa.

____., *Développement capitaliste dépendant comme stratégie de classes dans la formation sociale argentine (1880-1958),* Thèse de maîtrise en sociologie, École des études supérieures de l'Université d'Ottawa, 1982.

____. 1981, « Classes, strates sociales et émergence de la petite paysannerie à Saint-Domingue. — Haïti », dans *Anthropologica, Revue canadienne d'anthropologie,* N.S. Vol. XXXIII, N° 1.

Samedy, J.B.M.: 1997a, *Mutation et persistance de la structure sociale de Saint-Domingue-Haïti (1784-1994) : essai sur la question agraire haïtienne,* Ottawa, Toronto, New York, Legas.

____. 1997b : *Introduction à la sociologie,* Ottawa, Toronto, New York, Legas.

Sannon, H.P., *Pour un gouvernement stable,* Port-au-Prince, Bernard imprimeur, 1930.

____., VINCENT, S. et THOBY, P., *Dix années de lutte pour la liberté (1915-1925),* T2, Port-au-Prince, Henri Deschamps, 1950.

Sarmiento, D.F., *Facundo. Civilización y Barbarie,* Caracas, Biblioteca Ayacucho, 1984 (1845).

Savine, *Saint-Domingue à la veille de la révolution,* Paris, Louis-Michaud, 1911.

Schmitt, C., *La notion du politique. Théorie du partisan,* Paris, Flammarion, 1992.

____., *Du politique. Égalité et légitimité,* Puisseaus, Éditions Pardès, 1990.

Schumann, D.A. et Partrige, W.L. (eds.), *The Human Ecology of Tropical Land, Settlement in Latin America,* London, Westview Press, 1989.

Schumpeter, J.A., *"La sociologie de l'impérialisme"*in *Impérialisme et classes sociales,* Paris, Éditions de Minuit, 1972.

____. *"The Crisis of the Tax State", International Economic Papers,* 4, 1954.

____. *Capitalisme, socialisme et démocratie,* Paris, Payot, 1951.

Secrétaire d'état du plan, *Rapport de 1981.*

Séjourné, G., *Essai sur le problème économique d'Haïti. Remèdes urgents,* Port-au-Prince, Éditions du séminaire adventiste, 1948.

____., *La petite propriété. Son organisation scientifique en Haïti,* Port-au-Prince, Miméo, 1938.

Sendik, W. (1987), « Quelques aspects socio-économiques de l'érosion des sols et la problématique de la conservation », dans *Haïti- Progrès,* Vol. 4, N° 44.

Siddle, D. et Swindell, K., *Rural Change in Tropical Africa,* Oxford University Press, 1990.

Simiand, G., *Les fluctuations économiques à longue période et la crise mondiale,* Paris, Librairie Félix Alcan, 1932a.

____. *Le salaire des ouvriers des mines de charbon en France,* Paris, Société nouvelle, 1932b.

Smith, A., *Recherches sur la nature et les causes de la richesse des nations*, Paris, Gallimard, (1776), 1976.

Soboul, A., *La Révolution Française*, Gallimard, 1992.

Sommet de Rio (Principes du), Paris, Documentation française, 1994.

Souffrant, C. 1991, « Haïti. Le poids de la ruralité », dans *Haïti-observateur*, Vol. XXI, No 46.

____. 1988a, « L'enfermement politique du paysan haïtien », dans *Haïti-Observateur*, Vol. XVIII, No 9.

____. 1988b, *Haïti-observateur*, Vol. XVIII, No 9.

____. 1987, *Conjonction*, No 176, Supplément 1987.

Sprout, R.V.A. (1992), « The Ideas of Prebisch », dans *CEPAL Review*, No 46.

Statistivcal Yearbook, UNESCO, 1980-1993.

Statistiques agricoles de l'Institut Haïtien de Statistique ed d'Informatique (I.H.S.I.), de 1981 à 1993.

Stavenhaven, R., *Las Clases Sociales en las Sociedades Agrarias*, Mexico, Buenos-Aires, Siglo XXI, 1982.

Stoetzel, J., *La psychologie sociale*, Paris, Flammarion, 1988.

Swedberg, R., *Une histoire de la sociologie économique*, Paris, Desclée de Brouwer, 1994.

Sylvain, G., *Dix années de lutte pour la liberté (1915-1925)*, T1 et T2, Port-au-Prince, Éditions Henri-Deschamps, 1950.

Terray E., Vav der klei, J. *et al.*, *L'État contemporain en Afrique*, Paris, L'Harmattan, 1987.

Thébaud, S., *L'évolution de la structure agraire d'Haïti de 1804 à nos jours*, Thèse pour le doctorat ès sciences économiques, Université de Paris, Faculté de droit et de sciences économiques, 1967.

Théodore, O., *L'idéologie blanche et l'aliénation des noirs. Essai*, Montréal, Krass, 1983.

Thériault, J.Y., *La société civile ou la chimère insaisissable. Essai de sociologie politique*, Montréal, Éditions Québec/Amérique, 1985.

Thibau, J., *Le temps de Saint-Domingue*, Paris, Éditions Jean-Claude Lattès, 1989.

Thoby, A., *La question agraire en Haïti*, Paris, Imprimerie N.M. Duval, 1888.

____., *Le gouvernement de Boisrond Canal devant l'histoire*, Martinique, Imprimerie Les colonies Saint-Pierre, 1880.

Thoby, P., *Dépossessions*, Port-au-Prince, Imprimerie de La Presse, 1930.

Tocqueville, A. de, *De la démocratie en Amérique*, Paris, Calmann-Lévy (1836-1839), 1888.

____, *Mélanges*, Tome XVI, Paris, Gallimard, 1989.

____, *Œuvres choisies*, Londres, Éditions Penguin, 1946.

Tort, P., *Marx et le problème de l'idéologie*, Paris, P.U.F., 1988.

Torres Rivas E. *et al.*, *Economia a Movimentos Sociais na America Latina*, São-Paulo, Editora Brasiliense, 1985.

Trouillot, H. (1981), »L'histoire d'Haïti », dans *Identité culturelle et francophonie dans les Amériques*, Montréal, CIRB.

____., *Les anciennes sucreries coloniales et le marché haïtien sous Boyer*, Port-au-Prince, Imprimerie de l'État, 1965.

Trouillot, M.R., *Les racines historiques de l'État duvaliérien*, Port-au-Prince, Éditions Deschamps, 1986.

Touraine, A. et al., *Penser le sujet*, Paris, Fayard, 1995.

____., *La parole et le sang : politique et sociétés en Amérique Latine*, Paris, Éditions Odile Jacob, 1988.

____. 198), « Los Problemas de una Sociologia Propia en America Latina »in *Revista Mexicana de Sociologia*, Año L1, No 3, pp. 3-22, Julio-Septiembre.

____., *Les sociétés dépendantes*, Paris, Duculot, 1976.

Tullock, G., *Autocracy*, Boston, Kluwer Academic Publisher, 1987.

United States Agency for International Development (USAID), *Rapports de 1980 à 1993.*

Vallès, M.T., *Les idéologies coopérativistes et leur applicabilité en Haïti*, Paris, Maisonneuve et Larose, 1967.

Van Bath, B.H.S., *Historia Agraria de Europa Occidental (500 -1850)*, Barcelona, Ediciones Peninsula, 1986.

Van Eeuwen, D. *et al.* , La transformation de l'État en Amérique Latine, Paris, Karthala, 1994.

Vargas-Lundius, R., *Peasants in Distress. Poverty and Unemployment in the Dominican Republic*, Boulder, Westview Press, 1991.

Veblen, T., *Les ingénieurs et le capitalisme*, Paris, Gordon & Breach, 1971.

____. *Théorie de la classe de loisir*, Paris, Gallimard, 1970.

Victor, J.A., *Sur la piste de la réforme agraire*, Sl., 1989.

Vincent, S., *Efforts et résultats*, Port-au-Prince, Imprimerie de l'État, 1938.

Viñas I., *Las Revoluciones Obreras, Campesinas, y Burguesas*, Buenos-Aires, Gránica Editor, 1985.

____., *Capitalismo, Monopolios y Dependencia*, Buenos-Aires, Biblioteca del Hombre Moderno, 1984.

____., *Tierra y Clase Obrera*, Buenos-Aires, Achaval Solo, 1983.

____. et Gastiazoro, E., *Economia e Dependencia*, Buenos-Aires, Carlos Perez Editor, 1985.

Voltaire, F.M.A., *Le Siècle de Louis XIV*, Paris, Flammarion, 1970.

Wallenstein, I. 1991, «Économie et histoire. Nouvelles approches », dans *Revue Économique*, Paris.

____., *The Modern World-System III*, San Diego, California, Academic Press Inc., 1989.

____., *Processes of the World-System*, Beverly Hills et London, Sage Publications, 1981.

Wargny, C. (1994), « Le président Aristide sous haute surveillance », dans *Le monde diplomatique*, No 488, 41e Année, novembre 1994.

Weber, M., 1992 : *Essais sur la théorie de la science*, Paris, Agora.

____. 1991 : *Histoire économique générale*, Paris, Gallimard.

____. 1986 : *Le savant et le politique*, Paris, Plon.

____. 1985 : *L'éthique protestante et l'esprit du capitalisme*, Paris, Plon.

____. 1982 : *La ville*, Paris, Aubier Montaigne.

____. 1977 : *Economie et société*, Paris, Plon.

Wilkinson, J., *O Estado, a Agroindústria e a Pequena Produçâo*, São-Paulo, Editor Hucitec, 1988.

Yacou, A. et Guerra, F.X., *Structures et cultures des sociétés ibéro-américaines*, Paris, Éditions du C.N.R.S., 1990.

____. et Michel, M., *Mourir pour les Antilles*, Paris, Éditions Caraïbéennes, 1991.

Zamor, J.C.G. et Brinkeroff, D.W. (eds), *Politics, Projects and People*, Institutional Development in Haïti, New York, PRAEGER, 1986.

Ziegler, J., *Retournez les fusils*, Paris, Seuil, 1987.

____., *Vive le pouvoir. Les délices de la raison d'État*, Paris, Seuil, 1985.

____., *Retournez les fusils*, Manuel de sociologie d'opposition, Paris, Seuil, 1981.

Zimmermann, E., *Political Violence Crisis and Revolutions. Theories and Research*, Boston, Schenkman, 1983.

Zola, E., *Germinal*, Paris, Gallimard,1981.

Autres Documents

Ciculaire du 28 juin 1928

Lois d'aide extérieure, Washington, D.C., 1970 à 1991.

Rapport des organisations paysannes sur les chefs de sections et le povoir politique, 1er avril 1991.

Rapport de la force multinationale, Port-au-Prince, 6 février 1995.

Wargny, C. (1995), Bilan de la gestion gouvernementale du président J.B. Aristide, du 15 octobre 1994 au 1 janvier 1995, Le Point, Radio Canada TV, 2 janvier 1995.

Table des matières

Chapitre III

MEMBRE DU GROUPE SCABRINI

Québec, Canada
2000